Dozent Dr. Karl Nowotny

MEDIALE SCHRIFTEN

Mitteilungen eines Arztes
aus dem Jenseits

Band I

LAREDO VERLAG CHIEMING

Copyright 1989 by LAREDO VERLAG
Sonnenstraße 1 * D-83339 Chiemimg

5. Auflage 2004

Alle Rechte, einschließlich der Übersetzung in Fremdsprachen vorbehalten. Kein Teil des Werkes darf in irgendeiner Form (Druck, Fotokopie, Mikrofilm oder einem anderen Verfahren) ohne schriftliche Genehmigung des Verlages reproduziert oder unter Verwendung elektronischer Systeme verarbeitet, vervielfältigt oder verbreitet werden.

Gesamtherstellung: OFFSETDRUCKEREI POHLAND, Augsburg

Printed in Germany

ISBN 3-927518-19-0

INHALTSANGABE

Kapitel   Seite

1.-2.	Zusammenhang des irdischen Lebens mit dem Jenseits. Geistwesen und ihre geistige Tätigkeit...	11
3.	Vererbung in Inkarnation.	14
4.	Die kranke Seele als Ursache jeder Krankheit. Freiheit des Willens und Persönlichkeit.	17
5.	Seele bedeutet Lebenskraft.	19
6.	Die Seele als Bindeglied zwischen Geistwesen und Körper. Ausstrahlung und der geistige Kreis.	21
7.	Zusammenwirken von Seele, Geist und Körper...	23
8.	Die Seele, der Sitz des Gefühlslebens und Motor für alle Lebensäußerungen. Das mitgebrachte Programm. Die immer wiederkehrende Inkarnation.	26
9.	Das irdische Leben, eine Vorbereitung auf das höhere Leben im Jenseits. Die alles umfassende Liebe im Gegensatz zur triebhaften Begierde.	28
10.	Der Mensch noch ein "Zwischenwesen". Über die Begriffe Weisheit und Wahrheit.	31
11.	Von den äußeren Einflüssen auf die Seele. Besessenheit und ihre Heilungsmethoden.	34
12.	Lebensauffassung und Persönlichkeit. Verkehr mit der Geisterwelt und Wissenschaft.	38
13.	Einflüsse der Geisterwelt auf den irdischen Menschen. Geistwesen und freier Wille. Leistung und Verzicht.	41
14.	Beurteilung der Besessenheit in der Wissenschaft. Heilungsmethoden.	44
15.	Grundlagen für die Entfaltung der Lebenskraft. Die Grenzen des Erlaubten. Der geistige Wert des Menschen. Zeitrechnung in der geistigen Entwicklung der Menschheit.	47

16.	Grundregeln für die Pflege der gesunden Seele. Heilung körperlicher Leiden mit Hilfe von Geist und Seele. Die Macht der Gedanken. Aktivität und Passivität der Seele.	52
17.	Der Weg zur Sammlung neuer Lebenskraft. Verbundenheit mit der göttlichen Allmacht.	56
18.	Prüfung der kranken Seele. Die Einstellung des Arztes. Rückblick des Verfassers auf sein irdisches Dasein.	60
19.	Vom Hinübergehen ins jenseitige Leben und vom notwendigen Wissen um die Zusammenhänge.	63
20.	Vom Erkennen des Lebensendes. Die geistigen Regionen oder Sphären; die geistige Reife.	68
21.	"Konfrontierung" mit dem außerirdischen Reich zur Behandlung der Seele.	72
22.	Die verschiedenen Mittel zur Pflege der Seele.	75
23.	Sinnvolle Einstellung zur Geisterwelt.	79
24.	Erlaubte und unerlaubte Verbindungen.	81
25.	Beschäftigung mit Spiritismus und ihre Gefahren.	83
26.	Aufklärung und Erziehung.	86
27.	Zustandkommen einer guten, gottgewollten Verbindung mit dem Jenseits.	90
28.	Verkehr mit der Geisterwelt und seine Gefahren.	94
29.	Die Pflichten des Mediums. Die Bewertung der Mitteilungen und Erscheinungen. Schreib- und Sprechmedien.	97
30.	Physikalische Medien. Strahlen und Ströme und ihre Verwendung in der Medizin.	101
31.	Beruf und Berufung. Die mediale Betätigung und die Berufung dazu.	105
32.	Vorbereitung und Einstellung des beruflichen Mediums. Egoismus und Altruismus.	108
33.	Die Folgen unerlaubter Betätigung bzw. Auswirkungen auf passive Beteiligte.	112

34.	Die Folgen unerlaubter aktiver Betätigung und mögliche Heilmethoden. Die Strahlenkraft der Geistwesen.	116
35.	Verbot gewerbsmäßiger medialer Tätigkeit. Über die Glaubwürdigkeit medialer Mitteilungen, Glaube und Wahrheit.	120
36.	Notwendige und zu erwartende Reform in Wissenschaft und Rechtsleben.	124
37.	Erkennen des mitgebrachten Programmes. Verstehen, das Fundament zum geistigen Aufbau.	129
38.	Verstehen und Verzeihen, die wichtigste Grundlage in der Erziehung des Kindes und in der Behandlung der kranken Seele.	133

LEBENSLAUF

Dozent Dr. Karl Nowotny wurde am 26. Februar 1895 in Wien geboren. 1914 begann er sein medizinisches Studium an der Universität Wien und nahm unmittelbar nach seiner Promotion die Tätigkeit in der Universitätsklinik für Neurologie und Psychiatrie in Wien auf. Als Abteilungs- und Hochschulassistent leitete er dort die psychiatrisch-neurologische Filialstation.
1945 wurde er mit der Leitung der Wiener städtischen Nervenheilanstalt Maria Theresia Schlößl betraut, die er bis zu seiner Pensionierung im Jahr 1963 innehatte.
1946 habilitierte er sich an der Universität Wien als Privatdozent für Neurologie und Psychiatrie.
Zahlreiche wissenschaftliche Arbeiten, insbesondere auch auf dem Gebiet der Individualpsychologie, wurden im Laufe der Jahre veröffentlicht, besonders zu nennen im Zusammenhang mit der nun auf medialem Weg vermittelten Lehre, ein "Handbuch der Individualpsychologie - die Technik der individualpsychologischen Behandlung".
Dozent Dr. Karl Nowotny war auf dem Gebiet der Individualpsychologie eine bekannte Persönlichkeit. Er war Mitbegründer der "Internationalen Vereinigung für Individualpsychologie Wien" und jahrelang im Vorstand der "Österr. Gesellschaft für psychische Hygiene" tätig.
Seine Vorträge an den Volkshochschulen fanden reges Interesse.
1960 erhielt er auf Grund seiner hervorragenden Leistungen das goldene Ehrenzeichen für Verdienste um die Republik Österreich.
Am 18. April 1965 verließ Dozent Dr. Karl Nowotny die materielle Welt, um wenig später auf medialem Wege die Verbindung zu uns wieder aufzunehmen.

VORWORT

Dozent Dr. Karl Nowotny, Facharzt für Nervenheilkunde und einer der bedeutendsten Vertreter der Individualpsychologie, ist am 18. April des Jahres 1965 gestorben.

Ich war schon lange vorher als Patientin zu ihm gekommen und hatte im Laufe der Jahre immer wieder Gelegenheit, seine menschliche Größe und überragende Persönlichkeit kennenzulernen. Uneingeschränktes Vertrauen, Achtung und Verehrung empfand ich für den Menschen und Arzt, der in jeder Lebenslage Rat und Hilfe wußte, Mut und Kraft verlieh, wenn Kummer und Sorgen das Leben unerträglich erscheinen ließen. Ich ahnte damals nicht, daß mir eine weit über die ärztliche Freundschaft hinausgehende Verbindung mit ihm auf geistigem Gebiet geschenkt werden sollte. Wie es dazu kam, will ich kurz erklären.

Zwei Tage vor seinem Tod war mir im Traum eine Gestalt erschienen, die mir nur zwei Worte sagte: "Nowotny stirbt". Ich erschrak über diese so eindeutige Mitteilung, wollte es aber nicht glauben, da ich noch am Tag vorher von ihm selbst erfahren hatte, daß er die Ostertage in seinem Landhaus verbringen wolle. Wenngleich er seit längerer Zeit leidend war, bestand doch im Augenblick kein Grund zur Besorgnis. Trotzdem mußte ich immer wieder an den Traum denken, bis ich mir am 19. April, also am Tag nach seinem Abschied von der materiellen Welt, ein Herz nahm und versuchte, ihn telefonisch zu erreichen. Ich konnte aber keine Verbindung bekommen, auch nicht am nächsten Tag, so daß mir immer klarer wurde, daß etwas nicht in Ordnung war. Ich war daher, als ich endlich am 21. April eine Verbindung zu seiner Wohnung in Wien erreichte, überhaupt nicht mehr überrascht.

Zutiefst erschüttert erzählte ich von meiner Vision und dem tatsächlichen Eintritt des Vorhergesagten einer lieben Bekannten, die damals gerade bei mir zu Besuch war und die sich seit vielen Jahren eines guten Mediums bediente, um Mitteilungen von einem Geistwesen aufzunehmen, das im irdischen Dasein Geistlicher und mit ihrem Gatten sehr befreundet war. Ihr Medium sollte im Sommer nach Wien kommen zur Fortsetzung der begonnenen Arbeiten, und sie bot mir an, mich mit ihm bekannt zu machen und zu versuchen, ob "Viktor" - so hieß ihr jenseitiger Geistlicher - uns Dozent Nowotny bringen könnte. Obwohl ich es bis dahin stets abgelehnt hatte, mich mit Spiritismus in irgendeiner Form zu befassen, war ich diesmal ohne Bedenken einverstanden.

Das Medium Berta war kaum bei mir eingetreten, als sich auch schon Dozent Nowotny meldete. Ich muß dazu bemerken, daß das Medium keine Ahnung hatte von unseren Wünschen und Dozent Nowotny auch nicht gekannt hatte. Berta ist ein Sprechmedium, das bei vollem Bewußtsein spricht, also nicht in Trance verfällt. Gespannt wartete ich auf konkrete Beweise, daß ich nicht genarrt und irregeführt war. Meine Freundin, die das Medium gebracht hatte, nahm die Mitteilung ins Stenogramm auf, so daß ich sie wortwörtlich wiedergeben kann. Sie lautete:

"Mit gewissenhafter Genauigkeit komme ich für kurze Zeit. Bin der alte Nowotny. Aber nicht darum komme ich, weil ich gerufen bin, sondern weil ich den Wunsch habe, einen kurzen Besuch zu machen.

Es wird noch lange dauern, bis wir uns hier begegnen; deshalb soll man nicht an den Abschied denken, sondern immer nur an das Leben, die Pflicht, seinen Beruf zu erfüllen, um mit gutem Gewissen durch die hohe Tür in die blendend strahlende Halle einzugehen.

Die Menschen leben im Dunkeln, sie wollen nicht klar sehen, aber wenn wir durch die Tür eingetreten sind, dann sind wir wissend und glücklich, daß wir das Leben auf der Erde hinter uns haben. Es gibt ein Jenseits, für mich ist es das Diesseits. Oh wie kurz ist das menschliche Leben. Es ist so schnell vorüber. Man muß stark sein, nicht wanken in seinen Plänen, nicht unterliegen seinen irdischen Wünschen, aber fröhlich sein, immer nur an die gute Seite denken, Traurigkeit macht uns schwach und müde für jede Arbeit.

Ich kann nur sagen, ich bin glücklich und bedaure nicht, daß ich das Leben verlassen mußte. Hatte liebe Freunde; ich bin froh, daß ich sie gehabt habe. (Meine Frage: Was machen Sie jetzt, Herr Dozent?) Hier habe ich ebenso zu tun wie damals, als ich lebte. Viele kommen und wollen meinen Rat, aber sie befolgen ihn nicht. Habe vielen Mut zugesprochen und kräftigen wollen. Sie haben sich nicht um meine Worte gekümmert, wenn sie von mir gingen; sind wie die Kinder, die aus der Schule gehen, denken nicht an die Aufgabe und vergessen das Gelernte."

Wenngleich ich schon bei den ersten Worten annehmen durfte, daß es seine Richtigkeit hat, war ich nach dem letzten Satz restlos überzeugt, da ich wußte, daß diese Worte oftmals den Abschluß seiner Vorträge an der Volkshochschule bildeten.

In der Folge fuhr ich verschiedene Male nach Budapest zu dem Medium Berta, um die Verbindung zu pflegen und weitere so schöne Mitteilungen zu erhalten. Es klappte ausgezeichnet, aber der Wunsch nach ständiger Verbindung wurde in mir immer stärker. Ich faßte Mut und fragte ihn durch das Medium, ob er nicht versuchen wolle, mit meiner Hand zu schreiben, da ich doch wisse, daß es Schreibmedien gibt. Im Oktober 1966 machten wir die ersten Schreibversuche, und schon nach zwei Tagen konnte ich, wenn auch noch langsam, ohne Medium allerlei Mitteilungen von ihm erhalten. Die Schrift wurde immer flüssiger und schneller, und nach täglicher Übung war es im April 1967 schon möglich, mit der nun vorliegenden Arbeit zu beginnen. Sie ist noch nicht abgeschlossen.

Der erste Band umfaßt 116 Seiten des Manuskripts, und Dozent Nowotny hat mir mitgeteilt, daß noch zahlreiche Kapitel folgen werden. Der Text ist unverändert und ohne Korrektur vom Manuskript übertragen worden. Zum Abschluß meines Vorwortes fügte Dozent Nowotny selbst hinzu:
"Möge diese Arbeit ein Ansporn für berufene Ärzte und alle interessierten Leser sein, die Menschen auf den rechten Weg zu leiten, ihnen den Wert einer guten Lebensauffassung vor Augen führen und Ruhe und Zuversicht schenken".

Das Medium Grete

EINLEITUNG

Jetzt will ich beginnen, eine Einleitung zu schreiben zu dem Werk, das ich vorhabe zu Papier zu bringen. Ich will mich dabei bemühen, alles vom Gesichtspunkt des irdischen Menschen aus zu betrachten und dadurch zu erreichen, daß nicht Irrtümer entstehen, wenn geistiges Sehen mit irdischem verwechselt wird. Es ist nämlich ein sehr großer Unterschied; die Begriffe sind oft so entgegengesetzt oder widersprechend, daß ein völlig unrichtiger Sinn für den irdischen Menschen entstehen kann, wenn man bei der Beurteilung des Gesehenen die jenseitigen Gesetze zugrunde legt.

Allein der Begriff von "Gut" und "Böse" ist ein ganz verschiedener hier und dort. Was dem Irdischen oft als Verbrechen scheint, kann hier eine gute Tat bedeuten oder zumindest nicht strafbar, weil es in höherem Auftrag geschieht. Freilich kann die irdische Gerichtsbarkeit nur Gesetze zugrunde legen, die eine Beurteilung nach sichtbaren Grundsätzen und erfaßbaren Normen zulassen.

Ich will also damit sagen, daß ich nur die Fähigkeit des materiellen Menschen in Betracht ziehen will und das, was ich zu sagen habe, nur so weit erklären und aufzeigen, als es mit irdischer Einsicht und Auffassungsgabe aufgenommen werden kann. Es sollen ja auch nur Dinge besprochen werden, die den irdischen Menschen betreffen, die aber bisher auch mit irdischer Auffassungsgabe nicht richtig erklärt wurden und über die noch viel gesprochen werden muß, ehe sie in der Lebensauffassung der heute auf der Welt lebenden Generation Eingang finden werden.

Die Menschen haben sich über den Zustand des menschlichen Körpers, des Geistes und der Seele Ansichten zurechtgezimmert, die wohl geeignet sind, in vielen Fällen Schaden zu vermeiden und schwere Krankheiten zu heilen, die aber noch weit entfernt sind von der Wahrheit und besonders vom richtigen Erkennen der Zusammenhänge der wirklichen Ursachen und der richtigen Erkenntnis.

Ich will in meinem Werk vorerst einen Überblick geben über den Zusammenhang zwischen Geist, Seele und Körper und dann die wechselseitigen Beziehungen erklären, die Aufgaben, die jeder Teil zu erfüllen hat und was er braucht und wie er gepflegt und behandelt werden muß, um seine Aufgaben richtig erfüllen zu können.

Damit möchte ich meine Einleitung schließen und morgen übergehen zu dem Zusammenhang des irdischen Lebens mit dem Jenseits und den daraus entstehenden Naturgesetzen, die die Grundlage für jedes Geschehen auf diesem Gebiet sind.

1. KAPITEL
Zusammenhänge des irdischen Lebens mit dem Jenseits.
Geistwesen und geistige Tätigkeit.

Heute möchte ich davon sprechen, wie Seele und Geist mit dem Jenseits - oder wie es die Menschen manchmal nennen - mit der vierten Dimension zusammenhängen. Ich sage bewußt nur "Seele" und "Geist", denn der Körper ist rein materiell und hängt in keiner Weise mit dem Jenseits zusammen. Der Körper ist deshalb auch sterblich und vergänglich wie alle Materie, aber das auch nur mit irdischen Augen gesehen, denn tatsächlich ist nichts vergänglich, sondern nimmt nur im Laufe der Zeit andere Gestalt an. Für irdische Auffassung ist aber vergänglich, was seine ursprüngliche Gestalt verliert. Was die Fähigkeit verliert - um konkret vom menschlichen Körper zu sprechen - seinen ihm angeborenen und auferlegten Dienst zu tun.

Seele und Geist sind unsterblich. Der Mensch sagt zwar auch von einem Verstorbenen, er habe seinen Geist aufgegeben, meint aber damit nur die Fähigkeit, sich geistig zu betätigen, seine fünf Sinne zu gebrauchen. Die Seele ist damit eben auch verschwunden, weil eine Trennung für den Menschen nicht so leicht fällt, nachdem beide unsichtbar sind und körperlich niemals erfaßt werden können.

Der Sitz des Geistes beziehungsweise die Fähigkeit, alle Wahrnehmungen zu machen und seinen Körper zu beherrschen, ist im Gehirn angenommen, und man kann es auch so verstehen, wenn es um die Intelligenz geht und das, was der Mensch braucht, um richtig zu erfassen, was um ihn ist, um zu arbeiten, zu denken und so weiter.

Ich spreche aber nicht nur von diesem Intellekt, sondern von dem Geistwesen, das in jedem Menschen wohnt. Es wohnt nicht nur im Gehirn, sondern im ganzen Körper und bedient sich nur des Gehirns, um sich betätigen zu können, um seinem Willen Ausdruck zu verleihen.

Dieses Geistwesen ist aber nicht direkt mit den Teilen des Körpers verbunden, sondern in die Seele eingebettet. Wie eine komplizierte Nuß kann man sich das vorstellen. Ein weicher Kern, das was Leben, Bestand, Fortpflanzung und alles das in sich birgt, was notwendig ist, um eine Weiterentwicklung zu sichern. Dieser weiche, wertvolle Kern ist von einer zarten Hülle umgeben, der Seele, die dafür sorgt oder sorgen soll, daß dem Geist die Entwicklungsmöglichkeit bewahrt und erhalten bleibt, die dem Geistwesen den Schutz gewähren soll, den es braucht, um frei zu sein in seiner Betätigung und ungehemmt. Diese Seele erfüllt den ganzen Körper und ist vergleichbar dem dünnen, zarten Häutchen, das um den Nußkern gebreitet ist, damit er von der rauhen, harten Schale nicht verdorben wird. Und endlich ist die harte Schale der Nuß vergleichbar mit dem Körper, der Seele und Geist eine Wohnstatt bietet, nicht immer sehr bequem und angenehm, aber doch für die Zeit, die Geist und Seele in ihm wohnen sollen, nach allen Normen und Naturgesetzen eingerichtet.

Es ist ein kleiner Überblick, der noch mit Medizin und ihrer Wissenschaft nicht viel zu tun hat, es ist aber notwendig, die Grundwahrheiten zu erfassen, da auf ihnen alles weitere aufgebaut werden muß. Für heute beende ich, wir fahren morgen mit unseren Betrachtungen fort.

2. KAPITEL

Ich sprach gestern von Geist und Seele und daß sie allein unsterblich sind, während der Körper vergeht und stirbt. Nun wollen wir einmal betrachten, wie Geist und Seele zusammenhängen und voneinander abhängig sind. Der Geist ist - wie gesagt - der innere wertvolle Kern, die Seele seine Hülle oder Kleid.

Der Geist, beziehungsweise das Geistwesen, ist die Persönlichkeit im Menschen, die alles lenkt und leitet, die den Impuls gibt, durch eigenen selbständigen Willen die Lebensäußerungen zur Geltung zu bringen. Die Art, wie die Verbindung zur Seele beschaffen ist, kann ich nicht erklären, weil dazu die Begriffe im irdischen Wortschatz fehlen. Der Geist oder das Geistwesen ist auch nicht materiell erfaßbar, gibt sich aber durch seine Betätigung zu erkennen. Die Menschen nennen daher Geist die vom Geistwesen erzeugten Lebenszeichen, die bestehen im Gebrauch der menschlichen fünf Sinne. Ein Mensch ist geistreich, wenn er seinen Geist zu großen Aufgaben nützen kann, wenn er imstande ist, höhere Leistungen zu vollbringen, wobei natürlich nicht Leistungen des Körpers gemeint sind, sondern nur solche Leistungen, die höheres Denken erfordern. Geistesschwach ist ein Mensch, der nicht imstande ist, seine Sinne oder nur einen davon richtig zu gebrauchen, der nicht imstande ist, richtig zu denken, wobei als richtig das angenommen ist, was die Mehrzahl der Menschen in der gleichen Entwicklungsstufe zu leisten in der Lage sind. Ich möchte hier noch nicht weiter ausholen, sondern nur verständlich machen, daß Geistwesen und geistige Tätigkeit nicht dasselbe sind und daß doch die geistige Tätigkeit der Ausdruck des Geistwesens ist, das zu höherer Entwicklung strebt und streben muß.

Wenn also für den irdischen Menschen die geistige Tätigkeit aufhört, so hört deshalb das Geistwesen nicht auf zu sein. Es ist unzerstörbar, und es wird durch den irdischen Tod, der nur den Körper betrifft, nicht zerstört, sondern im Gegenteil neu geboren.

Für das Geistwesen ist das eigentliche Leben das jenseitige und daher die Geburt in die irdische Welt der Tod für die Zeitspanne, da es im materiellen Körper verweilen muß. Der irdische Tod ist aber die Geburt oder Auferstehung zu einem jeweils höheren Leben im Jenseits, als es vor der Geburt auf der materiellen Welt war. Denn kein Geistwesen, es sei denn ganz unterentwickelt, geht in seiner Entwicklung abwärts. Es gibt nur einen Weg nach oben; er ist unendlich lange und mühsam, aber das Bewußtsein, daß es nur ein Aufwärts gibt, läßt jedes Geistwesen dem Ziel entgegenstreben, das ihm gesteckt ist.

Ich bin absichtlich ein wenig vom Thema abgewichen, um den Begriff des Geistes eingehender zu charakterisieren und fest einzuprägen, daß das, was wir hier auf der materiellen Welt als Geist betrachten, nur die Äußerungen des Geistwesens sind, das für den materiellen Wissenschaftler ungreifbar und nicht zu beschreiben ist.

Die exakte Wissenschaft sträubt sich noch dagegen, diese Theorie anzuerkennen. Sie kann aber die geistigen Kräfte nicht leugnen, für deren Entstehen und Vergehen sie noch keine Erklärung gefunden hat.

Der Geist des Menschen ist also vorhanden und manifestiert sich je nach der Höhe der Entwicklungsstufe in seinen Lebensäußerungen und Taten. Es hat schon viel Kopfzerbrechen darüber gegeben, wie es möglich ist, daß ein Mensch, der in einer ganz minderwertigen Umgebung aufwächst, zu Höchstleistungen befähigt sein kann, ohne daß er von irgendeiner Seite - ich meine von einer sichtbaren oder erfaßbaren Seite - beeinflußt wird.

Tatsächlich ist es so, daß in jedem Kind, das geboren wird, ein reifer oder weniger reifer Geist inkarniert ist. Ich bin verleitet zu sagen, daß Inkarnation fast mit Internierung im materiellen Sinn bezeichnet werden kann, denn im

Augenblick der Geburt verliert der Geist jeden Zusammenhang - oder besser gesagt - jeden bewußten Zusammenhang mit der jenseitigen Welt. Seine Erinnerung an das jenseitige Leben ist ausgelöscht, er muß von vorne beginnen, zu lernen und sich zu entwickeln. Dabei ist aber nicht verlorengegangen, was er in einem früheren Leben und in der Schule des Jenseits bereits gelernt und geleistet hat. Auf diesen Erfahrungen und Kenntnissen, aus der schon erworbenen Entwicklung zum Guten und Wertvollen, baut er weiter auf, um nach Beendigung des irdischen Lebens zurückzukehren in seine Heimat möchte ich sagen, in die Sphären, die ihm den weiteren Aufstieg ermöglichen und den steilen Weg zur Höhe weisen.

So kommt es, daß Kinder eine so verschiedene Entwicklung zeigen, daß oft alle Mühe vergebens ist, wenn Eltern glauben, das Kind müßte nach ihnen seine Entwicklung nehmen. Oft ist es wohl der Fall, weil es schon vorher bestimmt ist, welche Grundlagen und Möglichkeiten oder auch welche Schwierigkeiten dem Menschen auf seiner Laufbahn bereitet werden müssen, damit er alte Fehler gutmachen oder seine schon erworbene höhere Entwicklungsstufe entsprechend weiter ausbauen kann.

Nun wollen wir für heute schließen. Ich bin überzeugt, daß es noch viele Zweifler geben wird, die das, was hier geschrieben steht, nicht akzeptieren wollen, weil die exakten Beweise fehlen und vieles gegen die Theorie der Vererbung, der Veranlagung nach den Eltern und so weiter, spricht. Wir werden aber im Laufe der Abhandlung sehen, daß sich sogar in vielen Punkten diese Theorien mit der Wahrheit in Einklang bringen lassen, wenn sie sich auch nicht vollkommen mit ihr decken.

3. KAPITEL
Vererbung und Inkarnation.

Ich sprach gestern zuletzt von der Vererbung und daß es eine solche im geistigen Sinn nicht gibt. Ich sage im geistigen, weil es auf den Körper natürlich zutrifft. Der Körper ist ein Teil des Mütterlichen und durch den Samen, aus dem der Körper entsteht, auch ein Teil des Vaters. Da kann eine Ähnlichkeit, eine Gleichheit verständlich sein und sie ist berechtigt und sichtbar; daher sind auch viele organische Leiden schon durch die Geburt vom mütterlichen oder väterlichen Teil hineingeboren und wenn auch oft nicht sichtbar, doch in der Veranlagung vorhanden.

Anders ist es mit dem Geist. Er wird nach göttlichen Gesetzen in den entstehenden Körper inkarniert und kommt als völlig fremdes Element in den Körper hinein. Es ist dies begründet in den unendlichen Gesetzen des Weltalls, nach denen alles bis ins Kleinste geregelt ist.

Dieses Element wird ganz unabhängig von seinen früheren Eltern in ein Milieu hineingepflanzt, das dazu bestimmt ist, ihm die Voraussetzungen für seine Weiterentwicklung zu bieten.

Es ist wohl oft so, daß ein bestimmtes Geistwesen zu einem bestimmten Elternpaar gebracht wird, weil dort die gleichen Voraussetzungen schon geschaffen waren, ich will sagen für die Eltern da waren und es den Sinn hat, daß der neu inkarnierte Geist den gleichen Weg machen soll und dazu das entsprechende Vorbild hat. Es gäbe dafür eine Menge guter Beispiele. Vielfach aber wird ein fortgeschrittener Geist in ganz bescheidene oder ärmliche Verhältnisse hineingeboren, damit entweder er noch die ihm fehlende Läuterung erfährt oder sein fortgeschrittener Geist den Eltern zur Weiterentwicklung und zum Aufstieg verhelfen soll. Dafür gibt es so unendlich viele Ursachen, so mannigfaltige Variationen, daß man im irdischen Sinn nicht von bestimmten Regeln oder Grundsätzen sprechen kann. Wir hier sehen wohl, wie genau alles abgewogen ist und daß alles, was den Geistwesen in immer wiederkehrenden Leben aufgetragen wird, gerecht und richtig ist. Kein Geist hat mehr zu dulden oder zu leisten als ein anderer, nur entwickeln sich nicht alle gleich schnell. Das kommt daher, daß es auch in dieser Hinsicht keinen Zwang gibt, daß jedes Wesen seinen eigenen freien Willen hat, die ihm gebotenen Möglichkeiten nach eigenem Wunsch und Willen in Anspruch nehmen kann oder nicht.

Es ist in diesem Zusammenhang auch notwendig, zu erklären, daß es keinen rächenden und strafenden Gott gibt, der nach dem Abschied des Geistes von der materiellen Welt das Register prüft und verdammt oder lobt. Die allmächtigen Gesetze sind von vornherein da, und jeder bedient sich ihrer in unumstößlicher Folgerichtigkeit. Jede Tat hat ihre entsprechenden Folgen in sich, und ob ein Mensch eine böse Tat, ein Verbrechen, noch zu Lebzeiten büßen muß oder erst nach seinem Abgang von der irdischen Welt, ist ganz gleichgültig. Niemand kann sich den Folgen einer bösen Tat entziehen, ebenso wie gute Taten, die im irdischen Leben unbeachtet und erfolglos scheinen, ihren Lohn im Jenseits finden.

Das ist die ausgleichende Gerechtigkeit, und es muß auch den Menschen einmal klar werden, daß es kein Unrecht bedeutet, wenn ein Mensch in guten materiellen Verhältnissen lebt ohne ein besonderes Verdienst und der andere als Bettler, obwohl er sich von früh bis abends plagt und bemüht ist, nur Gutes zu tun.

Die Ursachen für die Lebensweise auf der materiellen Welt liegen in vergangenen Leben. Jeder Geist, der zur Erde zurückkommt, kommt aus freien Stücken und wird nicht dazu gezwungen. Der Grund, warum ein Geistwesen die Rückkehr zur Erde wünscht, ist allerdings nicht immer derselbe. Der eine ist bestrebt, Fortschritte zu machen und bemüht, einem höheren Dasein entgegenzugehen. Er ist bereit, alle Aufgaben auf sich zu nehmen, die dazu geeignet sind oder er sieht ein, daß er in seinem früheren Erdenleben Fehler gemacht hat und hat nun den Wunsch, durch gute Taten diese zu sühnen. Ein anderer aber, der in seiner Entwicklung noch zurückgeblieben ist und nicht glauben will, daß auch er ein höheres Leben erreichen kann, der sieht die materielle Welt als das Höchste an, das er erreichen kann und will und wünscht sich deshalb wieder zurück auf die Erde. Er wird so lange bittere Enttäuschungen erleben müssen, bis er einsieht, daß er geirrt hat und es für richtig hält, den anderen Weg einzuschlagen.

Warum ich das erzählt habe, das will ich gleich erklären. Die Menschen, die jetzt auf der Erde leben, lernen von Kindesbeinen an, daß es das größte Glück ist, viel zu besitzen, reich zu sein und damit im materiellen Sinn unabhängig.

Ja, in der Zeit und den Zuständen, wie sie jetzt auf der Erde herrschen, hat diese Auffassung für das materielle Leben seine Berechtigung. Aber es ist sehr kurzsichtig betrachtet; die Menschen müssen lernen, weiter zu sehen, über die Grenzen ihres Erdendaseins hinaus. Nur wenige sind schon richtig eingestellt, und sie können ihre gute Auffassung kaum zum Durchbruch bringen, weil sie von den Bedürfnissen und Erfordernissen des materiellen Lebens mitgerissen werden.

Es ist deshalb wichtig, die Dinge von einer höheren Warte aus zu betrachten. Die irdischen Güter sind dazu gegeben, daß sie genutzt und genossen werden. Sie sollen die Grundlage für ein erfolgreiches Leben sein, aber nicht mehr. Alles, was übertrieben wird, ist voll Irrtum und den muß man meiden. Auf alles verzichten und dem Leben den Rücken kehren, sich nur auf das Jenseits vorbereiten wollen, ist ebenso verkehrt. Es gibt einen goldenen Mittelweg, der gar nicht so schwer zu finden ist, wie die Menschen glauben.

Meine heutigen Ausführungen sind wohl immer noch sozusagen die Einleitung zu dem, was ich konkret dann sagen werde als Arzt und Individualpsychologe. Das Wie und Warum, die großen Zusammenhänge, sind ja die Grundsteine zum gesamten Aufbau und man muß eben ganz von unten anfangen.
Für heute genug, morgen Fortsetzung.

4. KAPITEL
Die kranke Seele als Ursache jeder Krankheit.
Freiheit des Willens und Persönlichkeit.

Wir haben gestern davon gesprochen, daß die Individualpsychologie an Grundelemente gebunden ist, von denen die Menschen heute noch wenig wissen oder auch nicht wissen und glauben wollen, daß es solche überhaupt gibt.
Die Wissenschaft fordert für alle Lehrsätze und Forschungsergebnisse exakte Beweise und die können vorerst in bezug auf die Existenz von Geistwesen, Seele und ihren Funktionen noch nicht erbracht werden. Es gibt zwar schon in verschiedenen Ländern Universitäten, an denen Geisteswissenschaft, ich will sagen Wissenschaft vom Geistwesen, seinem Dasein und so weiter, gelehrt wird, aber in Europa ist noch keine Fakultät dafür vorhanden. Sie wird aber kommen und weitgehende Umwälzungen in verschiedenen wissenschaftlichen Sparten bringen.
Besonders die Medizin wird von Grund auf geändert werden. Sobald man zur Überzeugung gelangt sein wird, daß jede Krankheit ihre Ursache in einer kranken Seele hat, wird man den kranken Menschen nicht mehr nur als einen Fall betrachten, sondern sich über die gesamte Persönlichkeit Kenntnis verschaffen und die Behandlung - abgesehen von körperlichen Schäden - ganz auf die Seele und den Geist abstellen.
Ich will nun darauf zu sprechen kommen, wie der Arzt sich überhaupt zu einem Patienten einstellen muß, um zu ihm einen engen, guten Kontakt zu finden. Kein Patient wird von sich aus in der geeigneten Weise seine Gedanken dem Arzt anvertrauen, und es ist daher die Aufgabe des Arztes, erst als Freund dem Patienten zu erscheinen, bevor er mit der Untersuchung überhaupt beginnen kann.

Ich habe diese Feststellung vorweggenommen, weil alle anderen Zusammenhänge im Laufe der Abhandlung klar werden.
Daß die Seele der Sitz aller Krankheiten ist, habe ich schon betont. Es ist nun vor allem klar zu machen: Wieso kann die Seele krank werden, welche Ursachen gibt es dafür, und wie sieht eine gesunde Seele überhaupt aus? Wir wissen bereits, daß der Mittelpunkt des menschlichen Wesens der Geist ist, oder, wie wir eigentlich sagen müßten, das Geistwesen. Dieses verkörpert den menschlichen freien Willen und damit die Persönlichkeit schlechthin.
Denn der Wille, der alle Betätigung ursprünglich veranlaßt, ist der Gradmesser für die Entwicklung des Geistes.
Zwischen Geist und Seele ist eine enge Verbindung durch ein, wollen wir sagen, unzerreißbares Band gegeben, so daß jede Willensäußerung im Geist sich sofort oder gleichzeitig auf die Seele, als die ihn umgebende schützende Hülle überträgt. Die Seele ist es nun, die im Auftrag des Geistes oder durch ihn veranlaßt, die entsprechenden Organe veranlaßt, das Gewollte auszuführen. Eine gesunde Seele wird leicht in der Lage sein, den Willensimpuls auf das Organ, das eine Tätigkeit ausüben soll, zu übertragen. Eine kranke Seele kann in mancher Hinsicht versagen. Es ist nun eine ganz besondere Aufgabe, festzustellen, wann eine Seele gesund ist. Der Maßstab dafür ist nicht etwa nur die Tatsache, daß die Organe des materiellen Körpers gesund sind, denn zu der Tätigkeit der Seele gehört auch die Lenkung der Gedanken, die sogenannte geistige Arbeit.
Meist aber gehen Mängel auf diesem Gebiet Hand in Hand mit körperlichen Schädigungen. Unter Krankheiten des Körpers verstehe ich nur solche, nicht aber normale Abnützungserscheinungen, die mit zunehmendem Alter bei allen Menschen auftreten müssen, wenn auch nicht immer im gleichen Ausmaß. Wir wissen heute schon, daß solche Abnützungserscheinungen durch äußere Einflüsse, schlechtes und unrichtige Ernährung verursacht, in verschiedener Intensität auftreten.
Ich spreche aber hier nur von den Krankheiten, die durch die kranke Seele und die dadurch hervorgerufenen Störungen im Organismus verursacht werden. Und derer gibt es eine große Zahl. Der Arzt muß vor allem lernen, die Ursachen einer Erkrankung genau festzustellen und nach Ausschaltung aller äußeren Möglichkeiten die seelischen Störungen zu ergründen suchen. Das ist natürlich nicht so einfach, wie dies gesagt wird. Dazu bedarf es einer tiefen Einsicht in die gesamte Lebensweise des Patienten. Zu leicht läßt sich

der Arzt von dem beeinflussen, was der Patient ihm erzählt; es ist selten die Wahrheit. Was der Patient spricht, ist aber gar nicht so wichtig, sondern was er tut oder getan hat. Dazu bedarf es eines offenen Blickes für die ihn umgebenden Verhältnisse.

Ich möchte noch einmal darauf hinweisen, daß der Mensch nicht der Krankheitsfall, nicht ein Objekt, sondern ein Subjekt ist, und zwar jeder Mensch ein anderes, ein eigenes. Nicht zwei Menschen sind gleich oder auch nur ähnlich. Verschiedene Eigenschaften können sich wiederholen, und Fähigkeiten können dort und da vergleichbar sein, aber die Persönlichkeit als Ganzes betrachtet ist immer nur einmalig.

Darum bedarf es eines großen Studiums, um in jedem Fall den Erfordernissen gerecht zu werden. Ich möchte das an einem Beispiel erläutern. Ein Künstler kann nicht gut rechnen, ein Kaufmann auch nicht. Für den Künstler ist Rechnen Nebensache, die Fähigkeit dazu darf verkümmern; nicht aber so bei dem Kaufmann. Bei ihm kann ein Mangel dieser Fähigkeit schwere Störungen zu Folge haben. Das Erkennen der Unfähigkeit wird seine Seele beeinflussen und diese wird gestört und die Störung entsprechend weiterleiten. Das ist ein ganz primitives Beispiel, aber grundlegend für alle weiteren Betrachtungen. Für heute Schluß, morgen mehr davon.

5. KAPITEL
Seele bedeutet Lebenskraft.

Ich beginne heute mit einem neuen Kapitel, nachdem ich zur Einführung schon einige Hinweise gegeben habe, die den Weg, der zu beschreiben ist, genau kennzeichnen. Es ist nun notwendig, davon zu sprechen, woher die Seele kommt und welche Voraussetzungen für das irdische Leben von ihr mitgebracht werden. Ich habe schon erklärt, daß die Seele und der Geist unsterblich sind, also nicht in einem unentwickelten Zustand inkarniert werden, sondern in vergangenen Leben und im Jenseits schon eine Entwicklung durchgemacht haben.

Nicht jede Seele und jeder Geist hat die gleichen Fortschritte gemacht und jeder Geist ist in seiner Existenz einmalig, das heißt in seiner Art und Entwicklungsform nur einmal vorhanden. Das ist wichtig zu erfassen, denn in der Medizin darf keine Gleichartigkeit angenommen sein, wo von vornherein Verschiedenheit vorausgesetzt werden muß. Gleiche Symptome und gleiche Krankheitsbilder lassen noch lange nicht auf gleiche Ursachen schließen, am allerwenigsten in bezug auf Seele und Geist.

Ich möchte hier nicht in Einzelheiten abschweifen, sondern noch bei dem Hauptthema bleiben. Wenn also ein Mensch nach den Ursachen einer seelischen Erkrankung untersucht werden soll, so muß der Arzt sich ein genaues Bild von dem Vorleben des Patienten machen, und zwar so, daß es keinen Irrtum geben kann, daß nicht durch falsche Schlußfolgerungen ein ganz anderer Charakter entsteht, als er tatsächlich ist. Der Arzt muß auf dem Gebiet der Menschenkenntnis sehr gut ausgebildet sein. Freilich ist bisher der Blick oder das Sehfeld des Arztes sehr begrenzt, weil er nur bis zum Zeitpunkt der Geburt zurückschauen kann.

Wenn einmal der Verkehr mit der Geisterwelt zur wissenschaftlichen Forschung gehören wird, dann werden wir Ärzte hier im Jenseits, so wie wir jetzt insgeheim Hilfe leisten, offen den Ärzten auf der Erde zu Diensten sein können. Dann kann eine ernsthafte Befragung manchen Fehler in der Behandlung vermeiden helfen und eine Fehldiagnose vollkommen ausgeschaltet werden. Vorläufig aber muß sich der Arzt und insbesondere der Nervenarzt und Psychiater damit begnügen, sich ein möglichst genaues Bild vom Seelenleben und seinen krankhaften Erscheinungen zu machen und mit einer vorsichtigen Behandlung nach Erkundung der Ursachen und Stellung einer einwandfreien Diagnose versuchen, die Mängel zu beheben.

Ich habe zu Beginn gesagt, ich will erklären, woher die Seele kommt und als was der Arzt sich diese vorstellen muß, um einen Einfluß auf sie zu bekommen, der zu einer guten Behandlung erforderlich ist.

Es wird immer so leichthin behauptet, und zwar mit Recht, daß jedes Ding eine Seele habe. Seele ist die Lebenskraft schlechthin, die Körper und Geist zusammenhält und miteinander verbindet. Nicht jedes Ding hat die gleiche Lebenskraft. Die Seele ist Kraft in tausendfacher Form und Gestalt, wobei Gestalt nicht etwa im materiellen Sinn gemeint ist. Die menschliche Seele ist die für den irdischen Menschen am höchsten entwickelte, die reifste und damit wirkungsfähigste von allen Kräften, die in den irdischen Dingen wohnen. Die menschliche Seele ist wie ein zartes Instrument mit unendlich vielen Saiten, auf denen zu spielen, mit denen zu operieren der Geist allein imstande ist. Die Seele ist nicht bei allen menschlichen Wesen einheitlich und gleich entwickelt, deshalb spricht man von zartbesaiteten und gröber gebauten. Es ist daher sehr verständlich, daß ein so zart gebautes Instrument eine ebensolche Behandlung und Pflege erfordert, und darüber wollen wir das nächste Mal sprechen.

6. KAPITEL
Die Seele als Bindeglied zwischen Geistwesen und Körper.
Ausstrahlung und geistiger Kreis.

Wir haben gestern davon gesprochen, daß die Seele ein feines Instrument ist, auf dem der Geist spielt und dessen er sich bedient, um seinen Willen zur Geltung zu bringen oder in die Tat umzusetzen. Nun müssen wir einmal versuchen festzustellen, wie dies vor sich geht und wie der irdische Mensch imstande ist, es zu erfassen, die Vorgänge zu verfolgen und die wichtigen Schlüsse daraus zu ziehen.

Ich habe schon einmal angedeutet, daß die Seele den Willensimpuls auf die Organe weiterleitet. Diese Leitungen, die dazu erforderlich sind, die Nerven, sind die feinsten Organe des menschlichen Körpers. Das Zentrum des Nervensystems ist im Gehirn, und alle Tätigkeit wird von dort aus gelenkt. Das ist in der medizinischen Wissenschaft wohl schon bekannt. Nicht bekannt ist aber, daß der Geist ohne Hilfe der Seele dieses Nervensystem nicht gebrauchen könnte. Darum wird in erster Linie unser Augenmerk auf diese gerichtet, und ich will in meinen Ausführungen besonders auf die Tatsache das Augenmerk lenken und alle Zusammenhänge erklären.

Die Medizin kennt zahlreiche geistige Störungen, Versagen von Nervenfunktionen usw. Grundsätzlich aber müßte bei solchem Versagen zuerst die Seele betrachtet werden, wobei man aber nicht wörtlich nehmen darf das Wort "betrachten", denn auch hier wissen wir schon, daß die Seele nicht körperlich erfaßt werden kann, sondern nur in ihrem Ausdruck.

Während der Geist sich im Willen kundtut, erscheint die Seele im Ausdruck des Gefühlslebens. Gefühl ist nicht nur Sensibilität, sondern Empfindung im allgemeinen. Die Übertragung des Willens geht wie ein elektrischer oder auch magnetischer Strom auf die Seele über, die als Lebenskraft, je nach ihrem Zustand, die Verbindung zu den Organen herstellt. Immer ist es die Seele, die die Rolle der Vermittlerin spielt, und ihr ist es überlassen, ob ein geistiger Befehl ausgeführt wird und wie dies geschieht. Wohl kann ein Mensch ohne Geist seine Organe nicht betätigen, weil die Seele keinen Befehl erhält. Ebensowenig könnte aber ein seelenloser Körper eine Lebensäußerung bekunden, da die verbindende Kraft fehlen würde. Abgesehen davon gibt es eine solche Trennung nicht, weil Geist und Seele untrennbar miteinander verbunden sind.

Wenngleich Seele und Geist untrennbar miteinander verbunden sind, so ist es doch möglich, daß sie in ihrer Entwicklung verschiedene Wege gegangen sind. Ich will sagen, daß ein stark entwickelter Geist nicht immer von einer ebenso oder im gleichen Ausmaß entwickelten Seele begleitet oder umgeben ist. Eine solche Divergenz ist sehr häufig und führt zu einseitig entwickelten Menschen. Entweder übermäßig sensibel oder gefühllos, wie die Menschen zu sagen pflegen, aber mit hochentwickelten geistigen Fähigkeiten.

Es ist Aufgabe jedes einzelnen über seine Entwicklung zu wachen und Geist und Seele in gleichem Maße zu pflegen. Dies ist aber eine sehr schwierige Aufgabe, an der viele scheitern, bis sie zu der Ausgeglichenheit ihres Wesens heranreifen, die die von Gott gewollte Idealform ist.

Die Unausgeglichenheit zwischen Geist und Seele ist es, was der Arzt erkennen muß, wenn er einem in dieser Weise kranken Menschen helfen will. Dazu ist es aber notwendig, wie schon erwähnt, die ganze Persönlichkeit ins Auge zu fassen, denn bei jedem Wesen ist Ausgeglichenheit ein eigener und einziger Zustand, angemessen seiner ihm eigenen Entwicklungsstufe.

Ich möchte noch einmal darauf hinweisen, daß jeder Mensch eine einmalige Persönlichkeit ist und nicht vergleichbar oder ident mit einer anderen. Das wird man mir vorläufig kaum glauben, weil der irdische Mensch und Arzt nicht in der Lage ist, die Unterschiede so genau zu erkennen. Das Schema, nach dem bisher Menschenkenntnis betrieben und wissenschaftlich gelehrt wird, ist ein sehr grobes, ich möchte sagen primitives. Ich will nur nicht in den Fehler geraten, vom menschlichen Arzt Einsicht zu verlangen, die nur wir mit geistiger, jenseitiger Sehfähigkeit erreichen können.

Wir haben es natürlich leicht, einen Menschen, ob diesseitig oder jenseitig, bis in alle Einzelheiten genau zu erkennen. Hier hat jedes Geistwesen seine Ausstrahlung, die genau anzeigt, welcher Entwicklungsstufe und welchem geistigen Kreis er angehört. Wir sehen es auch an den irdischen Menschen, und es ist doch vielfach erwiesen, daß man auch auf der materiellen Welt solche Ausstrahlungen an lebenden Menschen festgestellt hat. Nur wenige sind in der Lage, dies zu erkennen. Hier kann sich auch kein Geist verstellen, wie im Irdischen. An seiner Ausstrahlung gibt er sich zu erkennen. Der geistige Kreis, von dem ich sprach, ist zum Beispiel der Kreis der Künstler oder der Gelehrten. Nicht alle zählen dazu, die auf der Erde als große Gelehrte gefeiert wurden. Manche sind erstaunt, hier hinter denen zu stehen, die auf der Erde weit unter ihnen waren. Dafür gibt es ein untrügliches Zeichen. Ein Gelehrter zum Beispiel hat um das Haupt einen grünlichen Schein, der sich in immer hellere Farben verjüngt. Je heller und intensiver, um so höher ist die Entwicklungsstufe, der er angehört. Ein Gelehrter, noch verbohrt in irdische Wissenschaft ohne göttliche Anerkennung und fern von der Wahrheit, hat oft noch eine graue Wolke um sein Haupt.

Es muß dazu gesagt sein, daß der Mensch oder besser gesagt, das Geistwesen, das von der Erde Abschied nimmt, um ins Jenseits herüberzukommen, mit allen seinen Sorgen und Kümmernissen, mit allen Fehlern und Irrtümern herüberkommt und je nach seiner Einstellung und seinem Glauben an das jenseitige Dasein, mehr oder weniger lang braucht, um den Weg zur Wahrheit zu finden. Wenn man nur erst den Weg gefunden hat, ist man schon glücklich. Man erkennt dann leicht, daß er der richtige ist, aber er ist lang und beschwerlich und erfordert alle Kraft des Geistes, um fortzuschreiten und zum Nutzen der Menschheit und der hilfebedürftigen Geister zu wirken. Für die Betrachtungen im Rahmen meiner Ausführungen über Seele und Geist ist dies wohl nicht unbedingt von Wichtigkeit. Ich halte es aber für zweckmäßig, davon zu sprechen, um ein abgerundetes Gesamtbild zu geben von allem, was für die Entwicklung des Menschen als Einzelindividuum von Wichtigkeit und Interesse ist. Ich sehe aber auch, daß es nicht leicht sein wird, so zu trennen zwischen der menschlichen und der geistigen - ich meine - zwischen der irdischen und der jenseitigen Betrachtungsweise. Ich werde aber bemüht sein, ein genaues Bild zu geben von der Funktion der Seele, von der Art der Empfindung und dem Zusammenwirken von Seele und Geist im menschlichen Körper. Für heute genug, morgen setzen wir fort.

7. KAPITEL
Zusammenwirken von Seele, Geist und Körper.

Ich sprach zuletzt davon, daß die Seele notwendiges Bindeglied ist zwischen Geist und Organen des menschlichen Körpers.
Jetzt will ich versuchen, zu erklären, wie die Seele diese Verbindung herstellt, damit auch klar wird, wie eine Berührung der Seele oder des Körpers

auf den Geist wirkt und umgekehrt. Es ist ein ganz einfacher Vorgang, wie überhaupt der ganze Organismus denkbar einfach ineinandergreift und seine Funktionen ausübt. Kompliziert erscheint es nur den Menschen, weil sie lediglich die Folgeerscheinungen betrachten und die grundursächlichen Zusammenhänge nicht kennen. Das liegt natürlich darin begründet, daß eben diese Ursachen nicht sichtbar sind, sondern von Kräften verursacht werden, die unsichtbar und unkontrollierbar sind für das menschliche Auge. Nun kann die Berührung der Seele auf mancherlei Weise erfolgen. Erstens durch eine Willensäußerung des in ihr wohnenden Geistes und zweitens durch einen Eindruck, der von außen vermittelt und durch den Körper zu ihr geleitet wird. Die Willensäußerung, die im Geistwesen ihren Ursprung hat, wirkt zu gleicher Zeit, da sie entsteht, auf die Seele. Nun ist es von größter Bedeutung, in welchem Zustand die Seele sich befindet und ob sie imstande ist, ungehemmt die empfangene Willensäußerung aufzunehmen und dem Gehirn zuzuleiten. Jetzt erst, wenn das geschehen ist, erfaßt das Gehirn als der körperliche Teil des Menschen, den Impuls der Seele oder Lebenskraft, um in den Gedanken die Tat reifen zu lassen beziehungsweise die Absicht, eine Tätigkeit auszuüben, an die entsprechenden Organe weiterzuleiten.
Die Verbindung zu den Organen ist, wie wir schon wissen, durch ein weitverzweigtes feines Nervensystem hergestellt. Man kann sich leicht vorstellen, daß nur ein gesundes Nervensystem geeignet ist, den Dienst richtig zu versehen, um die Maschine in Gang zu halten, ohne Störung und Hindernisse. Die Seele ist nun wohl das noch viel empfindlichere Instrument als das ganze Nervensystem, aber dieses steht in so starker Abhängigkeit von der Seele, daß eben jede abnormale Regung sich auf das Nervensystem überträgt und bei längerer Dauer der Störung oder Wiederholung der abnormalen Regung zur Krankheit des Nervensystems und zur Störung von Organfunktionen führt, je nach Art und Intensität der Störung oder auch Hemmung.
Wir haben also festzuhalten: Im Geistwesen entsteht der Wille zur Betätigung, wobei unter Betätigung nicht nur die materiell sichtbare Arbeit gemeint ist, sondern jegliche Regung, die zum Leben notwendig, jeder Impuls, der zur Aufrechterhaltung der lebensnotwendigen Funktionen aller Art erforderlich ist.
Eine gesunde Seele, die auf der gleichen Entwicklungsstufe angelangt ist wie der Geist, den sie umgibt, ist in der Lage, ihre Aufgabe ganz zu erfüllen und so dem Geistwesen wertvollste Unterstützung zu leisten in seinem

Bestreben, in jeder Hinsicht seine Aufgaben zu erfüllen und einer höheren Entwicklung entgegenzugehen.

Die Seele ist aber in ihrem, ich möchte sagen Gefängnis im menschlichen Körper vielerlei Gefahren und Schädigungen ausgesetzt, so daß es nur sehr wenige Menschen geben wird, die sich einer wahrhaft gesunden Seele erfreuen dürfen. Die Zivilisation der lebenden Generation trägt viel dazu bei, daß die Schädigungen, denen die Seele ausgesetzt ist, immer gefährlicher und für die meisten Menschen unvermeidbar werden.

Gerade deshalb ist es die Aufgabe des Arztes, in dieser Zeit nach Möglichkeit die Ursachen solcher Schädigungen aufzudecken und mit aller Kraft dagegen anzukämpfen. Dies setzt natürlich voraus, daß der Arzt auf einem höheren Niveau steht, also imstande ist, die Dinge von einer höheren Warte aus zu betrachten. Dies ist überhaupt das erste Ziel, das angestrebt werden muß, wenn man in bezug auf die Seele heilend und lindernd wirken will.

Ein Arzt muß in erster Linie selbst bestrebt sein, eine gewisse Vollkommenheit zu erreichen in seiner seelischen und geistigen Einstellung und Verfassung, als ein Mensch zu gelten, der unantastbar ist und nur die Liebe zu den hilfebedürftigen Mitmenschen zum Leitstern seines Berufes macht. Nur dann ist er imstande, wahrhaft segensreich zu wirken und anderen Hilfe zu bringen. Wenn er sie selbst braucht, ist er unter ihnen und wird niemals über den Alltag hinausragen und den Blick von oben gewinnen können. Das, was er will, daß seine Patienten werden sollen, muß er selbst in hohem Maße verwirklichen. Soweit im allgemeinen, wenngleich es schon recht nahe an die konkreten Fragen herankommt.

Ein Mensch nämlich, der eine hohe Entwicklungsstufe erreicht hat und als Arzt seine Hilfe anderen angedeihen läßt, braucht kaum mehr dazu eine große wissenschaftliche Ausbildung - ich meine natürlich nur insoweit es um rein psychische Fragen geht - er wird immer aus Eigenem herausfinden, was ein anderer nötig hat und wird durch sein Vorbild mehr erreichen als andere mit allen angelernten Phrasen und gelehrten Sätzen.

Er wird vor allem - und das will ich hier zum erstenmal herausheben -, immer die nötige Unterstützung aus dem Jenseits von guten, hilfreichen Geistern empfangen, die ihm Sicherheit in seiner Arbeit und unumstößlichen Erfolg bringen wird.

Das ist aber noch Zukunftstraum, denn dafür müssen erst von hier aus genaue Gesetze bekanntgegeben werden, damit Mißbrauch in dieser Richtung ein für allemal ausgeschaltet wird. Die Zeit ist dazu noch nicht reif, es wird aber wohl von hier aus gesehen nicht mehr sehr viele Generationen dauern. Dann wird es leicht werden, die Menschen auf die rechte Lebensbahn zu leiten, Haß, Neid und Mißgunst und alle bösen Eigenschaften, die heute die Ursache aller Kriege und Feindseligkeiten auf Erden sind, werden verschwinden, und eine glückliche Menschheit wird die Erde bewohnen, die nur bestrebt ist, aufwärts zu steigen und ein wahrhaft höheres Leben zu führen. Die Materie wird dann nicht mehr die übertriebene Bedeutung besitzen, die man ihr heute zuteilt, sondern das sein, was sie sein soll, nur Mittel und Grundlage, um ein menschenwürdiges Dasein auf dieser Erde führen zu können, also nur Mittel zum Zweck, aber nicht Hauptzweck sein. Damit schließe ich für heute.

8. KAPITEL
Die Seele, der Sitz des Gefühlslebens und Motor für alle Lebensäußerungen.
Das mitgebrachte Programm.
Die immer wiederkehrende Inkarnation.

Heute will ich damit beginnen, zu erklären, wie die Seele behandelt werden kann und muß, damit sie ihren Dienst so versehen kann, wie es für einen gesunden Körper und Geist Voraussetzung ist. Daß der Mensch eine Seele hat, ist nichts Neues, und daß sie der Ausdruck des Gefühlslebens ist, zum Unterschied vom geistigen Bereich, ist auch bekannt. Wir wissen nun aber auch, daß die Seele die Lebenskraft bedeutet, von früheren Wissenschaftlern auf diesem Gebiet auch Od genannt. Es gibt zahlreiche Schriften darüber, die über die Feststellungen sprechen, die man bei spiritistischen Sitzungen aller Art gemacht hat und die von Od sprechen und Ausstrahlung meinen. Viele sind schon so weit gegangen, daß sie es als Lebenskraft bezeichneten, aber niemals hat meines Wissens ein solcher Gelehrter, oder wollen wir sagen Eingeweihter, vom Od als Seele gesprochen, wie wir es aufgefaßt wissen wollen.
Für uns ist sie der Sitz des Gefühlslebens und ergibt in Verbindung mit dem Geistwesen den vollkommenen Menschen ohne materiellen Körper im Jenseits und in Verbindung mit dem materiellen Körper auf der irdischen Welt. Mehr als bisher in der medizinischen Wissenschaft und in der

Individualpsychologie angenommen wurde, ist sie, über den Sitz des Gefühlslebens hinaus, auch der Motor für alle Lebensäußerungen. Insofern muß langsam eine Umstellung und Umorientierung eintreten, da diesem Umstand ein großes Gewicht beigemessen werden muß. Man kann nicht geistige und seelische Verfassung oder Äußerung voneinander trennen. Sie stehen in unmittelbarer Wechselbeziehung zueinander. Wir haben wohl viel von seelischer Hygiene gehört, und es ist ein wichtiges Kapitel in der Pflege des gesamten Lebensbildes, möchte ich sagen. Denn jeder Geist hat seine Vorstellung, sein von vornherein gestecktes Ziel für den Abschnitt seines Daseins auf der Erde. Es scheint zwar so, als ob erst mit der Entwicklung des Körpers im Laufe der Jahre der Mensch sich ein Ziel stecken würde, das er erreichen will oder das ihm von seiner Umgebung bestimmt und aufgezwungen wird. In Wahrheit ist es anders.

Die meisten Geistwesen kommen mit einem fertigen Programm auf diese Erde, wenn sie das Jenseits - für nach unserer Anschauung kurze Zeit - verlassen, um ihre Aufgaben zu erfüllen, die zu ihrem geistigen Fortschritt erfüllt werden müssen. Da aber der wieder inkarnierte Geist die Erinnerung an sein Leben im Jenseits verliert mit dem Eintritt ins Irdische, glauben die Menschen, es sei jeder zum ersten Male geboren und müsse sich von Grund auf entwikkeln. Ist es aber nicht erstaunlich, daß ein ganz kleines Kind die Sprache der Mutter in ganz kurzer Zeit versteht und oft sehr bald in erstaunlicher Vollkommenheit sprechen kann? Diese im Grunde genommen doch ganz wunderbaren Erscheinungen werden als etwas Selbstverständliches hingenommen, sind aber nur deshalb selbstverständlich, weil die Kenntnisse und Erfahrungen aus einem früheren Leben in ihm schlummern.

Allerdings sind nicht alle Geister mit fertigem Programm und positiven Absichten ausgestattet. Viele sind, wie ich schon in einem früheren Kapitel ausgeführt habe, noch unbelehrbar, glauben nicht an ein höheres Leben und kommen nur zurück auf die Erde des materiellen Genießens wegen, ohne Streben nach höherem Ziel. Sie sind zum großen Teil diejenigen, denen die Fürsorge und Erziehung durch einen hilfsbereiten Geist vonnöten ist, und diesen Wesen muß das Hauptaugenmerk gewidmet werden.

Geister, die mit hoher Zielsetzung inkarniert werden, sind meist so ausgeglichen, daß sie unter normalen Verhältnissen weniger der Pflege durch einen Arzt auf diesem Gebiet bedürfen. Doch läßt sich dies niemals verallgemeinern.

Ich will nur sagen, daß das Hauptgewicht auf der Erziehung unreifer und weniger hochentwickelter Geister ruhen muß, um bald das Lebensniveau der gesamten Menschheit entsprechend zu erhöhen und einen allgemeinen Fortschritt in geistiger Richtung auf der materiellen Welt zu erreichen.
Ich bin immer noch bemüht, sehr präzise herauszustreichen und einzuprägen, daß die Entwicklung des Menschen nicht erst mit der Geburt auf der materiellen Welt beginnt und nicht mit seinem Abschied von dieser beendet ist. Darin liegt der Hauptunterschied gegenüber den bisher in der Wissenschaft angenommenen Theorien, wonach der Mensch die Erde nur einmal erlebt und mit seinem Tode alles vorbei ist. Das wäre eine armselige Konstellation. Dann müßte man wirklich von großer Ungerechtigkeit in dieser Welt sprechen, da nicht zwei Menschen gleich sind und so unterschiedliche Lebensbedingungen vorliegen.
Wenn wir also weiter von der Entwicklung der Seele und des Geistes sprechen wollen, müssen wir von dem Grundsatz der immer wiederkehrenden Inkarnation ausgehen und von der unumstößlichen Tatsache, daß es für jeden Menschen eine Entwicklung zum Guten und nur zum Guten gibt, wenn auch nicht jeder von seiner ihm gebotenen Aufstiegsmöglichkeit sogleich Gebrauch macht. Soviel für heute.

9. KAPITEL
Das irdische Leben, eine Vorbereitung auf höhere Leben im Jenseits.
Die allumfassende Liebe im Gegensatz zur triebhaften Begierde.

Das Kapitel, was wir heute beginnen wollen, ist ein sehr interessantes für den irdischen Menschen, weil es von den Dingen handeln soll, die aus der jenseitigen Welt Einfluß haben auf die Entwicklung von Seele und Geist im irdischen Dasein.
Es bedarf, wie ich schon oft betont habe, des unbedingten Glaubens, der vollkommenen Überzeugung von dem Fortbestand des Geistwesens nach seinem Abschied von der materiellen Welt und von der immer wiederkommenden Inkarnation nach einem Zwischendasein im Jenseits.
Zeitlich gesehen ist das Leben im Jenseits wesentlich länger als das auf der Erde. Ich möchte sagen, daß das Erdendasein fast nur eine Episode, ein kleines Zwischenspiel ist in dem gesamten, unendlich langen Leben beziehungsweise der Existenz des Geistwesens überhaupt.

Es ist dazu auch notwendig, sich immer wieder klar zu machen, daß es nur einen Aufstieg gibt, eine Höherentwicklung, einen Fortschritt, um loszukommen von dem Gedanken, daß nach dem Abschied von der Erde ein Jüngstes Gericht, ein strafender Herrgott oder gar die Hölle zu erwarten ist. Das alles gibt es nicht. Es sind Irrtümer, die durch falsche Auslegung mancher Mitteilungen aus dem Jenseits entstanden sind und an denen mit mehr oder weniger Absicht und Unwissenheit gerne festgehalten wird.

Wir hier wissen auch nicht, wie Gott aussieht, jedenfalls nicht wie ein Mensch, denn der ist sicher nicht die höchste und idealste Form von Lebewesen, die es im Weltall gibt. Die göttliche Allmacht kann nicht weggedacht werden, wenn man einen kleinen bescheidenen Blick in die Naturgesetze und die unfaßbare Ordnung im Weltall tun darf, die den irdischen Menschen nur in einem winzig kleinen Kreis bekannt ist.

Es ist deshalb verzeihlich, daß es Menschen gibt, die ungläubig sind und außerhalb der irdischen Welt mit ihren Naturkräften und Gesetzen nichts als vorhanden annehmen wollen, um so mehr als ihnen über die außerirdischen Kräfte und jenseitigen Gesetze soviel Unwahres und Unverständliches erzählt wird.

Will man aber irrende und verirrte, nach Wahrheit suchende und nach Halt im Leben ringende Menschen auf den richtigen Weg leiten, ihnen ein wahrhafter Wegweiser sein, dann muß man überzeugt sein, restlos und rückhaltlos, daß dieses Leben eben der Vorbereitung auf das höhere Leben im Jenseits dient und jeder die gleichen Prüfungen zu bestehen und Aufgaben zu erfüllen hat, um zu einem höheren Dasein zu gelangen.

Es ist im Jenseits nicht so, daß der Geist etwa tun und lassen kann, was er will. Er ist auch hier an Regeln und Gesetze gebunden, und sein Weg wird ihm genau vorgezeichnet. Ich sagte aber schon, daß keiner gezwungen wird, ihn zu gehen. Sein eigener, freier Wille gibt ihm die Möglichkeit dazu, zu wählen. Solange er nicht entschlossen ist, nach höherem Dasein zu streben und seinem Führer, der ihn unterrichtet, nicht vertraut oder eben ungläubig ist, wird er in seiner Entwicklung stehen bleiben, von den wunderbaren Schönheiten und Freuden des jenseitigen Lebens ausgeschlossen sein. Jeder Fortschritt muß verdient sein und erarbeitet, gleichgültig auf welchem Gebiet.

Eines aber ist bei allem die Hauptgrundlage, die vorhanden sein muß, wenn wahrhaft Gutes erreicht werden soll. Es ist die alles umfassende Liebe. Nicht Liebe, wie sie im irdischen Leben aufgefaßt wird, die eigentlich nicht von der Seele und vom Geist geübt, sondern rein körperlichen Ursprungs ist und als die in keinem Zusammenhang mit der göttlichen Liebe stehende triebhafte Begierde bezeichnet werden muß. Vereint mit göttlicher Liebe gibt sie eine Vollkommenheit, ein Idealbild der Vereinigung zweier Menschen.

Die Liebe aber, von der ich hier als von der Grundlage allen Seins sprechen will, ist der Inbegriff des Guten, des Hilfsbereiten, der Leitfaden für alle Taten und Unternehmungen im irdischen und jenseitigen Dasein.

Auf diesem Gebiet und in dieser Hinsicht herrscht zwischen Diesseits und Jenseits völlige Gleichheit. Der Unterschied liegt nur darin, daß das wahrhaft Gute hier für jeden klar ersichtlich ist, daß es durch nichts verdunkelt und durch nichts vorgetäuscht werden kann, während auf der irdischen Welt mancher für gut gehalten wird, der weit davon entfernt ist, weil reine Eitelkeit und Geltungsdrang ihn zu sogenannten guten Taten veranlassen, vielfach oder meistens aus reiner Berechnung. Das gilt aber nach höheren Gesetzen nicht als gut und ist so lange wertlos, bis gute Taten aus reinem Herzen an ihre Stelle treten.

Soll also ein Arzt einen Kranken heilen und will er einen vollen Erfolg erzielen, dann ist es auch für ihn oberstes Gesetz, daß er seine Behandlung nach dem Grundsatz der selbslosen Liebe einrichtet. Solche Liebe macht sich von selbst bezahlt, der Lohn für wahrhaft gute Taten bleibt nicht aus. Das soll aber nicht heißen, daß der Arzt auf Entlohnung verzichten muß, nein, er hat das Recht, für seine Leistung zu fordern, aber er wird, wenn er wahrhaft gut ist, auch seine Forderung dem Patienten und seiner Leistungsfähigkeit anpassen. Es müßte überhaupt davon gar nicht gesprochen werden, weil ein guter Mensch dazu keine Belehrung braucht, sondern ihn die Liebe zu den Mitmenschen selbst das Richtige erfühlen läßt.

So wie der Arzt Liebe zur Grundlage seiner Behandlung machen muß, so muß er bemüht sein, den Patienten zur Liebe zu leiten, alle Härte, allen Haß, alle Mißgunst aus ihm zu entfernen suchen, oder besser gesagt, ihm den Weg zu weisen, wie er sein Leben auf Liebe aufbaut.

Es ist bestimmt kein leichtes Beginnen, denn wie viele gute Menschen wird man finden, die leicht und gerne auf diesen Weg geleitet werden wollen, und doch ist es, das muß man mir glauben, der einzig wahre und richtige Weg.

Nur die unrichtige Einstellung zur Umwelt erzeugt die seelischen Störungen und damit so viele Leiden und Krankheiten. Wir werden in den folgenden

Abschnitten immer wieder auf dieses Thema zurückkommen und über den Begriff Liebe und ihre Beziehungen zur Menschenkenntnis und zu den verschiedenen Heilmethoden noch manches zu erörtern haben.
Liebe allein ist es, mit der die göttliche Allmacht die Geschicke des Weltalls lenkt, und die Tatsache, wie weit wir von solcher tätigen Liebe entfernt sind, mag uns den Beweis liefern, wie weit entfernt wir Menschen noch sind von der Vollkommenheit, die wir bestrebt sein wollen, zu erreichen. Vorläufig ein meiner Meinung nach wenig tröstliches Bild. Es soll uns aber nicht entmutigen. Die Tatsache, daß wir das Ziel bereits kennen, das uns gesteckt ist, darf uns mit Zuversicht erfüllen. Wollen wir also den Weg mutig beschreiten und diesem fernen Ziel mit aller Kraft unserer Seele und unseres Geistes zustreben.

10. KAPITEL
Der Mensch noch ein "Zwischenwesen".
Über die Begriffe Weisheit und Wahrheit.

Ich will jetzt damit beginnen, von den Einflüssen, die auf die Seele möglich sind, zu sprechen. Wenn ich auch sicher bin, daß vieles, was ich sage, nicht neu ist für die geltende Wissenschaft, so muß ich doch auch Dinge erwähnen, die zum Zusammenhang erforderlich sind.
Es gibt, wie ich schon einmal sagte, Einflüsse von außen und solche aus dem Innern, also vom Geistwesen direkt. Diese äußeren Einflüsse sind weitgehend bekannt, wenn auch oft in ihrer Wirkung anders ausgelegt, als es den Tatsachen entsprechen würde. Im Grunde genommen ist dies aber nicht so wichtig, wenn man nur weiß, welche Einflüsse schädlich und welche für den Menschen fördernd sind.
Ich will hier nicht beginnen aufzuzählen, sondern lieber in positivem Sinn feststellen, in welcher Weise die Seele gut beeinflußt werden kann. Der Grundgedanke bei allem ist die Liebe, nicht, wie schon betont, die Liebe zwischen den Geschlechtern, die nach Ansicht der Wissenschaft in gutem Sinn in der Ehe gipfeln soll. Nein, von Liebe im Sinn des reinen, geistigen Denkens, der Hilfsbereitschaft und Kameradschaft und was sonst an guten Eigenschaften daraus fließt. Es ist nicht sinnvoll, den Menschen oder, wie wir sagen, das Individuum zu zerpflücken, zu zerlegen, in seine verschiedenen Regungen und Gedanken, es, wenn auch im Rahmen seines eigenen

Lebens, seiner Umgebung etc., doch zu analysieren und schon gar nicht zu vergleichen mit einem Idealbild, das keines ist.

Es ist nicht richtig, daß jedes Individuum den drei Forderungen Freundschaft, Beruf und Ehe gerecht werden muß, um ein Idealbild zu ergeben. Das würde richtig sein, wenn der Mensch, wie von so vielen angenommen, nur einmal auf der materiellen Welt wäre.

Wie arm müßten wir uns dünken, wenn wir wüßten, daß wir nur das erreichen können, was wir in der kurzen Zeitspanne unseres Lebens imstande sind, zu vollbringen.

Ein gestecktes Ziel zu erreichen, ist der Wunsch jedes strebsamen Menschen. Wie wenigen ist es aber gegönnt, im gegenwärtigen Erdenleben das Ziel wirklich zu erreichen. Kein wahrhaft gegen sich ehrlicher Mensch wird das behaupten, ich meine, wird in dem Gefühl am Ende seines Lebens stehen, daß er alles erreicht hat, was zu erreichen war. Es sei denn, er hat die Fähigkeit, sich selbst zu belügen. Ich will damit vor Augen führen, wie trostlos doch das Erdendasein wäre, wenn jeder das Gefühl hätte oder haben müßte, daß er niemals mehr als das erreichen kann, was ihm im Augenblick - denn das Erdenleben ist nur ein Augenblick - möglich ist. Wie arm wäre die Welt, wie sinnlos!

Ich will aber nicht philosophieren, sondern nur die Grundgedanken aufzeigen und immer wieder darauf hinweisen, daß der Mensch mit einem fertigen Programm auf die Welt kommt, es allerdings selbst nicht mehr weiß, sobald er inkarniert ist.

Daß schon das Kind sich seinen Weg vorzeichnet, ist bekannt, aber nicht durch äußere Einflüsse veranlaßt, sondern auf Grund der in ihm wohnenden Kräfte des Geistes, der wie gesagt in mehr oder weniger reifer Entwicklung, in ihm schlummert. Nun kommt es darauf an, daß die Kräfte, die im Kinde schlummern, zur Entfaltung kommen können, und dazu ist wohl der Einfluß der Umgebung von Bedeutung.

Wird ein Geist in ein gutes Milieu geboren und erfährt er die geeignete verständnisvolle Förderung durch seine Umgebung, die richtige Pflege des Körpers und der Seele, dann wird er in seinem Erdendasein seine vorgenommenen Aufgaben erfüllen. Ich denke dabei an einen Geist, der schon einer höheren Entwicklungsstufe angehört und unter Umständen, und dann wohl meistens, über seine Vorfahren weit hinauswächst. Es gibt da ja, wie wir wissen, so unzählige Varianten, wie es eben Menschen gibt. Deshalb kann kaum eine Norm dafür gefunden werden, die auf alle Fälle gleich anzuwenden ist. Es kommt nun darauf an, auf welchem Gebiet der Geist oder die Seele noch Aufgaben zu erfüllen hat, um langsam, sehr langsam einem Idealbild nahezukommen. Es wäre ein bescheidenes Idealbild, wollten wir annehmen, daß es genügen würde, die von der Wissenschaft bisher gestellten Forderungen hierzu zu erfüllen.

Der Mensch ist im ganzen unendlichen All und der ebenso unendlichen Zeitrechnung nur ein, ich möchte sagen "Zwischenwesen" und von einem Idealbild weit entfernt. Solange der Mensch oder auch das Geistwesen noch eines materiellen Körpers bedarf, um sich weiterzuentwickeln, um zu lernen und Fehler gutzumachen, Irrtümer abzulegen und so weiter, so lange kann von einem Idealbild nicht die Rede sein. Wie ein solches aussieht, kann ich nicht erklären, weil die Begriffe im Irdischen dazu fehlen.

Es ist beinahe Überheblichkeit zu nennen, wenn jemand annimmt, der Mensch sei in der Form, wie er auf der Erde lebt, das höchstentwickelte Wesen. Es ist aber eine Gnade, daß wir in der Erkenntnis schon so weit fortgeschritten sind, daß wir wissen, wir sind auf dem richtigen Weg und alle Wege stehen uns offen, mit eigener Kraft weiter fortzuschreiten auf der Suche nach der Wahrheit. Was gehört dazu, die Wahrheit zu finden? Allerhöchste Weisheit, gepaart mit allumfassender Liebe. Weisheit ist nicht nur Wissen und Gelehrsamkeit, es ist der Inbegriff alles Verstehens, die ewige Verbindung von Seele und Geist zu reiner Vollkommenheit. Es ist ein Wort, das für menschliche Anschauung leicht etwas anderes bedeutet. Wir verstehen darunter viel mehr, und weise ist für uns nur ein Mensch, der mit unendlicher Güte und Liebe imstande ist, alles zu wissen und zu verstehen. So ungefähr möchte ich es beschreiben.

Wahrheit ist etwas, das nicht, wie die Menschen es mit wahrhaftig, ehrlich und richtig meinen, sondern das Suchen nach der Wahrheit, ist das Suchen nach Gott, nach der unendlichen Allmacht, die alles lenkt und leitet. Das Verstehen der Zusammenhänge der Naturgesetze im Weltall, ihren Sinn zu erfassen und imstande zu sein, ihnen in allem gerecht zu werden, das ist das Ziel, das uns allen gesteckt ist und das erst erreicht sein muß, wollen wir als Idealwesen gelten.

Der Weg dorthin ist schwer und mühsam, aber auch unendlich freudvoll, wenn man bestrebt ist, seine geistige Existenz auf Liebe und Weisheit aufzubauen. Wunderbares birgt das All für uns alle, und das ist das Tröstliche im Kampf um den Aufstieg, um den Fortschritt.

Ich würde gerne davon erzählen, was uns erwartet, wenn wir unsere Aufgaben erfüllen und unsere Pflichten getreulich auf uns nehmen. Es ist aber so ganz anders als auf der irdischen Welt, daß es keine Möglichkeit, keine Worte gibt, es zu schildern. Es würde auf jeden Fall ganz falsche Vorstellungen erzeugen, und das will ich vermeiden. Es ist schon viel zuviel darüber geschrieben worden. Es genügt meiner Meinung nach, daß die Menschen und in erster Linie die Wissenschaft erfährt, daß das Leben auf Erden nicht das erste ist, das ein Mensch erlebt und sicher nicht das letzte, das ihm beschieden ist.

Ist aber ein Mensch strebsam, dann darf er hoffen, daß jedes spätere Leben schöner und in materiellem Sinn erfolgreicher wird als das vergangene. Ich bin nun etwas davon abgekommen, was ich heute besprechen wollte. Wir haben begonnen, von den äußeren Einflüssen auf die Seele, wollen aber für heute Schluß machen und morgen fortsetzen.

11. KAPITEL
Von den äußeren Einflüssen auf die Seele.
Besessenheit und ihre Heilungsmethoden.

Von den äußeren Einflüssen auf die Seele will ich schreiben. Es ist nicht leicht, alles zu erfassen, was da von Bedeutung wäre. Was in der materiellen Sphäre an Einflüssen vorhanden und möglich ist, brauche ich wohl nicht mehr zu erklären. Es ist in der wissenschaftlichen Forschung der letzten Jahrzehnte zur Genüge bekannt: wie da sind die Eltern mit guten und schlechten Erziehungsmethoden, das Milieu, die Geschwister, die Ernährung, die Schule und später der Beruf, die Rasse etc. etc.

Was aber wohl noch nicht erfaßt ist und von der Wissenschaft zurückgewiesen wird, weil exakte Beweise fehlen, das sind die Einflüsse, die aus dem Jenseits kommen, abgesehen von dem fertigen Programm, das der Mensch, natürlich der vorwärtsstrebende, schon bei der Geburt beziehungsweise Neuinkarnation mitbringt.

Das eine ist so unsichtbar und unfaßbar wie das andere. Freilich muß der werdende Mensch, da ihm die Erinnerung an sein jenseitiges Dasein verlorenging, sich offenbar und nach Ansicht der irdischen Welt erst neu entwickeln und von Grund aufbauen, ehe er das in die Tat umsetzen kann, was er sich für die Spanne Zeit im Irdischen vorgenommen hat.

Die Einflüsse aus dem Jenseits können sehr verschieden sein, je nach der Entwicklungsstufe des Geistes beziehungsweise je nach der geistigen Region, aus der er kommt und zum wievielten Male er schon wiederkehren durfte, um seinen Aufstieg zu fördern und schließlich zu vollenden.

Dazu muß gesagt werden, daß jeder Mensch entsprechend seiner geistigen Reife einen guten Führer an der Seite hat, der bemüht ist, seine Gedanken zu lenken und ihm den rechten Weg zu weisen. Man mag es nennen, wie man will, die einen nennen es den Schutzengel, die anderen das Gewissen oder die innere Stimme, immer aber ist es das Geistige, das uns bewahrt, schützt, zurechtweist und Ratschläge gibt, wie wir uns verhalten sollen.

Kein Mensch kann es anders erfassen, es sei denn, er ist medial veranlagt und in der Lage, mit der Geisterwelt zu verkehren. Jedes gute Medium kann diese Zusammenhänge bestätigen.

Nun kommt aber erschwerend dazu, daß der Mensch nicht nur seinen Führergeist an der Seite hat, sondern oft umgeben ist von einer Anzahl von Geistwesen, die entweder aus Verbundenheit, in Liebe oder aus anderen Motiven nicht von der materiellen Welt fort wollen. Wie schon erwähnt, gibt es viele Geistwesen, die noch nicht so weit fortgeschritten sind, daß sie den Wert oder Unwert des irdischen Daseins erfaßt hätten und glauben, das höchste Glück in materiellem Genuß, Triebleben und Reichtum oder Macht zu finden. Sie klammern sich oft lange Zeit nach ihrem irdischen Tod noch an die Menschen, wollen nicht glauben, daß sie die materielle Welt verlassen haben und leiden unsäglich darunter, daß sie die irdischen Güter nicht erfassen können, daß man nicht mehr auf sie hört oder sie ihre Süchte nicht befriedigen können. An willensstarke und seelisch gesunde Menschen kommen sie nicht leicht heran. Sie können diese höchstens kurze Zeit belästigen und stören, aber niemals von ihnen Besitz ergreifen. Besonders dann nicht, wenn diese Menschen mit ihrem geistigen Führer in gutem Kontakt leben und dadurch gegen Angriffe von außen geschützt sind. Gefährdet sind in dieser Hinsicht die schwachen, noch nicht gefestigten Charaktere, denen die innere Abwehr gegen diese unsichtbaren Feinde oder Parasiten oder Quälgeister, wie man sie am treffendsten bezeichnen kann, noch fehlt. Sie bedürfen der Hilfe am meisten, besonders dann, wenn ihr Wille zum Guten wohl vorhanden, die Seele aber ohne Widerstandskraft sich nicht durchsetzen kann.

Das zu erkennen, ist die Aufgabe des Arztes. In allen Graden der Einflüsse muß es möglich sein, einzugreifen und einfach Ordnung zu machen. Ist ein

Mensch selbst gesund genug, daß er durch richtige Erziehung und Beratung die Kraft gewinnt, sich selbst zu befreien, dann ist die Aufgabe leicht zu lösen, wenngleich sie oft viel Zeit und Geduld erfordert.

Haben wir aber ein ganz schwaches Wesen vor uns, so kann es geschehen, daß solche Quälgeister vollkommen Besitz von ihm ergreifen und, wie man sagt, es besessen machen.

Bisher hat man es nur als Charakterschwäche, Entartung oder Geisteskrankheit betrachtet und vielfach angenommen, daß solche Leiden, die durch Besessenheit entstehen, wie Süchte aller Art unheilbar sind, oder eben nur kurzfristig gebessert werden können. Ohne zu wissen, worum es geht, haben aber trotzdem manche Methoden und Behandlungsweisen zum Erfolg geführt, weil auch die den Körper in Besitz nehmenden Geistwesen von so einer Behandlung betroffen wurden. So zum Beispiel durch Elektroschock. Die Elektrizität strahlt auch auf ein im fremden Körper befindliches Geistwesen und verursacht ihm ebenfalls einen starken Schock, so daß es gerne das Feld räumt.

In Amerika hat man schon vor vielen Jahren herausgefunden, daß die Möglichkeit besteht, durch mediale Behandlung die armen, gequälten Menschen von der Besessenheit zu befreien. Solange diese mediale Wissenschaft aber nicht Eingang gefunden hat und allseits anerkannt wird, kann diese Methode nicht in Anwendung gebracht werden. Nur wenige Auserwählte sind es bisher, die von diesen Zusammenhängen wissen und imstande sind, ihr Wissen zum Nutzen und Heil der Menschheit zu gebrauchen.

Es werden noch einige Jahrzehnte vergehen, ehe diese Wissenschaft allgemein Anerkennung finden wird. Dann wird auch in der Individualpsychologie ein gewaltiger Umschwung Platz greifen, und man wird beginnen, die Entwicklung des Menschen, seine Lebensziele und Aufgaben anders zu erforschen und zu pflegen, als dies zur Zeit der Fall ist.

Man wird vor allem im Kind nicht mehr das ganz unerfahrene, unwissende und unreife Lebewesen sehen wie bisher, wodurch so vielen Kindern der Aufstieg und der Fortschritt auf dem vorgenommenen Weg verhindert oder erschwert wird. Mit Spannung und Neugier wird man beobachten, woher und wohin sich die Dinge, oder besser gesagt, die Fähigkeiten, entwickeln, und niemand wird den Geist des Kindes als einen Abkommen der Eltern mehr betrachten.

Die Eltern haben die große und bedeutende Aufgabe, den ihnen anvertrauten Geist zu pflegen, für sein materielles Wohl zu sorgen und ihm alle Schwierigkeiten und Hemmnisse aus dem Weg zu räumen. Das wird erst die ideale Bindung zwischen Eltern und Kind werden und nicht, wie man etwa entgegnen könnte, eine Entfremdung hervorrufen, weil die Erbtheorie so außer Kraft gesetzt wird.

Erblich ist nur das Materielle, und da wächst die Verantwortung immer mehr gegenüber den von Gott anvertrauten Geistwesen. Mit Recht würde dieses den Eltern Vorwürfe machen, wenn durch Schädigungen der Organe, Krankheiten der Seele und so weiter Behinderungen in der Entwicklung des Geistes verursacht würden. Es muß aber klar herausgestellt werden, daß das vorläufig nicht in die engere Betrachtung gezogen werden kann, da die Zeit noch nicht reif ist.

Eines aber kann unbedingt in Betracht gezogen werden: das Wissen um den Fortbestand und die Wiedergeburt des Geistes, seine immerwährende Aufwärtsentwicklung und sein Streben nach Fortschritt.

Es muß auch berücksichtigt werden, daß unsichtbare und unerfaßbare Einflüsse fremder Geistwesen möglich sind. Als Schutz dagegen muß aber eine Behandlungsmethode Platz greifen, die imstande ist, den Menschen Mut und Kraft, gegen die Einflüsse aufzutreten, in ausreichendem Maße zu vermitteln. Dazu ist es aber auch notwendig zu erforschen, ob es sich um fremden Einfluß handelt oder ob der Mensch selbst noch unreif und minderwertig ist. Auch dann bedarf er der Hilfe. Es ist nicht notwendig, daß er auch dann, wenn er ohne ein festes Programm, als reiner Materialist auf die Erde gekommen ist, auch als solcher sie wieder verläßt. Er kann die richtige Erkenntnis hier erwerben und dadurch nach seinem Abschied in eine höhere Sphäre aufsteigen und einer raschen Aufwärtsentwicklung entgegengehen. Nicht die hochentwickelten Geister bedürfen unserer Hilfe, außer in ganz besonderen Fällen. Im allgemeinen sind es die unterentwickelten und nur langsam fortschreitenden Geister, die unserer Hilfe bedürfen.

Nächstes Mal wollen wir davon sprechen, was der Geist hier lernen soll und wie eine richtige Behandlung aussehen muß. Es ist das Kapitel von der Lebensauffassung überhaupt, grundlegend für alle Erziehungsfragen und Heilmethoden. Bis morgen.

12. KAPITEL
Lebensauffassung und Persönlichkeit.
Verkehr mit der Geisterwelt und Wissenschaft.

Lebensauffassung ist heute das Thema, das wir behandeln wollen. Jedes Individuum ist eine einmalige Persönlichkeit, das haben wir schon festgehalten, daher auch seine Anschauungen und die Auffassung des Weltgeschehens, die Ansichten über den Zweck und Sinn des Lebens nur auf diese Persönlichkeit abgestellt, ihr allein eigen. Freilich wird es viele ähnliche und dem Wortlaut nach gleiche Auffassungen geben. Maßgebend ist aber nicht, was ein Mensch spricht, wie er seine Gedanken ausdrückt, sondern vielmehr und gerade in diesem Fall ist allein von Bedeutung, wie er lebt oder wie er die Auffassung vom Leben in die Tat umsetzt. Das kann oft ganz dem widersprechen, was der Betreffende in Worten ausgedrückt hat.

Es ist überhaupt sehr selten, daß ein Mensch konkrete Vorstellungen über den Sinn und Zweck seines Lebens hat. Es ist verständlich, weil er meist gar nicht in der Lage ist, sich seine Lage im unendlichen Weltall klarzumachen. Sein Verhalten zeigt uns aber, was er fühlt und denkt und worin er die Aufgaben sieht, die ihm für sein Leben gestellt sind, beziehungsweise die er sich glaubt, stellen zu müssen. Lebensauffassung ist die Ansicht des einzelnen, wozu er in dieser Welt lebt, ob und welche Aufgaben zu erfüllen und welche Rolle er im Kreise seiner Umgebung zu spielen hat.

Eng damit verbunden ist je nach dem Grad der geistigen Bildung oder Entwicklungsstufe die Auffassung vom Recht an den Gütern der Erde, der Anspruch auf materielle Güter und Genuß oder aber die Ansicht vom Verzicht auf irdische Genüsse. Alle diese einzelnen Komponenten ergeben eine feste Auffassung vom Lebenszweck und Ziel, das jeder Persönlichkeit bewußt oder unbewußt eigen ist.

Ein Mensch niederer Entwicklung wird sich zwar keine Gedanken darüber machen, was für ihn das Leben bedeuten könnte. Er wird es nehmen, wie es kommt und sich nicht den Kopf zerbrechen, wozu oder warum. Die kausalen Zusammenhänge sind ihm gleichgültig, wenn er nur sorgenfrei und unbehelligt durchs Leben gehen kann. Erst in dem Augenblick, da der Wohlstand oder die Gesundheit schwinden, beginnt er zu denken und sucht sich klarzumachen, woher und warum er in diese Lage gekommen ist, beginnt zu vergleichen und es entsteht in ihm eine bestimmte Ansicht über die Verteilung der irdischen Güter, über die Ungleichheit der menschlichen

Existenz, über die verschiedene Verteilung von geistigen Fähigkeiten und was sonst noch mehr.
Solche Überlegungen führen nun zu sehr verschiedenen Ergebnissen. Der eine wird es als eben gegeben betrachten, daß er ein armer, minder begabter oder minder bemittelter Mann ist, weil er eben das Pech hatte, in ein solches Milieu hineingeboren zu sein, der andere wird es als Ungerechtigkeit betrachten, daß er hinter seinen Mitmenschen zurückgesetzt ist und wird sich sein Recht, wenn es auch nur nach seiner Auffassung sein Recht ist, mit allen Mitteln zu erkämpfen trachten. Der eine wiederum mit Überlegung und Anstrengung seines Geistes, durch Betätigung des eigenen Willens, der andere mit roher Gewalt und unter Mißachtung der ihm gegenüberstehenden höheren Entwicklung.
So ist im Verhalten des Individuums zu den wichtigsten Lebensfragen die Lebensauffassung zu erkennen und zu erkunden, wenn man einem solcher Art irrenden Menschen auf den richtigen Weg helfen will.
Da, wie schon erwähnt, der Arzt die sogenannte Lebenslinie, das Programm, wie ich es nannte, nicht ohne weiteres herausfinden kann, er aber auch dem Patienten nicht vorhalten darf, daß Leiden im irdischen Dasein zurückzuführen sind in erster Linie auf Schuld aus früheren Existenzen, so muß er sich vorläufig, das heißt, solange noch die Wissenschaft vom Jenseitigen nicht Allgemeingut geworden ist, damit begnügen, dem Patienten oder nur gedanklich Verirrten Kraft zu geben durch Zuspruch und Belehrung, die natürlich nicht in allgemeinen Phrasen ihr Bewenden haben darf, sondern in einer freundschaftlichen Hilfeleistung und Beistand gipfeln muß. Nur dann wird es möglich sein, und das wurde ja schon vielfach erkannt und geübt, einen mit dem Lebensstil Unzufriedenen auf eine bessere Ebene zu bringen.
Welche Lebensauffassung die richtige ist, ist wohl schwer zu sagen. Sie wird, wie gesagt, immer der Persönlichkeit adäquat sein. Allgemeine Grundlagen müßten aber schon, ich wollte sagen gemeinsame Grundlagen, sind aber selbstverständlich zu beachten, und es wäre wünschenswert, daß die Menschheit bald den Mut aufbringt, diese Wahrheiten offen zu bekennen und nicht ewig zu befürchten, daß man sie für verrückt erklären könnte, wenn sie ihren Glauben offen und mit Überzeugung deklariert.
Es muß nun einmal damit aufgeräumt werden, daß die Ansicht vom Tode und einmaligen Dasein der Leitgedanke für alle Lebensfragen ist. Ich muß es immer wieder feststellen, und man darf es doch wahrlich als richtig annehmen, da kaum jemand, der mich gekannt hat, annehmen wird, daß die

Person, die mir ihre Hand zum Schreiben leiht, diese Dinge aus eigenem zu Papier bringt. Sie wäre ganz bestimmt dazu nicht in der Lage, vor allem nicht mit meiner Handschrift, die, wenn auch nicht in allen Zügen, so doch sicherlich weitgehend ähnlich meiner Schrift zu Lebzeiten ist.

Wir alle kranken daran, daß wir nicht den Mut aufbringen, neue Tatsachen herauszustellen, die geeignet sind, der Wissenschaft neue Richtlinien zu geben und so viele Ansichten und festgefahrene Auffassungen aus dem Sattel zu heben.

Es ist bisher eben der Grundsatz herrschend, daß die Wissenschaft nur auf Grund exakter Beweise ihre Theorien entwickelt und das ist sicher nicht von der Hand zu weisen. Es muß aber zugegeben werden, daß trotzdem Dinge angenommen werden, für die der exakte Beweis doch fehlt. Warum verschließt man sich dann, Erscheinungen als gegeben anzunehmen, die schon von so vielen Menschen beobachtet und untersucht wurden? Es wird nicht mehr sehr lange dauern, bis die Lehre vom Jenseitigen in die Wissenschaft Eingang finden wird. Und sie soll nur in die Wissenschaft Eingang finden, da nur in ernster Weise und nicht von Dilettanten und sensationslüsternen Elementen eine Befassung mit diesen heiklen Fragen zweckmäßig erscheint. Der Verkehr mit der Geisterwelt, auf den es ja dabei hauptsächlich ankommt, darf nicht für die Allgemeinheit erlaubt und zugelassen werden. Ich will hier nicht näher darauf eingehen, weil die Gefahren und Schädigungen, die aus der Beschäftigung mit diesem Gebiet entstehen können, weitgehend bekannt sind. Gerade deshalb wäre es schon lange die Aufgabe seriöser Gelehrter, sich der Sache ernsthaft anzunehmen und die Grenzen des Erlaubten und Zulässigen kennenzulernen und festzulegen. Jeder Psychiater weiß, wie viele Menschen an der unrichtigen Befassung mit Spiritismus zugrunde gehen, aber keiner hat den Mut, den Ursachen auf den Grund zu gehen. Ich muß gestehen, daß es mir genauso ergangen ist. Alle Gedanken, die mir zu diesen ernsten Fragen auftauchen wollten, habe ich zurückgedrängt, weil ich vermeiden wollte, daß man mich für verrückt erklärt, was meine liebe Kollegenschaft denn auch bestimmt nicht versäumt hätte. Ich war niemals weiter mit meiner Erklärung gegangen als: Es gibt Dinge zwischen Himmel und Erde, von denen wir keine Ahnung haben. Eine Ahnung haben viele, sie getrauen sich nur nicht ans Licht damit, und es ist auch, wenn ich es richtig betrachte, die Zeit noch nicht reif.

Ungeahnte Möglichkeiten werden sich für die ergeben, die eines Tages gläubig diesen Dingen gegenüberstehen werden. Ernsthafte Betätigung auf diesem Gebiet wird keinem Menschen schaden. Es werden zum rechten Zeitpunkt die richtigen Weisungen erteilt werden. Wer nur Gutes leisten will, kann damit niemals fehlgehen oder geschädigt werden. Er wird im Gegenteil ungeahnte Kräfte empfangen und seine Leistungen über das normale Maß steigern können. Ich hoffe, es wird sich bald ein Mann finden, der den Mut besitzt, die rechte Verbindung aufzunehmen. Ich bin jederzeit gerne bereit, zu helfen mit Rat und Tat. So viel für heute.

13. KAPITEL
Einflüsse der Geisterwelt auf den irdischen Menschen.
Geistwesen und freier Wille. Leistung und Verzicht.

Wir haben gestern davon gesprochen, daß der Mensch nicht nur von irdischen Einflüssen auf die Seele umgeben ist, sondern von einer Geisterwelt, die gut oder böse auf ihn wirken kann. Es ist in dem Fall, daß ein böser Einfluß vermutet werden muß, notwendig, festzustellen, ob er von außen kommt oder infolge Unreife des Menschen in ihm beziehungsweise seinem Geistwesen selbst begründet ist. Das festzustellen ist gar nicht so schwierig, als man annehmen müßte.

Ein Mensch, der einer Besessenheit verfallen ist, wird auf Befragen oder oft schon von selbst erklären, er habe es ja gar nicht tun wollen, was ihm zur Last gelegt wird; er habe es einfach tun müssen und sich nicht dagegen wehren können. Sehr viele Süchte und Verbrechen kommen auf diese Weise zustande und es ist ganz verkehrt, einen Menschen wegen eines solchen Verbrechens zu bestrafen, da er nur sehr krank im irdischen Sinn, nicht aber verdorben und schlecht ist.

Es ist ein sehr ernstes Kapitel, die Beurteilung und Verurteilung von Verbrechen. Genaue Richtlinien müßten und werden auch später dazu ausgearbeitet werden, wie festzustellen ist, wann Verbrechen des Menschen selbst und wann Einflüsse von verbrecherischen Geistwesen vorliegen. Von solchen Geistwesen Besessene müssen durch geeignete Befragung und Behandlung von ihnen befreit und dem ordentlichen Leben wieder zugeführt werden.

Das Austreiben eines Geistwesens, das den Menschen zu verbrecherischen Handlungen oder zu Süchten verleitet, oder besser gesagt gezwungen hat, kann durch gute, einwandfreie Medien erfolgen, die zu solcher Tätigkeit berufen werden. Berufen nicht nach irdischer Auffassung, sondern vom Jenseits aus der Geisterwelt. Kein Mensch kann mit seinem Willen allein mediale Leistungen vollbringen, und wenn es jemand unternimmt, ohne berufen zu sein, muß er es schwer büßen. In solchen Fällen wird er selbst ein Werkzeug oder Spielball böser Geistwesen und bezahlt es mit seiner Gesundheit an Leib und Seele.

Wenngleich bisher dieser Weg noch nicht von der Wissenschaft beschritten wurde, sind unendlich viele Fälle von Besessenheit bekannt geworden. Es hatte nur bisher niemand den Mut, sich in die Ursachen mit wissenschaftlichem Ernst zu vertiefen und sich ernstlich und ungeachtet des Widerstands der exakten Wissenschaft damit zu befassen.

Wenn jemand diese Kapitel liest, so darf er versichert sein, daß sie nicht unter Schädigung des mir dienenden Mediums verfaßt wurden. Meine Verbindung mit der irdischen Welt ist erlaubt und ich arbeite auf Grund höheren Auftrags, weil es an der Zeit ist, daß die materielle Welt von berufener Seite Aufklärung über die wahren Zusammenhänge erhält und in die Lage versetzt wird, richtige Wege zu beschreiten, die zu einer richtigen Behandlung und Beurteilung so vieler sogenannter Verfehlungen führen sollen. Ich werde auch sicherlich in kurzer Zeit die Erlaubnis bekommen, in öffentlichem Kreis oder zumindest im Rahmen einer wissenschaftlichen Gesellschaft zu schreiben und Fragen zu beantworten, die mir von ernsten, strebenden Ärzten gestellt werden. Vorläufig aber will ich fortfahren, auf diesem Wege meine Gedanken und Belehrungen, meine Leitsätze für die Beurteilung menschlicher Verhaltensweisen niederzulegen, bis mir der Auftrag zu weiterem Vorgehen erteilt wird. Voraussetzung für eine Weiterverbreitung dieser, ich möchte sagen geheimen Wissenschaft, ist unbedingte Sauberkeit in den Absichten der dafür interessierten Personen. Ich sagte geheime Wissenschaft, weil es nicht zweckmäßig wäre, darüber öffentliche, allgemein zugängliche Vorlesungen zu halten, wenigstens nicht in der ersten Zeit. Bevor nicht ganz genaue und strenge Regeln für die Behandlung so schwerwiegender Fragen aufgestellt beziehungsweise vermittelt sind, darf in großem Kreis nicht darüber diskutiert oder überhaupt gesprochen werden. Selbstverständlich bezieht sich das nicht auf die grundsätzliche Lebensauffassung vom wiederholten Leben auf der materiellen Welt und dem Dasein im Jenseits, zwischen den irdischen Lebenszeiten. Die Frage der Besessenheit gehört nur in medizinische Fachkreise und soll noch lange nicht der Öffentlichkeit bekanntgemacht werden. Es wäre ein sehr großer Fehler, der zu allerlei Komplikationen, nicht zuletzt auch in der Rechtsprechung und Rechtsauffassung führen müßte. Es ist deshalb auch noch verfrüht, darauf einzugehen, wie eine, ich möchte sagen Austreibung eines besessen machenden Geistes zu erfolgen hat. Das ist dann Frage der Therapie und Methodik.

Wir haben nun von den möglichen äußeren Einflüssen auf die Seele gesprochen und wollen nun sehen, wie eine Beeinflussung aus dem Innern, also vom Geistwesen selbst, möglich und erfaßbar ist. Wir haben ja gehört, daß das Geistwesen, der innerste Kern des menschlichen Wesens, von der Seele umgeben ist. Das Geistwesen verkörpert den Willen, der der Seele die Aufträge erteilt, die sie auf die Organe des materiellen Körpers weiterzuleiten und in die Tat umzusetzen hat.

Der Wille ist nun eine Funktion, die bei jedem Geistwesen verschieden entwickelt ist. Er ist der eigentliche Träger des Lebensprogramms, das das Geistwesen, wie gesagt, aus dem letzten jenseitigen Dasein mitgebracht hat. Ist der Wille ungehemmt und imstande, sich voll durchzusetzen, dann wird der Mensch seine Aufgaben und Pflichten, die ihm für diesen Lebensabschnitt gestellt sind, voll und ganz erfüllen können. Ist er aber von einer kranken Seele umgeben, die nicht in der Lage ist, seine Befehle richtig weiterzuleiten, dann ist er gehemmt und wird nicht erreichen, was er sich zum Ziel gesetzt hat.

Wollen ist aber nicht immer nur auf Leistung gerichtet, es gehört auch gesagt, daß Unterlassen oft dem Willen unterliegt und nicht umgekehrt nur als Versagen des Willensimpulses aufgefaßt werden muß. Es ist oft sehr schwer, etwas zu unterlassen, was einem große Lust oder Freude bereiten würde und es gehört oft großer Mut und ein starker Wille dazu, darauf zu verzichten.

Verzicht gehört oft zu den größten Lebensaufgaben und wird einem standhaften Menschen unter Umständen hoch angerechnet. Es kommt eben nur darauf an, was in dem Aufgabenbereich des einzelnen vorgezeichnet ist.

Man kann schon daraus ersehen, wie schwierig es ist, ein Schema zu finden, das die Möglichkeit geben würde, ein Idealbild für das menschliche Dasein und für den Menschen überhaupt aufzustellen. Was für den einen erlaubt, ist für den anderen oft verboten. Das kann kein menschliches Gehirn ergründen, warum und wieso.

Ebensowenig kann man daher einen Menschen in einen Rahmen zwängen, der nicht zu ihm paßt. Er wird ihn entweder sprengen oder darin zugrunde gehen. Hat ein Mensch nicht die Möglichkeit gehabt, sein Programm zu Ende zu führen, bevor er ins Jenseits abberufen wird, so muß oder kann er seine Aufgabe auch im Jenseits zu Ende führen. Weiter an seinem Fortschritt arbeiten muß er und wird er auf alle Fälle, aber erst muß das vorgenommene Pensum vollständig und richtig erfüllt sein. Da gibt es keine Nachsicht, wobei aber festgehalten werden muß, daß jeder selbst erkennt, wo und weshalb er seine Pflichten nicht erfüllt hat, und ohne Richter sich seine Sühne oder Buße, oder die noch zu erfüllenden Pflichten auferlegt. Da kann keiner schwindeln wie in der Schule der irdischen Welt. Soviel für heute.

14. KAPITEL
Beurteilung der Besessenheit in der Wissenschaft. Heilungsmethoden.

Ich will heute davon sprechen, was die Medizin bisher in bezug auf Besessenheit wissenschaftlich ergründet hat und wie sie sich zu diesen Problemen einstellt. Die Parapsychologie kennt die Erscheinungen von Besessenheit, von Fehlleistungen aus unwiderstehlichem Zwang, und ist bemüht, dies aus der Verfassung, den geistigen Grundlagen des betreffenden Individuums zu erklären. Bis heute ist noch keine befriedigende Erklärung dafür gefunden worden; man spricht von Unterbewußtsein, von Bewußtseinsspaltung und ähnlichem, daß es aber nicht Spaltung, sondern ich möchte sagen gewissermaßen Verdopplung ist, davon will man nichts wissen.
Aus Angst und Unwissenheit vermeidet man es, sich ernstlich mit den Fragen des Spiritismus auseinanderzusetzen, in der Meinung, es könnte jeder, der sich damit befaßt, von solchen Leiden befallen werden, wie man sie an den Menschen beobachten kann, die sich in unrichtiger Weise damit beschäftigt haben.
Das ist aber vollkommen falsch. Ich habe schon einmal betont, daß man sich nicht ohne Berufung damit befassen soll, zumindest nicht aktiv. Ernsthafte Ausbildung ohne sinnlosen Verkehr mit Jenseitigen ist vorerst notwendig, damit man nur in gutem Sinn damit wirken kann.
Es ist im Verkehr mit der Geisterwelt derselbe Grundsatz anzuwenden wie im Verkehr mit den Menschen. Bevor man sich einem Menschen im irdischen Leben anvertraut, ihn zum Freund oder Gatten wählt, prüft man im

allgemeinen, ob eine Zusammengehörigkeit zweckmäßig, ob Vertrauen berechtigt, ob er der Liebe wert ist. Im Verkehr mit einem Geistwesen ist die gleiche Prüfung und Überlegung erforderlich, jedoch wesentlich schwieriger als im materiellen Bereich. Darum ist größte Vorsicht geboten.

Hat ein Mensch eine gerade Linie im Lebensweg eingeschlagen und ist er von guten Absichten beseelt, dann wird sich kein schlechter Geist zu ihm gesellen und er wird die geeignete Verbindung zur Durchführung seiner zum Wohl der Menschheit gestellten Aufgaben erhalten.

Es muß nur einmal ernsthaft damit begonnen werden, aber wie gesagt, die Zeit ist noch nicht reif, die Vorurteile sind noch nicht überwunden und die materielle Einstellung der Wissenschaft ist einer baldigen Änderung im Wege. Es wird aber nicht mehr sehr lange dauern, bis eine Umstellung angebahnt werden kann. Sobald ein mutiger Anhänger auftreten und sich bemühen wird, die Irrtümer rückhaltlos aufzudecken, wird er auch von mir die nötige Unterstützung erhalten und alsbald anerkannt werden.

Ich betone nochmals, daß dabei keinerlei Gefahr für den Wissenschafter oder Arzt droht, der sich in reiner Absicht, ohne Sensationsgier an das Problem, das es ja vorläufig noch ist, heranwagt. Soviel von der wissenschaftlichen Seite.

Daß die Seele also den Einflüssen aus der Geisterwelt ausgesetzt sein kann und wie ein solcher Einfluß im negativen Sinn abgewendet oder verhütet werden könnte, haben wir nun dargelegt.

Anders ist es mit den Einflüssen, die aus dem Geistwesen direkt wirken und gegen die der Mensch und die Medizin machtlos sind, wenn es sich um bösartige Einflüsse handelt. Im Grunde genommen sind es nicht Einflüsse, sondern eigene Willensakte des Menschen.

Bei Menschen, die noch einer tiefen Entwicklungsstufe angehören, sind es primitive Lebensäußerungen, die im Gegensatz stehen zu der allgemein bereits erzielten höheren Entwicklungsstufe. Aber auch diese Individuen bedürfen der zielbewußten und liebevollen Behandlung und Betreuung.

Man kann nicht etwa von schlechter Veranlagung sprechen, gegen die kein Kraut gewachsen sei, man kann sich klar darüber sein, daß ein solcher Mensch auch die Tendenz nach aufwärts in sich hat wie jeder andere und da an der richtigen Stelle anzufassen, den Weg zu weisen, immer nur mit Liebe und nicht mit Strafe und Verachtung. Diese sind niemals geeignet, einen Menschen zu ändern, jedenfalls nicht in gutem Sinn.

Es entspricht keineswegs einer Besserung, wenn ein Mensch wegen eines schweren Delikts eine Freiheitsstrafe verbüßen muß und nur deshalb den Fehler oder das Verbrechen nicht mehr begeht, weil er Angst vor nochmaliger oder noch schwererer Strafe hat. Eine Besserung kann nur im geistigen Verfahren erzielt werden und wird dann, einer Heilung gleich, auch für den betreffenden Menschen einen echten Fortschritt bedeuten. Soviel von Fehlhaltungen, die der Gesellschaftsordnung widersprechen.

Anders sind Entartungen zu beurteilen, die sich in einer abnormalen Betätigung in geistiger oder psychischer Hinsicht bemerkbar machen.

Geistige Störungen sind meist verursacht durch einen Fehler in der Entwicklung der Organe. Ist das Gehirn nicht richtig entwickelt, so kann der gesündeste Geist nicht normal seinen Willen kundtun, die Impulse gelangen nicht in der gewünschten Stärke an die Seele und diese ist nicht imstande, die Organe, die von der entarteten Gehirnpartie betroffen sind, zur Tätigkeit anzuregen.

Eines muß an dieser Stelle gesagt sein: Es wird niemals ein krankes Geistwesen inkarniert. Im Jenseits gibt es keine Krankheit und keine Entartung, es gibt nur mehr oder weniger hoch entwickelte Geister.

In einem Geisteskranken, oder besser gesagt in einem Menschen, der für geisteskrank erkannt wird, wohnt also ein vollkommen gesundes Geistwesen. Davon muß grundlegend ausgegangen werden.

Die medizinischen und besonders psychiatrischen Wissenschaftler erkennen bestimmte Geisteskrankheiten an ganz bestimmten Entartungen der Gehirnsubstanz. Sehr oft hat sich aber auch schon nachweisen lassen, daß ein Mensch, der für geisteskrank gehalten wurde und sich nach dem bisherigen Stand der Wissenschaft auch als solcher bestätigt hat, ein völlig normal entwickeltes Gehirn aufzuweisen hatte, was man natürlich erst nach einer Obduktion feststellen kann. Man steht dann vor einem Rätsel, wagt aber nicht anzunehmen, daß fremde Einflüsse die sogenannte Geisteskrankheit verursacht haben könnten. Und doch ist es so.

Diesen Menschen, und sie finden sich gar nicht so selten, kann, wie im vorhergehenden Kapitel geschildert, geholfen werden, sie können vollkommen geheilt werden. Handelt es sich um überdurchschnittlich schwache Charaktere, so besteht wohl die Möglichkeit, daß die abnormalen Zustände wiederholt auftreten, doch ist dies verhältnismäßig selten. Wir sehen also, daß keineswegs alle Geisteskrankheiten heilbar sind, zumindest nicht auf dem oben geschilderten Weg. Bei leichteren Entartungen genügt oft eine verständnisvolle Behandlung, die darin bestehen soll, einen solcherart kranken oder minderwertigen Menschen in seiner Selbstachtung zu stärken, ihm den Rückweg in die Gesellschaft zu ebnen, ihm Mut und Kraft zu vermitteln, sein Schicksal richtig in die Hand zu nehmen, um so die minderwertigen Einflüsse von außen abwehren zu können. Was über dieses Thema noch zu sagen ist, wird einem späteren Abschnitt vorbehalten. Ich will mich vorläufig darauf beschränken, einen Überblick in großem Stil zu geben. Morgen setzen wir fort.

15. KAPITEL
Grundlagen für die Entfaltung der Lebenskraft. Die Grenzen des Erlaubten. Der geistige Wert des Menschen. Zeitrechnung in der geistigen Entwicklung der Menschheit.

Heute will ich davon sprechen, was die Menschen von der Seele wissen sollen, um ihr die richtige Behandlung angedeihen zu lassen.

Für den irdischen Menschen ist die Seele einerseits die Lebenskraft, die ihn überhaupt erst befähigt, seinen Willen in die Tat umzusetzen, anderseits ein sehr feines und empfindliches Instrument, auf dem alle Einflüsse von außen spielen wie auf einem feinen Musikinstrument.

Sowohl der Willensimpuls, der aus dem Geistwesen kommt, als auch die Reize von außen wirken zusammen und bewirken, je nach der Art und Stärke der Einflüsse, Reaktionen, die sich in den einzelnen Organen auswirken.

Der Vorgang ist ein so rascher, daß der Mensch das Hintereinander der Vorgänge nicht erfassen kann und daher der Meinung ist, daß im Gehirn beziehungsweise Geist allein die Reaktion gebildet und ausgelöst wird. Der Seele wird diese Funktion nicht zugedacht. Es ist aber sehr wichtig, das zu wissen, weil dadurch der Seele und ihrer sehr großen Bedeutung ein entsprechendes Augenmerk zugewendet wird.

Es ist ein weites Kapitel und es wäre notwendig, jede einzelne Organfunktion in bezug auf den Zusammenhang mit der Seele zu studieren. Die Organe sind, wie wir wissen, auch sehr verschieden in ihrer Empfindlichkeit und nicht alle sind anfällig bei stärkerer Inanspruchnahme.

Die wichtigsten Einflüsse, aus denen Schädigungen für den Organismus entstehen können oder die hemmend auf die Entwicklung des Geistes beziehungsweise Geistwesen wirken können, wollen wir später besprechen.
Ich wiederhole also nochmals: Die Seele allein ist der Vermittler zwischen Geist und Körper, und was der Geist willens ist zu tun, muß über die Seele zur Tat werden. Es ist ein großes Kapitel, das wir in diesem Zusammenhang besprechen werden, vorerst aber müssen noch einige allgemeine Grundsätze aufgezeigt werden, damit der genaue Vorgang einleuchtet und verständlich wird.
Wir haben vom Geistwesen gesprochen, das seinen Sitz, oder besser gesagt, sein Hauptorgan im Gehirn hat und daher von der Beschaffenheit dieses Organs weitgehend abhängig ist. Ein wohl und gesund oder normal entwikkeltes Gehirn bietet jedem Geistwesen die Möglichkeit, seine Lebensfunktionen, seinen Lebenswillen voll zur Auswirkung zu bringen. Allein ist es aber nicht in der Lage, tätig zu sein oder eine Tat zu setzen, es braucht dazu die Seele. Ist sie gehemmt oder behindert, so wird beim besten Willen der Geist die Tat nicht erfüllen können, die er vorgenommen hat.
Ich will mich heute damit beschäftigen, die Ursachen für die Auswirkungen von Einflüssen auf die Seele näher zu untersuchen und darzulegen, wieweit es notwendig ist, sie zu beachten und zu prüfen, ob sie von günstigem oder ungünstigem Erfolg für den Menschen und seine Entwicklung sind.
Wir haben bereits gesehen oder davon gesprochen, daß wir zwischen Einwirkungen von außen und solchen vom Geistwesen direkt unterscheiden müssen. Die Seele ist zwar ein sehr starkes, unzerstörbares Instrument, kann aber, wie der Geist selbst, in seiner Tätigkeit gehemmt oder behindert werden.
Körperliche Einflüsse sind es in erster Linie, die die Bewegungsfreiheit und Kraft beeinträchtigen können. Lebenskraft ist die Fähigkeit, die Organe zu betätigen, ihnen den Aufbau zu ermöglichen und die notwendige Nahrung zuzuführen, damit sie erhalten bleiben und ihre Aufgaben richtig ausführen können.
Man kann sich leicht vorstellen, daß auch die Lebenskraft nur ein bestimmtes Maß hat und daher die Beanspruchung genau abgewogen sein muß, um das, wie man sagt, seelische Gleichgewicht zu erhalten. Nicht alle Menschen sind imstande, das richtige Maß zu finden und zu halten. Viele beanspruchen ihre Lebenskraft mehr als zulässig und von Natur aus gestattet wäre. Das Hauptaugenmerk müßte darauf gerichtet sein, in der Erziehung und

Pflege des Körpers die richtige Dosis zu finden und nicht Überbelastungen, ich meine jetzt rein körperliche, also mechanische, wie zum Beispiel ungesunde und übermäßige Ernährung, Überanstrengung von Herz und Lunge und aller Glieder des menschlichen Körpers. Auch Überbelastung des Gehirns durch übermäßige Gedankenarbeit gehört hierher.

Solche Überbelastungen wirken sich zuerst auf die Seele aus, die von der ihr eigenen Lebenskraft mehr als gut ist abgeben muß und dadurch geschwächt wird.

Es müßte möglich sein, für die Prüfung des sogenannten seelischen Gleichgewichts auch Meßapparate zu bauen, wie man ja für die Prüfung von Organen solche schon besitzt. Das ist aber noch Zukunftsmusik und erfordert eine bedeutende Weiterentwicklung der Wissenschaft auf diesem Gebiet. Solange die Medizin wohl das Vorhandensein einer Seele anerkennt, sie aber doch organisch oder exakt nicht erfassen kann, ist es auch nicht möglich, exakte Prüfungen anzustellen. Es bedarf dazu noch eines gewaltigen Fortschritts der Wissenschaft.

Deshalb müssen wir uns vorläufig damit begnügen, den Vorgang zu erfassen und aus dem jeweiligen Resultat die Grenzen der Belastungsmöglichkeit festzustellen.

Es bedeutet in der Individualpsychologie schon einen großen Fortschritt, daß man zu untersuchen beginnt, wo die Grenzen des Erlaubten für den einzelnen liegen. Nicht nach allgemeinen Regeln läßt sich die Grenze ziehen, für jedes Individuum getrennt und unter Berücksichtigung aller Faktoren, die dazu wirken und maßgebend sind. Es sind schon recht gute Methoden; die Erfolge bestätigen die Richtigkeit der Auffassung und Durchführung.

Anders ist es mit der Auffassung von Ursache und Wirkung. Niemand, der Anhänger dieser Wissenschaft ist, läßt sich davon überzeugen, daß die Ursachen für so viele Verhaltensweisen in einer Zeit liegen, die sich der genauen Kenntnis und Beurteilung verschließt. Es ist sehr weise eingerichtet, daß dem so ist, denn es wäre nicht zum Heil der Menschheit, wenn man für jedes Individuum alle Lebensläufe, die schon hinter ihm liegen, überblicken könnte. Ein unvorstellbares Dilemma, in das man da geraten würde.

Lassen wir es also ruhig dabei, daß der Mensch schon ein fertiges Programm, wollen wir es Veranlagung nennen, ins Leben mitbringt, beachten wir aber dabei, daß es keineswegs von seinen Vorfahren ererbt ist, die nun in materieller Beziehung zu seinem Milieu gehören.

Wir haben wohl schon davon gesprochen, ich möchte nun näher darauf eingehen. Es gibt ein passendes Sprichwort: "Gleich und gleich gesellt sich gern." Wollen wir das zugrunde legen, so entsteht gerne die Auffassung, daß die Gleichheit oder besser gesagt Ähnlichkeit des Charakters zweier Menschen, die körperlich miteinander verwandt sind, aus dieser Verwandtschaft resultiert. Das ist aber nicht richtig, denn in Wirklichkeit trifft dies in den wenigsten Fällen zu.

Durch gleiche oder ähnliche Verhaltensweisen ist noch lange nicht auf Gleichheit des Geistwesens zu schließen, denn Handlung im materiellen Bereich kann durch Erziehung, Vorbild oder auch Zwang in jeder Form verursacht werden. Die Beurteilung eines Charakters, womit ich den geistigen Wert des Menschen bezeichnen will, ist unendlich schwierig. Mit Recht sagt man, daß in jedem Menschen ein guter Kern liege, jedoch mehr oder weniger fühlbar oder erfaßbar.

Ihn von allen Fesseln zu befreien, ist Aufgabe der Individualpsychologie, aber nicht nur der Wissenschaft allein oder rein theoretisch, sondern praktisch auf allen Gebieten des menschlichen Daseins. Auch hier bedarf es der größten Aufmerksamkeit gerade für die Individuen, bei denen das gute Zentrum verschlossen ist und aus eigener Kraft nicht ans Licht kommen kann.

Es ist bestimmt eine große und schwierige Aufgabe, aber die Mühe lohnt sich. Ein einziger Mensch, der aus diesem Gefängnis befreit wird, wirkt weiter in gutem Sinne und tausendfältig. Man darf nicht etwa resignieren, weil es doch nur sowenig Gute gibt und die Unterentwickelten anscheinend in überwältigender Mehrheit.

Ein Guter wiegt aber mehr als tausend Böse, und wir haben viele Beispiele dafür, daß große und gute Geister zu Führern bestimmt und auserkoren sind und es sehr wohl verstehen, die minderwertige Menge zu lenken und zu leiten. Das eben aus dem Grund, weil in jedem Geistwesen ein Gutes verborgen ist; ihr müßt es nur zu wecken wissen.

Dazu ist es aber notwendig, daß man sich darüber klar wird, wie nebensächlich und unwichtig dabei der materielle Rahmen ist. Wir hier haben es leicht, wir sehen genau an der Ausstrahlung der Menschen ihren inneren Wert, ihre geistige Reife und wissen daher, wo der Hebel angesetzt werden müßte.

Wird erst der Verkehr mit dem Jenseits ein Teil der Wissenschaft werden, dann wird man bald Apparate herstellen können, mit denen eine solche Ausstrahlung aufgenommen oder in irgendeiner Form registriert werden kann. Es wird eine Wissenschaft sein, nur wenigen Auserwählten vorbehalten, die in der Lage sein werden, das Aufgenommene richtig zu beurteilen und zu verwerten. Dann wird man beginnen, je nach der Intensität, vielleicht auch nach der Farbe der Ausstrahlung zu erkennen, wie jedem Individuum der richtige Weg zur Vollendung seiner Aufgaben oder zur Weiterbildung seines geistigen Fortschritts gewiesen werden kann. Es wird eine Zeit sein, in der man von vornherein große Fehlleistungen und Verbrechen wird verhüten können; die menschliche Gesellschaft wird nicht mehr nur materiellen Erfolgen den größten Wert beimessen und bald in Frieden und wahrhafter innerer Freiheit das Erdendasein meistern.

Ich möchte aber nicht zu ungerechtfertigten Hoffnungen verleiten, soweit es die nächsten Generationen betrifft. Ein solcher Prozeß ist nicht von einem Tag auf den anderen möglich. Wann es soweit sein wird oder wie lange man darauf noch wird warten müssen, kann ich nicht sagen.

Zeitrechnung kennen wir im Jenseits nicht. Bei uns geht die Sonne niemals unter; wenigstens in der Sphäre, in der ich die Gnade habe, sein zu dürfen. Wir haben daher kein Gefühl für Zeit, wir wissen nur, daß manche Geistwesen nach einigen hundert Jahren ihres irdischen Daseins wieder auf die Erde zurückgegangen sind. Auch diese Intervalle sind sehr verschieden, abhängig vom Willen des Individuums, das frei zu wählen hat, wann und warum es ein Erdendasein auf sich zu nehmen gewillt ist. Für uns im Jenseits ist ein Jahr nur ein ganz kurzer Augenblick, weil wir von einer hohen Warte die unendliche Zeit hinter unserem augenblicklichen Dasein sehen, die im Vergleich zum irdischen unermeßlich ist. Die Unsterblichkeit des Geistwesens aber läßt uns eine unabsehbare Zeitspanne vor uns liegend ahnen, denn auch wir sind noch nicht so weit in unserer Entwicklung fortgeschritten, daß wir alles wissen könnten, was unser noch harrt. Eines ist aber wichtig, immer wieder vor Augen zu halten, daß es nur ein Aufwärts gibt in der Entwicklung des Geistes, daß der Mensch noch ein armseliges Zwischenwesen ist und für lange Zeit, um mit der Zeitrechnung des Irdischen zu sprechen, ein solches bleiben wird, bis es die Vollendung im göttlichen Sinn erreichen wird.

Auch diese Dinge sind notwendig wissenswert, wenn eine richtige Einstellung zum Leben auf der materiellen Welt erreicht werden soll. Eine solche ist aber erforderlich, wenn man den wahren Fortschritt der Menschheit wünscht und bewirken will. Damit schließe ich für heute.

16. KAPITEL
Grundregeln für die Pflege der gesunden Seele.
Heilung körperlicher Leiden mit Hilfe von Geist und Seele.
Die Macht der Gedanken. Aktivität und Passivität der Seele.

Es beginnt heute ein neuer Abschnitt über die Behandlung der gesunden Seele, das heißt nicht Behandlung, sondern Pflege.
Das ist, wie schon so oft gesagt, sehr verschieden und bedarf einer ganz besonderen Einfühlung in das Wesen des einzelnen Individuums. Auch hier lassen sich wohl Grundregeln in groben Zügen aufstellen, die es ermöglichen können, den richtigen Weg für die Betreuung der Seele und des Geistes zu finden.
Wie schon einmal erwähnt, sind Seele und Geist untrennbar miteinander verbunden und stehen in ständiger Wechselbeziehung, so daß es für den irdischen Menschen schwer ist, sie in ihren Funktionen voneinander zu trennen. Wir müssen es auch nicht bei unseren Betrachtungen, weil es ganz gleichgültig ist für den gewünschten Erfolg, ob wir die Seele mit einer Behandlung oder den Geist mit einem Reiz irgendwelcher Art treffen.
Daß jede Überbelastung der Organe von außen her die Seele treffen und stören oder schwächen muß, haben wir schon erklärt und daß solche Überbelastungen unbedingt vermieden werden müssen, wenn man seine Seele gesund erhalten will. Das ist also die Forderung nach materieller Mäßigkeit in erster Linie.
Daß natürlich auch umgekehrt ein Zuwenig nicht fördernd wirken kann, ist wohl verständlich. In gleicher Weise wird die Seele eben nicht imstande sein, die Kräfte aufzubringen oder zu erzeugen, die zur Betätigung der Organe erforderlich sind, wenn der materielle Leib unterernährt ist. Das ist uns wohl nichts Neues, da wir schon lange wissen, daß die Stimmung oder Laune oder wie wir es nennen wollen sinkt, wenn Müdigkeit und Hunger, Blutleere und so weiter den Organen zusetzen.
Immer aber erfahren die Organe die Schwächung oder Mehrbelastung nur über die Seele. Wie ein elektrischer Strom ungefähr leitet sie das Gefühl über die Organe ins Gehirn und löst dort im Geist die Wahrnehmung aus.
Man kann also sagen, ohne viel fehlzugehen, daß jeder Einfluß auf den Körper oder Geist immer auch die Auswirkung auf die Seele oder Lebenskraft im besonderen hat.

Wir haben ja schon festgestellt, daß Körper, Seele und Geist eine Einheit sind und keiner von den dreien für sich allein lebensfähig ist. Die Wechselbeziehungen sind so eng, daß niemals auf einen der drei Teile ein Einfluß ausgeübt werden kann, ohne daß die beiden anderen unbedingt in Mitleidenschaft oder in gutem Sinn in den Mitgenuß gebracht werden. Nun sind wir dort, wohin ich von Anfang kommen wollte.

Wir können ein rein körperliches Leiden nicht richtig heilen, wenn wir nicht die Hilfe von Geist und Seele dazu empfangen. Wir wissen schon aus Erfahrung, wie sehr es auf die Heilung einer Krankheit fördernd wirkt, wenn wir sagen können, der Patient hat einen starken Lebenswillen. Er hilft dem Arzt bei der Behandlung mehr als alle Medikamente.

Darum muß man auch umgekehrt davon ausgehen, daß jede Krankheit ihren Hauptsitz in der Seele hat. Der Arzt muß fragen: Wodurch und in welcher Weise wurde die Seele überbelastet und geschwächt, daß ein Organschaden entstehen konnte? Freilich nicht bei Schäden, die rein durch mechanische Einwirkungen erfolgen. Es muß dazu gesagt werden, daß es nicht leicht ist, dies immer festzustellen, da es der Patient in den meisten Fällen selbst nicht weiß. Der Arzt muß daher über die Lebensweise des Patienten genaue Informationen einholen und zu ergründen suchen, welcher Art die Störungen der Seele sind, bevor er an eine geeignete Behandlung denken kann.

Die medizinische Wissenschaft bedient sich zu sehr der chemischen Erzeugnisse, die zwar oft geeignet sind, fehlende Substanzen im Organismus zu regenerieren oder Schmerzen zu lindern; das Wichtigste ist aber die Findung und Aufdeckung der Ursachen, damit man das Übel an der Wurzel fassen kann.

Ich wollte vor allem damit sagen, daß es wichtig ist, die Zusammenhänge zu erfassen und nicht nur den Körper zu betrachten, sondern vor allem die psychische Verfassung.

Arzt sein heißt nicht, wie ein Handwerker die Funktionen der Organe prüfen; dazu ist man bald in der Lage. Das Wissen darum, daß die Seele an jeder Krankheit weitgehend oder überwiegend beteiligt ist, zwingt zu einer ganz anderen Betrachtungsweise.

Ich will nun versuchen, klarzumachen, wie der Arzt vorgehen muß, um das richtige Bild vom Patienten und seinem Verhalten zu erhalten. Die Regeln für die Untersuchung sind ungefähr folgende: erst wird körperlich festgestellt, wo die Schädigung auftritt; dabei muß sorgfältig vorgegangen werden, denn wie wir wissen können zum Beispiel Kopfschmerzen die

Ursache fast in allen Körperteilen haben. Sie sind nur Symptome und nicht die Krankheit selbst. Das im ganzen Körper verzweigte Nervensystem bringt jede Empfindung ins Gehirn, und ich sage damit nichts Neues, denn das ist der medizinischen Wissenschaft längst bekannt. Dadurch hat der Arzt mehr oder weniger die Möglichkeit, den Herd der Krankheit oder das kranke Organ herauszufinden.

Gleichzeitig aber muß die psychische Auswirkung beobachtet werden, nicht nur in bezug auf die Schmerzempfindlichkeit, sondern über den psychischen Zustand vor dem vermeintlichen Beginn der Erkrankung muß Nachforschung angestellt werden.

Oft erzählen Patienten von selbst, was in der Zeit, bevor sie die Schmerzen oder Beschwerden bekamen, alles auf sie noch dazu eingestürmt war, was sie an Anstrengung nicht hatten vermeiden können oder welche große Aufregungen und Überbelastungen sie für die nächste Zeit zu erwarten hätten. Nicht in einem einzigen Gespräch läßt sich daraus die Ursache genau erkennen, denn dem einen wäre die große Anstrengung, die er zu erwarten hätte, eine Freude gewesen, der andere hatte Furcht davor und flüchtete geradezu in die Krankheit. Wie diese Flucht in die Krankheit möglich ist, will ich erklären.

Die Macht der Gedanken ist viel größer, als ein Mensch überhaupt geneigt ist anzunehmen. Menschen, die weit voneinander entfernt sind, können ihre Gedanken übertragen. Dieses Phänomen ist allseits bekannt und ist praktisch vielfach bewiesen. Daß diese Kraft der Gedanken in noch viel höherem Maße den Menschen befähigen oder beeinträchtigen kann, darf daher als verständlich angenommen werden - ich will sagen, den Menschen, der die betreffenden Gedanken selbst hat und auf sich bezieht. -

Man spricht oft von Suggestion, von Autosuggestion und so weiter; diese Begriffe sind richtig und nichts anderes als die Macht der Gedanken.

Ist das Geistwesen, das sich selbst oder ein anderes Geistwesen, das von starken Gedanken getroffen wird, selbst schwach, das heißt willensschwach und ohne inneren Widerstand, so wird der günstige oder ungünstige Einfluß stärker sein als bei einem willensstarken Geist.

Innerer Widerstand bedeutet nicht etwa immer Kraft, sondern auch mangelnde Aufnahmebereitschaft, verursacht durch übermäßige Aktivität.

Wir kommen nun endlich den Gedanken an die Pflege der Seele immer näher, worüber ich schon habe sprechen wollen. Dazu müssen wir unter-

scheiden zwischen Aktivität und Passivität der Seele oder Aufwand von Lebenskraft und Empfang derselben. Aktivität bedeutet, in richtigen Grenzen geübt, die richtige Nutzung der Lebenskraft. Passivität ist der Zustand der Ruhe, ein Abschalten der geistigen Tätigkeit, beschränkte Aktivität; denn restlose Passivität würde einen Stillstand aller Organfunktionen bedeuten und damit den irdischen Tod. Restlose Passivität bedeutet aber deshalb auch Empfang der größten Lebenskraft für Seele und Geist und damit Loslösung vom materiellen Körper. Dieser Zustand ist aber nicht das, was wir besprechen wollen. Wir wollen das Maß der Passivität kennenlernen, das dazu geeignet ist, so viel Lebenskraft aufzunehmen, daß unsere Organe, unser Gehirn und unser Nervensystem die bestmögliche Leistungskraft erhalten. Das Gehirn ist in wachem Zustand stets aktiv. Kein Mensch kann in wachem Zustand die Gedankenarbeit abstellen. Er kann sie aber herabmindern, kann in einen Halbschlaf kommen und damit schon die Möglichkeit zu neuer Kräftesammlung schaffen. Der Schlaf gibt weitgehende Passivität und damit die stärkste Grundlage für die Aufnahme neuer Kräfte. Das wissen wir schon aus Erfahrung.
Was aber unser Geist im Schlaf bewirkt, wo er sich befindet, da er in uns arbeitet, ist wohl für die Medizin noch Neuland und wäre wert, näher betrachtet zu werden. In der Zeit, da das Gehirn nicht arbeitet, ist der Geist im Körper ohne Betätigung. Er hat die Möglichkeit, den Körper zu verlassen und andere Sphären aufzusuchen. Allerdings bleibt er immer mit dem Körper in Verbindung durch ein sogenanntes Lebensband. Bei seinem Wiedereintritt in den Körper bewirkt er das Erwachen. Nun kommt es natürlich darauf an, wohin es das Geistwesen gezogen hat, entsprechend seiner Reife oder Unreife. Nur selten bleibt von dieser Exkursion, möchte ich sagen, eine Erinnerung für den Menschen zurück, aber neue Lebenskraft haben Seele und Geist gesammelt. Deshalb ist ein gesunder, ungestörter Schlaf von größter Wichtigkeit.
Auch gibt es Ausnahmen. Menschen, die stärkere Bindungen mit der Geisterwelt besitzen, die Medien sind in verschiedener Art, haben vielfach sogenannte Wahrträume oder Visionen. Sie sehen, möchte ich sagen, hinter die Kulissen, und es bleibt auch die Erinnerung daran. Nicht immer oder nur selten wird sie in der tatsächlich erlebten Form wiedergegeben, was darauf zurückzuführen ist, daß eben im Irdischen die Begriffe für das im Jenseits erlebte fehlen und seine Übersetzung ins Irdische erfolgt.

Ich will deshalb nicht von diesen Einzelerscheinungen sprechen, weil es zu großen Irrtümern Anlaß geben könnte.
Ich sprach von der für den lebenden Menschen stärksten Passivität, dem Schlaf. Wichtiger aber für den Kranken ist noch die Erziehung zur Passivität in wachem Zustand, wodurch die Sammlung von neuer Lebenskraft bewußt und mit Willen bewirkt wird. Um solche Passivität zu erreichen, bedarf es nicht etwa nur einer Gleichgültigkeit, Bequemlichkeit oder der Umkehrung von Aktivität, Betätigungsfreude und Betätigungsdrang. Es ist eine Passivität der Seele, die Bereitschaft zum Empfang. Nur mit Einstellung auf das Gute, auf das Göttliche, auf Frieden, Ruhe und Vertrauen in sich selbst und auf seine göttliche Führung und den unendlichen Willen, in Harmonie mit der Umwelt und mit dem Unendlichen, kann Passivität erzeugt und mit Erfolg bewirkt werden. Wie man sich in Passivität versenkt, davon das nächste Mal.

17. KAPITEL
Der Weg zur Sammlung neuer Lebenskraft.
Verbundenheit mit der göttlichen Allmacht.

Ich will heute davon sprechen, wie man sich in Passivität versetzen kann und was dazu erforderlich ist.
Der Mensch glaubt, daß er nur etwas erreichen kann, wenn er möglichst aktiv ist und sich stark auf eine Sache konzentrieren kann. Das trifft in vielen Fällen zu, besonders in materieller Hinsicht. Dinge des täglichen Lebens, die Ausführung einer Tätigkeit, erfordert mehr oder weniger genaue und ausschließliche Einstellung darauf.
Auch hier müssen wir wieder unterscheiden, wie man sieht, zwischen materieller Tätigkeit und geistiger Leistung. Auch sie ist schließlich im irdischen Leben die Voraussetzung für einen materiellen Erfolg. Da jede materielle Leistung eine geistige voraussetzt, muß diese zuerst gefordert und begründet werden. Die geistige Leistung besteht in der Kundgabe des Willens, und wie wir gehört haben, wird dieser von der Seele erfaßt, der Lebenskraft, die dafür sorgt oder sorgen soll, daß der Wille zur Tat wird.
Immer wieder muß ich wiederholen, daß nur eine gesunde Seele imstande ist, die ihr vom Geistwesen erteilten Willensäußerungen zur Ausführung zu bringen. Ist sie überfordert und dadurch die Lebenskraft vermindert, dann

kann die Ausführung eines Willensimpulses eine Verzögerung erfahren, er kann in mangelhafter Weise oder gar nicht zur Ausführung gelangen. Damit ist, wie ich schon festgestellt habe, eine Krankheit der Seele gegeben und durch ihr Versagen auch organische Schädigungen die Folge.

Es muß also eine Möglichkeit geben, die Lebenskraft zu erneuern und zu steigern, wenn ein übermäßiger Verbrauch stattgefunden hat. Dazu gibt es wiederum verschiedene Wege, wie wir ja schon erkannt haben. Der gesunde Schlaf, also die weitgehende Ruhe, das Abschalten von belastenden Tätigkeiten. Das ist natürlich leichter gesagt als getan. Ein Mensch, der nur körperliche Leistungen oder überwiegend solche vollbringt, muß nur diese Tätigkeit vermindern oder unterlassen, um seinem materiellen Körper die Möglichkeit zu geben, die Organe gleichmäßig und ruhig, nur im unbedingt erforderlichen Mindestmaß arbeiten zu lassen.

Der geistig Arbeitende, der seine Seele mit Gedankenarbeit belastet, hat es da schon wesentlich schwerer. Er muß nicht nur körperlich ausruhen, sondern auch seinen Gedanken Einhalt gebieten, und darin liegt die große, aber segensreiche Leistung. Es ist eine Leistung im negativen Sinn, denn es wird eben völlige Ruhe angestrebt und von jeglicher sichtbaren oder erkennbaren Leistung abgesehen.

Eine solche Ruhestellung erreicht man meist nicht schon beim ersten Versuch. Immer wieder wird man sich ertappen, daß die Gedanken auf einen einstürmen, die man gerade unterlassen möchte. Aber auch hier ist mit Geduld und Ausdauer der geeignete Zustand bald zu erreichen.

Es ist dazu vorteilhaft, nicht bei grellem Licht und Sonnenschein sich aufzuhalten, sondern möglichst in einem Raum mit etwas gedämpftem Licht, da es nicht genügt, nur die Augen zu schließen, wenngleich auch dadurch bald der gewünschte Zustand erreicht wird. Vorerst aber ist es zweckmäßig, bewußt die Einstellung zu suchen, die man braucht, um den unendlichen guten Kräften aus dem All den Eingang zu ermöglichen. Nicht in aufgeregter Stimmung oder voll Ärger und Mißstimmung öffnet sich die Seele solchen göttlichen Einflüssen. Es gehört dazu die Harmonie mit der Umgebung, die Vorstellung vom Guten und Schönen, das man in sich aufnehmen will.

Der Sinn solcher Übungen ist es nicht nur, Kräfte in sich aufzunehmen wie eine Batterie, die man aufladen muß, damit der Motor wieder anspringt. Das wäre doch zu primitiv und ist nur ausreichend für Menschen, die in der Materie verfangen, kein höheres Ziel erstreben als Reichtum und physisches Wohlergehen. Die Harmonie mit den unendlichen außerirdischen Kräften zu finden, muß das Bestreben eines höher entwickelten Geistes sein, denn nur aus dieser fließt das Gute und wahrhafter Erfolg. Harmonie mit dem Unendlichen ist aber nichts, was gegen die Naturgesetze spricht. Es ist die schönste Form natürlicher Verbundenheit mit der göttlichen Allmacht und in den Naturgesetzen begründet, die im Diesseits und Jenseits gleichermaßen gültig sind.

Es ist für den irdischen Menschen nicht leicht, solche Naturgesetze als gegeben anzunehmen, für die es im materiellen Bereich keine greifbaren Beweise gibt. Es ist aber bestimmt kein Nachteil, oder es bedeutet keine Gefahr für die Gesundheit und das geistige und leibliche Wohl der Menschen, einen Versuch in dieser Richtung zu unternehmen. Bald wird der Erfolg den Wert solcher Einstellung unter Beweis stellen, und glücklich wird jeder sein, der den Weg dazu gefunden hat.

Wenn also der unbedingt gute Wille vorhanden ist, solcherart seine Lebenskraft unter den Einfluß des außerirdischen Bereichs zu stellen, dann darf frohen Mutes daran gegangen werden. Täglich eine kleine Spanne Zeit und ist es nur eine halbe Stunde in völliger Ruhe und allein in einem stillen Winkel, möglichst aber in guter Luft, gibt die beste Grundlage.

Dann in Gedanken oder auch halblaut vor sich hingesagt und so lange wiederholt, bis kein Gedanke mehr herankommt, der ausgeschaltet werden soll: "Ich will jetzt nur an die göttliche Kraft denken, die in mich fließen wird, die meine Lebenskraft erneuert. Nichts darf mich stören, ganz still ist mein Gehirn, und ich bin ganz erfüllt von guten Strömen, die mich stärken und glücklich machen. Nichts kann mich stören, und alles, was ich wünsche soll zur guten Tat werden, in Harmonie und Ausgeglichenheit, ohne Furcht und ohne Erregung.

Ich bin schon ganz ruhig und fühle mich eins mit allen guten Geistern, die zu meiner Hilfe bereitstehen und mich fördern, wenn ich Gutes tun will.

Ich will alle bösen Gedanken von mir weisen und nur das Schöne und Gute einlassen. So wird alles wieder gut werden, was mich bedrückt hat. Die unendliche gute Macht, die alles in Liebe lenkt und leitet, wird auch mir die Kraft geben, auf dem gleichen Wege fortzuschreiten.

Nur die Liebe zu meinen Nächsten soll mich erfüllen, alle Mißgunst und Neid müssen mich verlassen, ich will jede Tat prüfen, ob sie meinem Vorhaben entspricht und den Wünschen meines Innersten gerecht wird."

So und ähnlich, abgestellt auf die jeweilige Persönlichkeit, wird das ganz stille Selbstgespräch aussehen. Aber nicht wie ein Rosenkranz, gedankenlos geplappert, sondern jedes Wort aus dem tiefsten Innern, mit vollster Überzeugung und gutem Willen. Laßt lange sinnlose Gebete sein, versenkt euch in euch selbst, und ihr werdet bald den Erfolg sehen.
Keiner kann seine Fehler und Irrtümer einfach abladen und sich durch Bitten und Betteln Absolution erflehen. Das ist ein ganz großer Unsinn. Jede Tat trägt ihr Urteil in sich, ob gut oder böse. Und böse Taten können nur durch gute gesühnt und wettgemacht werden. Ich habe schon an anderer Stelle festgehalten, daß jeder Mensch sich selbst richtet, nach ganz genauen und ewigen Gesetzen. Darum ist es sehr klug, wenn der Mensch sein Bestreben darauf richtet, den wahren rechten Weg zu finden und nur durch gute Taten seinen Fortschritt zu untermauern.
Gott ist nicht eine Person, zu der man um Vergebung bitten kann. Sie wird von selbst gewährt, wenn die rechte Einstellung gefunden und der Irrtum erkannt ist. Das Erkennen eines Irrtums, verbunden mit dem ehrlichen guten Vorsatz, es ein andermal besser zu machen, bedeutet Fortschritt und bedarf keiner Sühne. Beharren im Irrtum, trotz besseren Wissens, hält den Fortschritt so lange auf, bis die Erkenntnis gereift ist, daß so kein Erfolg und Frieden und Glück möglich ist.
Ich habe dieses Thema hier angefügt, damit der Wert einer guten harmonischen Lebensauffassung erkennbar wird.
Nicht jedem Menschen wird es gleich gelingen, die Ruhe und Ausgeglichenheit zu finden, die es möglich machen, die guten Kräfte anzuziehen und die negativen, zerstörenden von sich zu weisen. Aber man darf die Geduld nicht verlieren. Der gute Wille wird belohnt.
Die Macht der guten Gedanken ist so groß, wie ein irdischer Mensch es kaum erfassen kann. Gedanken sind stärker als alle anderen Naturkräfte. Sie können aufbauen im guten, aber auch zerstören im schlechten Sinn.
Wenn die Menschen wüßten oder fühlen könnten, daß ihre Gedanken von jenseitigen Geistwesen gelesen werden können und daß sie auf ihre Mitmenschen ausstrahlen und diese in gutem oder bösem Sinn treffen, sie würden sie mehr im Zaum halten als ihre gesprochenen Worte.
Es wäre sehr zu wünschen, daß Selbstbeherrschung auf das Denken und insbesondere auf Gedanken über die Mitmenschen ausgedehnt würde. Wieviel Haß, Neid und Mißgunst würden erspart bleiben und ihre verheerende Wirkung auf die Mitmenschen verlieren.

Selbstbeherrschung im Denken ist auch die Grundlage oder gehört zu den Voraussetzungen, die notwendig sind, will man Passivität erreichen und sich dem Einfluß guter Kräfte aus dem All öffnen und geeignet machen. Tägliche Übung allein kann zum Erfolg führen.
Eine gehobene, friedliche und ausgeglichene Stimmung ist der Beweis für das erfolgreiche Bemühen. Die weitere Auswirkung zeigt sich in erhöhter Leistung und gutem Einfluß auf die Umgebung und das sind die Ergebnisse, die sich jeder irdische Mensch für sein Leben wünscht und die ihn befähigen, seine Aufgaben und Pflichten voll und ganz zu erfüllen. Damit schließe ich für heute.

18. KAPITEL
Prüfung der kranken Seele.
Die Einstellung des Arztes.
Rückblick des Verfassers auf sein irdisches Dasein.

Heute wollen wir damit beginnen, die Methoden aufzuzeigen, die geeignet sind, die Seele zu prüfen und festzustellen, welche schädigenden Einflüsse beseitigt werden müssen, damit die Lebenskraft ungehindert und ungemindert zur Wirkung kommen kann. Die Einflüsse können, wie schon festgestellt, verschiedener Art sein und bei jedem Menschen verschieden in ihrer Auswirkung, je nach der Reife des Geistwesens, der größeren oder geringeren Ausgeglichenheit und je nach der Stärke der Persönlichkeit und der damit verbundenen Fähigkeit, den Fortschritt im Geiste zu erstreben und den Willen dazu zu bestätigen.
Es ist eine Frage, die nicht mit wenigen Worten beantwortet werden kann. Zahlreiche markante Beispiele sind erforderlich, um auf den Grund des Problems zu gelangen und einen einigermaßen einheitlichen Weg zu finden, um eine geeignete Methode zu erkennen, die den Arzt in die Lage versetzt, die untrüglichen Merkmale festzustellen und damit ein Gesamtbild über den Zustand des Patienten zu erhalten.
Wir nehmen einmal an, daß der Patient an einer Depression leidet, seine Lage für hoffnungslos hält, weil er aus der Sackgasse, in die er seiner Meinung nach geraten ist, nicht mehr herausfindet. Meist sind es Menschen, die überdurchschnittlich intelligent und sich selbst gegenüber sehr kritisch

eingestellt sind. Alles, was sie tun, halten sie für wertlos und unrichtig, und niemand kann sie von der Unrichtigkeit ihrer Auffassung überzeugen. Woher kommt diese negative Einstellung und Verzweiflung? Dafür gibt es sehr viele Gründe, die Schuld daran tragen können.
Die Individualpsychologie hat schon gute Methoden entwickelt, die Ursachen solcher seelischen Leiden festzustellen. Der Arzt forscht nach Ereignissen, die bis zurück in der Kindheit oder im Milieu überhaupt liegen. Unrichtige Erziehung, mangelndes Verständnis für besondere Veranlagung, Fehlleistungen und Fehlleitung im Berufsleben, also rein materielle Sorgen, körperliche Minderwertigkeit und was sonst an Mängeln erfaßbar ist, die greifbar und sichtbar vorliegen.
In allen Fällen ist es die unrichtige Einstellung zum Leben, ein Nichterfassen und mangelndes Wissen um den Sinn und Zweck des irdischen Daseins. Der Arzt muß feststellen, in welcher Weise das tägliche Leben seines Patienten abläuft, welche Hindernisse ihm in den Weg gelegt sind und wieweit die Kräfte des Patienten - sowohl körperlich als auch geistig in der Lage sind, den an sie gestellten Anforderungen gerecht zu werden. Vor allem aber muß untersucht werden, wie es mit der Auffassung über den Sinn und Zweck des Lebens aussieht.
Ein Patient, der an ein Leben nach dem Tode und an die Reinkarnation glaubt, der weiß, daß er nicht zum ersten und nicht zum letzten Male auf dieser Erde lebt, den muß der Arzt sehr bald auf den rechten und gesunden Weg bringen können. Schwerer ist es bei einem Patienten, der als Materialist das höchste Gut im materiellen Besitz sieht und unglücklich ist, weil es ihm nicht gelingt, das zu erreichen und zu besitzen, worauf er glaubt einen Anspruch und ein Recht zu haben.
Wenn ein Arzt in einem solchen Fall Erfolg haben will, dann muß er vor allen Dingen selbst durchdrungen sein von der Auffassung der unendlichen Werte, wie ich sie schon verschiedentlich geschildert habe, denn nur dann kann sein Vortrag oder seine Behandlung überzeugen und Erfolg bringen. Er muß den Patienten so ganz in seinen Bann ziehen, daß dieser den einzigen Wunsch hat, sich die Auffassung des Arztes zu eigen zu machen. Dann wird er mitarbeiten und - wenn auch nach wiederholten Rückfällen - alsbald genesen.
Wie in einem vorhergehenden Kapitel schon angedeutet, wird es eines Tages möglich sein, durch Meßapparate das seelische Gleichgewicht zu messen und nach Graden festzustellen, wozu ein Mensch befähigt oder

berufen ist. Der Arzt wird dann erkennen, ob der Patient den richtigen Beruf gewählt oder ob die Ehe, die Freundschaft und so weiter einen angemessenen Weg und ein ausreichendes Gebiet beherrschen, wo also der Hebel angesetzt werden muß. Es läßt sich, wie gesagt, keine Norm dafür aufstellen. Die Hauptforderung ist und bleibt die entsprechende Reife des Arztes, der ein hochstehender, selbstloser Charakter sein muß, wenn er wahrhaft Erfolge erzielen will. Nicht auswendig gelernte Phrasen machen Eindruck, sondern persönliche Einstellung und Einfühlung in das Seelenleben der Mitmenschen. Nichts imponiert und überzeugt mehr, als die Fähigkeit, den andern zu durchschauen, seine Lebensauffassung zu ergründen und die Fehler oder besser gesagt Irrtümer offen an den Tag zu bringen.

Immer aber muß die Grundlage die eigene, einwandfreie Einstellung zu den Lebensfragen sein. Es wird noch eine Weile dauern, bis die Irrtümer auf diesem Gebiet ausgemerzt sein werden. Solange man von der Auffassung nicht loskommt, dieses Erdendasein sei das einzige und mit dem irdischen Tod sei alles zu Ende, so lange wird der Arzt im Dunkeln tappen und selbst in der Materie verfangen das Lebensziel unrichtig beurteilen, das ihm als das erstrebenswerte erscheinen mag.

Immer wieder kommen wir zu dem einen Ausgangspunkt zurück, der die Grundlage für jedes irdische Dasein bildet: das fertige Programm, das jeder Mensch aus dem Jenseits mitbringt, wenn er das Licht der Welt erblickt.

Ich will zur näheren Erklärung von mir selbst sprechen: Ich bin vor einigen hundert Jahren zum soundsovielten Male auf der Erde gewesen und habe, meiner Berufung als Arzt getreu, den Fortschritt gesucht. Nur langsam sind meine Erkenntnisse gereift und ich habe erkannt, daß jedes Individuum nur einmal existiere und jedes in seiner eigenen Art und Reife. Wenn ich sage nur einmal so soll das heißen, daß es nicht zwei sich gleichende Wesen gibt. Daß dies mit der Freiheit des Willens zusammenhängt, wurde mir klar. Ich habe nach dem Stein der Weisen geforscht und die Lehren der Kirche zum größten Teil abgelehnt, da sie in Widerspruch standen zu meiner Lebensauffassung.

Nach einer längeren Pause, also wohl einige hundert Jahre danach, hatte ich den Wunsch, wieder auf die Erde zu kommen, um meine im Jenseits erworbenen Kenntnisse zum Wohle der Menschheit zu verwerten. Ein wenig ist es mir, wie ich zurückblickend feststellen darf, auch gelungen. Was ich heute klar erkennen darf mit geistiger Sehkraft, ist es mir erlaubt gewesen, einen kleinen Teil der ewigen Wahrheiten in meinen Lehren über die Psyche des menschlichen Wesens zum Allgemeingut zu machen. Daß jede Krankheit ihren Sitz in der Seele habe, war ein Grundpfeiler meiner Auffassung und doch war ich nicht so weit erleuchtet, daß ich die Zusammenhänge mit dem Jenseits und ich möchte sagen mit der unendlichen Allmacht klar erkannt hätte.

Diesen Mangel darf ich nun in der wissenschaftlichen Arbeit auf medialem Wege beheben und nachholen, was ich im irdischen Dasein versäumt habe.

Der Grund für dieses Versäumnis lag darin, daß die medizinische Wissenschaft alle Theorien ablehnt, die nicht durch exakte Beweise erhärtet werden können. Ich wäre daher in den Verdacht gekommen oder man hätte ohne weiteres angenommen, daß ich nicht Wissenschafter, sondern ein abwegig veranlagter Schöngeist sei. Davor hatte ich Angst und fühlte mich nicht stark genug, gegen die nun einmal herrschenden Vorurteile aufzukommen. Es fehlte mir also der Mut.

Mut und Geduld, Geduld mit den Mitmenschen, sind die zwei wichtigsten Komponenten, die einer neuen Lehre zum Durchbruch verhelfen. Geduld hatte ich, darüber bestand kein Zweifel. Ich habe sie niemals verloren. Aber an Mut fehlte es mir, waren doch die Wissenschafter meiner Zeit noch recht verbohrt und einseitig.

Daß ich nun die Möglichkeit habe, meine Lehre aufzuzeichnen, noch dazu unter der Kontrolle geistiger Seher und Lehrer, das empfinde ich als eine besondere Gnade. Ich will noch manches Kapitel folgen lassen und alles zu Papier bringen, was mir auf diesem Gebiet erlaubt ist und der leidenden Menschheit im irdischen Dasein von Nutzen sein kann. Damit genug für heute.

19. KAPITEL
Vom Hinübergehen ins jenseitige Leben und vom notwendigen Wissen um die Zusammenhänge.

Heute will ich damit beginnen zu erzählen, wie es einem Menschen geht, der herüberkommt, ohne zu wissen oder nur zu glauben, daß es ein Jenseits gibt.

Ich halte es für wichtig, davon zu sprechen, damit es den Menschen einmal klar wird, wie wichtig das Wissen um diese Dinge des Jenseits ist, wenn schwere seelische Leiden und großer Kummer erspart bleiben soll. Diejenigen, zu denen ich spreche, sind ja wohl gläubig, das heißt, sie glauben an ein Jenseits und an ein Fortleben jedes Menschen, ebenso wie an eine Wiederkehr ins irdische Dasein. Sie sind es im Grunde genommen, die einen Teil der Verantwortung dafür tragen, daß so viele im Dunkeln leben, denn ihre Aufgabe ist es, aufklärend zu wirken, den Suchenden den Weg zu weisen und aus authentischer Mitteilung die Wahrheit zu verkünden.

Es ist richtig, wenn man mir entgegenhält, die Zeit sei noch nicht reif und die Menschen, die von solchen Dingen sprechen oder gar sich damit befassen, als Medien oder Prediger oder was sonst noch, seien verrückt oder - besser gesagt - würden dafür gehalten, weil sie ihre Märchen nicht beweisen können.

Es wird bald die Wissenschaft davon eingenommen sein und Forschungen anstellen, Beweise finden, ganz abgesehen davon, daß solche schon vorliegen, aber der Mut fehlt, sich ihrer zu bedienen und sich mit Dingen zu befassen, die anscheinend für das irdische Leben bedeutungslos oder doch unwichtig sind.

Deshalb will ich einmal dartun, was geschieht, wenn wir die materielle Welt verlassen und ins Jenseits herüberkommen. Es ist ein Vorgang, den viele Menschen weitgehend selbst an ihren Angehörigen oder Freunden beobachten konnten, die sie oft in Erstaunen und Verwunderung versetzten. Ankündigungen vom nahenden Ende in mannigfacher Form sind da bekanntgeworden, aber wie es den Verstorbenen selbst geht, davon ahnt man nichts.

Ich will deshalb einmal erzählen, wie es mir erging, da ich doch wohl nicht ungläubig, doch in meiner Lebensauffassung als Arzt und Anhänger oder Vertreter einer exakten Wissenschaft ablehnend gegenüberstand.

Ich war wohl schon einige Jahre leidend gewesen und mußte immer damit rechnen, daß ein plötzliches Ende meines Lebens vor der Tür stand. Ein solches Wissen veranlaßt zum Nachdenken, denn jeder möchte, daß sein Leben nicht zu Ende wäre.

Meine Auffassung von Seele und Geist war tief in mir verborgen, und obwohl ich mit meinem Lehrer, Alfred Adler, einer Meinung war, daß es nur ein Leben gäbe, habe ich meine Einstellung als Arzt der Wahrheit entsprechend eingerichtet, ohne es zu wissen.

Der Irrtum, dem ich durch die materielle Lebensauffassung verfallen war, hat mich nicht sehr behindert.

Das ist das große Geheimnis unseres Daseins: Es schlummern die Wahrheiten und der bereits erreichte geistige Standard in uns und keine noch so große Irreführung können sie uns für immer oder überhaupt zerstören. Ein großer Irrtum kann den Fortschritt hemmen, bis höhere Einsicht und besseres Wissen den rechten Weg weisen; aber unmöglich machen kann ein Irrtum den Aufstieg niemals. Das ist ein großer Trost und läßt alle Hoffnung wach.

Es war mir im Laufe meiner ärztlichen Tätigkeit wohl klar geworden, daß es Dinge gibt zwischen Himmel und Erde, von denen wir keine Ahnung haben. Richtiger müßte ich sagen, die wir wohl ahnen, aber mit unserem geistigen Niveau nicht verstehen und erfassen können.

Vielerlei Dinge haben mich zu dieser Überzeugung gebracht. Geisteskranke, bei denen keinerlei physische Veränderung festzustellen war, Erscheinungen bei Menschen, die wir für völlig normal bezeichnen mußten nach unserer Untersuchung; Wahrnehmungen von solchen Menschen, die über irdische Begriffe hinausgehen; die Phantasie an sich, für die eine Ursache gegeben sein muß und vieles andere.

Für das Leben auf der materiellen Welt ist es aber - wie man sieht - gar nicht unbedingt erforderlich, über die außerirdischen Zustände und Verhältnisse Kenntnis zu haben. Im Innersten verborgen ruht das Wissen darum im Menschen, mehr oder weniger verdeckt und verdunkelt durch eine materielle Lebenseinstellung. Wenn aber der Wunsch Wirklichkeit werden soll, die unrichtige Lebensauffassung, die dazu veranlaßt, die Güter des irdischen Lebens zu mißbrauchen und unrichtig zu nutzen, zu bekämpfen und umzustellen, dann ist es notwendig, daß berufene Geister sich dieser Aufgabe annehmen und den Mut finden, sich durchzusetzen.

Man wird sagen, ich hätte jetzt leicht reden, mich könne man nicht mehr fassen und ein Urteil über meinen Geisteszustand sei wohl nicht mehr möglich und sinnvoll. Mit Recht muß ich bekennen, daß ich nun keinen Mut mehr brauche, meine wissenschaftlichen Grundsätze umzustoßen und offen die Wahrheit zu sagen. Mir stellt sich keine materielle Verbohrtheit entgegen. Die Wissenschaftler der heutigen Zeitrechnung haben es noch nicht so leicht.

Ich will nun davon erzählen, wie ich herüberkam und wie es mir ergangen ist.

Es war an einem Frühlingstag, und ich befand mich auf dem Lande in meinem Haus, das ich nur selten bewohnte. Meine Gesundheit ließ wohl zu

wünschen übrig, aber ich war nicht bettlägerig, sondern ging spazieren mit guten Freunden. Es war an einem schönen Abend.
Als wir weggingen war ich müde und glaubte, nicht gehen zu können. Ich zwang mich aber dazu und siehe da, plötzlich fühlte ich mich ganz gesund und frisch. Ich lief davon und atmete tief die frische Luft, und ich war so froh, wie schon lange nicht.
Was ist mit mir geschehen, dachte ich, daß ich plötzlich keine Beschwerden hatte, keine Müdigkeit und keine Atemnot?
Ich kam zu meiner Begleitung zurück, und siehe da, was war das? Ich stand da und gleichzeitig sah ich mich auf dem Boden liegen. Die Umstehenden waren verzweifelt und aufgeregt, riefen nach dem Arzt und holten ein Auto, um mich heimzufahren.
Aber ich war doch gesund geworden und fühlte keine Schmerzen. Ich konnte es nicht verstehen. Ich befühlte das Herz des Liegenden, ja es stand still - ich war tot. Aber ich lebe doch! Ich sprach die Freunde an, aber sie sahen mich nicht und gaben keine Antwort.
Da wurde ich ärgerlich und ging weg. Aber immer wieder kam ich zurück. Es war kein schöner Anblick für mich, die weinenden, traurigen Freunde, die nicht auf mich hören wollten und der tote Körper vor mir, obwohl ich mich ganz gesund fühlte.
Dazu mein Hund, der verzweifelt schrie und nicht wußte, zu wem er gehen sollte. Er sah mich hier und dort.
Nachdem alle Formalitäten erledigt waren und man meinen Körper in einen Sarg legte, da wußte ich, daß ich gestorben sein muß. Ich wollte es trotzdem nicht glauben. Ich ging zu meinen Kollegen auf der Universität, sie sahen mich aber nicht und erwiderten nicht meinen Gruß. Ich war sehr beleidigt. Was sollte ich tun? Ich ging auf den Berg, wo Grete wohnt. Sie saß traurig da, hörte mich auch nicht. Es half alles nichts, ich mußte die Wahrheit erkennen.
In dem Augenblick, da mir bewußt wurde, daß ich die irdische Welt verlassen hatte, sah ich meine gute Mutter. Strahlend kam sie mir entgegen und sagte mir, daß ich nun im Jenseits sei. Nicht mit dem Wort, denn dieses gibt es nur im Irdischen. Für uns ist es das Diesseits, die wunderbare Welt, für die es lohnt, die Leiden der materiellen Welt zu ertragen. Ich konnte aber noch nicht glauben, daß es so sei und meinte, geträumt zu haben.
Die Verbundenheit mit der materiellen Welt ist so stark, oder besser gesagt, ich war so stark mit der irdischen Welt verbunden, daß ich noch lange

nachher, als ich schon durch Berta - unser erstes Medium - die Möglichkeit hatte, zu sprechen, der Meinung war, es sei alles ein Traum. Langsam nur konnte ich meine Irrtümer erkennen, die ich restlos und klar ersichtlich alle mitgebracht hatte. Ich kämpfte geradezu dagegen, daß das, was ich sah, Wahrheit sein könnte. Ich war recht unglücklich in diesem Dilemma.

Wie jeder Mensch, so hatte auch ich einen guten Führergeist. Er hat mich eingeführt in die jenseitigen Herrlichkeiten, hat mich einen Blick nach oben tun lassen und mir gezeigt, wie hoch ich die Möglichkeit habe zu gelangen, wenn ich gegen meine eingefleischten Irrtümer ankämpfe und mein Dasein dem Fortschritt weihe.

Es ist mir nicht möglich, zu schildern, welcherart die Herrlichkeiten sind und wie ich sie mit irdischen Augen gesehen wiedergeben sollte. Es gibt im Irdischen nichts Vergleichbares; nur armselige Vergleiche wären möglich. Nicht lange habe ich gezögert und mich der Wahrheit widersetzt. Nicht lange im Vergleich zu solchen, die kein Vertrauen zu ihrem Führer haben und die das irdische Leben für das erstrebenswerteste Dasein halten. Sie nehmen oft jahrzehntelang nicht Vernunft an, bleiben mit allem Denken und Fühlen in der materiellen Welt hängen und verzögern so ihren Fortschritt. Auch sie können ihn nicht verhindern oder unmöglich machen, nur verzögern.

Das Leben in diesem Zustand ist aber qualvoll, weil sie - nicht gesehen und gehört von ihren irdischen Freunden und geliebten Wesen - unter ihnen sind und weder irdischen Genüssen noch geistigem Zuspruch sich hingeben können. Ein Mensch, der über das Weiterleben nach dem irdischen Tod unterrichtet ist und gläubig darauf wartet, hinübergeleitet und empfangen zu werden, hat es wesentlich leichter, und es bleibt ihm qualvolle Warte- oder Übergangszeit erspart.

Daß ich trotzdem nun mit Grete in Verbindung bin und mich ihrer Hand bedienen darf, um einige aufklärende Worte zu Papier zu bringen, das beruht auf einer besonderen Erlaubnis. Denn auch wir hier dürfen nicht tun und lassen was wir wollen. Die ewigen, unendlichen Naturgesetze haben alles genau geregelt. Wer dagegen verstößt, ob im Diesseits oder Jenseits, muß es schwer büßen, aber nicht auf Grund eines Richterspruchs, sondern als einfache Reaktion auf die ungehörige Tat.

Wenn ein Mensch sich in unrechter und unerlaubter Weise mit Jenseitigen einläßt, ihren Verkehr sucht, ohne dazu berufen zu sein, so wird er es ebenso büßen, durch Krankheit und Elend, wie der Geist aus dem Jenseits, der sich in unerlaubter Weise eines irdischen Wesens bedient, um seinen Süchten zu fröhnen oder nur um sich bemerkbar zu machen und in Szene zu setzen.

Alles ist in strengen Regeln geordnet und eingerichtet zum Wohl der Menschheit, wenn es nicht mißbraucht wird. So wie Speise und Trank mäßig und richtig genossen dem Wohle des Körpers bestimmt sind und Freude bereiten, so ist auch der geistige Genuß nur im richtigen Maß für die Menschheit von Nutzen. Es ist deshalb nicht notwendig, daß jeder Mensch, um ernsthaft an das Jenseits glauben zu können, Versuche anstellt, Geister zu sehen oder mit ihnen durch ein Medium zu sprechen. Es genügt, wenn einige Berufene und Eingeweihte die Wahrheit auf direktem Wege erfahren und sie in geeigneter Weise weitergeben.

Die Kirche wäre dazu am geeignetsten. Ihre Auffassung aber vom strafenden, rächenden Herrgott und von der Hölle ist weit entfernt von der Wahrheit und kann die freudige Erwartung auf das ewige Leben in einem besseren Jenseits kaum aufkommen lassen. Wird es erst so weit sein, daß sie mit ihren großen Irrtümern aufräumt, dann wird die Beerdigung eines Verstorbenen keine so herzzerreißende Trauer mehr verursachen wie dies heute so oft noch der Fall ist. Damit schließe ich für heute.

20. KAPITEL
Vom Erkennen des Lebensendes.
Die geistigen Regionen oder Spähren; die geistige Reife.

Ich habe das letzte Mal davon gesprochen, wie ich das irdische Leben beendet habe und ins Jenseits herübergekommen bin. Es ist wohl noch einiges dazu zu sagen, damit die Lage noch klarer und verständlicher wird. Vor allem mußte aus meiner Schilderung hervorgehen, daß ich das Ende des Lebens überhaupt nicht gefühlt habe. Es war mir nur eine unsägliche Müdigkeit zum Bewußtsein gekommen, die ich mir nicht erklären konnte. Sie war der Anfang der großen Passivität, von der ich schon sprach und die in ihrer Vollkommenheit zur Loslösung von Seele und Geist aus dem Körper führt, weil dann die Lebenskraft der Seele so gesteigert ist, daß sie die Trennung von dem materiellen Gefängnis herbeiführen kann.

Nicht immer ist es aber so wie bei mir, da ich kein schweres Leiden hatte, zumindest nicht bewußt, daß ich mit meinem Verstand das nahende Ende hätte erfassen können. So geht es jedem, der so plötzlich die irdische Welt verläßt, sei es durch Stillstand der Organfunktionen infolge einer kurzen Krankheit oder durch eine gewaltsame Beendigung ihrer Tätigkeit.

Der Mensch fühlt bei längerem Leiden oder besser gesagt, er erkennt das nahende Ende mehr oder weniger deutlich, das tatsächliche Ende erkennt er aber erst, wenn er im Jenseits angelangt, also vollkommen getrennt ist vom materiellen Körper.

So wie der Körper unverändert bleibt, wenn der Mensch sein Kleid auszieht, so sind auch Seele und Geist unbeeinflußt vom Verlassen des Körpers. Sie sind im Körper und außerhalb desselben in ihrer Existenz unberührt und unzerstörbar.

Der Körper aber kann krank sein und die Seele behindern und den Geist stören. Sobald sie ihn verlassen haben, sind alle Schmerzen zu Ende, und es bleibt höchstens eine noch zu ergänzende und zu stärkende Lebenskraft übrig. Diese wird je nach dem Grad der Erschöpfung bald regeneriert und erfreut sich dann einer Leistungskraft, die Erwartungen und Vorstellungen im Irdischen weit übertreffen. Sie sind dann nicht mehr miteinander vergleichbar, möchte ich sagen.

Natürlich spreche ich hier nicht von solchen Geistwesen, die wegen ihrer großen Fehler und mangelhaften Reife noch im Dunkeln leben. Geistwesen von höherer Entwicklungsstufe haben meist wohl Irrtümer zu bekämpfen und umzulernen, sind aber auf dem besten Weg nach oben und teilhaftig aller Vorteile des Jenseits und aller Wohltaten. Unterentwickelte Geister irren eben noch und müssen sich bemühen, aus dem Dunkel herauszukommen. Sie haben dazu alle Hilfen und Helfer an der Seite. Da aber ihr Wille frei ist, können sie nur dann höher kommen oder erst dann, wenn sie selbst den Willen dazu haben und sich gerne leiten lassen. Noch sehr viele leben im Dunkeln, nicht nur auf der materiellen Welt, sondern auch hier im Jenseits.

Ich kenne alle diese Entwicklungsstufen oder Sphären, und es sieht im Augenblick noch recht trostlos um uns aus. Wenn wir aber weit zurückblicken, müssen wir erkennen, daß auch wir ganz von unten angefangen haben und von großer Gnade sprechen müssen und dankbar aufsehen in die göttlichen Regionen, daß gute Führer uns den Aufstieg bis hierher ermög-

licht haben. Es ist noch immer eine niedrige Stufe im Verhältnis zu der unabsehbaren Höhe, die vor uns sich zeigt. Was wir aber von Sphären und Regionen sprechen, ist nicht räumlich zu denken wie im irdischen Sinn, sondern psychisch möchte ich sagen und rein geistig. Je größer die Reife der Seele und die Entwicklung des Geistes, um so höher die Region oder Sphäre. Man kann sich das ungefähr so vorstellen, daß ein reifes Geistwesen eine viel größere Sehkraft besitzt und eine größere Fähigkeit zur Aufnahme von Farben und Tönen und Gedanken, so daß es mehr sehen und besser hören und erfassen kann, als ein weniger entwickeltes.
Auch im Irdischen gibt es Menschen, die einen feineren Geschmack, Geruch, ein feineres Gehör etc. haben als andere, nur daß es da mit körperlichem Befinden und körperlicher Entwicklung zusammenhängt, mehr als mit geistiger.
Reife im geistigen Sinn ist nicht ganz dasselbe wie geistige Reife im irdischen Bereich. Mancher Mensch wird als geistig hochstehend befunden und ist, wenn er herüberkommt, ein kleiner unbedeutender Zwerg, wogegen oft ein nach menschlicher Auffassung ganz ungebildeter Mensch vielleicht höhere Reife beweist, wenn er hier ankommt als andere, die ihm weit überstellt waren.
Das menschliche Dasein ist noch voll von Irrtümern, die zu erkennen und zu beseitigen eine große und schwierige Aufgabe bedeutet. Auch wir hier sind nicht ohne Irrtümer und müssen ständig daran arbeiten, zur Wahrheit vorzudringen. Wir haben unsere großen Lehrmeister und Führer und lernen den Weg zu gehen, der uns zur Wahrheit führt. Es wird auch uns nicht einfach das Resultat, möchte ich sagen, zu Füßen gelegt, wir müssen unseren Geist gewaltig betätigen, um Schritt für Schritt aufwärts zu steigen und noch klarer zu sehen.
Aber es darf nicht angenommen werden, daß es etwa nur um Wissen geht, Wissen von den Zusammenhängen, von denen ich schon so viel gesprochen habe. Es geht um ein großes, erhabenes Ziel. Nur allumfassende Liebe kann in Verbindung mit großem erhabenem Wissen dem Ziel näher bringen. Wir haben schon einmal von Liebe gesprochen, aber es ist ein unerschöpfliches Thema. Fast möchte ich sagen, daß das irdische Wort Liebe nicht die richtige Bezeichnung ist. Ich möchte es die unendliche Harmonie nennen. Geist und Seele in Harmonie zueinander ist die große und allein nutzbringende Ausgeglichenheit, aus der nur Gutes entspringen kann. Die Menschen fassen

es auch unter der Bezeichnung Tugend zusammen, verstehen aber wohl nicht alle das gleiche darunter. Wir werden im Verlauf der Abhandlung noch oft darauf zurückkommen und langsam die Begriffe aus dem Irdischen sammeln, die unter dem Begriff Harmonie und Liebe im geistigen Sinn zu verstehen sind. Soviel über meine Auffassung davon.

Ich bin vom eigentlichen Thema etwas abgekommen. Ich sagte, daß ich nicht empfunden habe, wie ich mich aus dem Körper entfernte oder, besser gesagt, daß ich nicht ahnte, daß mein irdisches Dasein zu Ende war, daß ich gar nicht mehr weiß, ob ich vorher noch Schmerzen litt. Ich glaube aber, daß bei so plötzlichem Verlassen des Körpers die Seele keine Empfindungen mehr hat von der Störung der Organe und daher auch der Schmerz nicht mehr zum Bewußtsein kommen kann.

Was die Menschen als Todeskampf bezeichnen, ist die mehr oder weniger rasche Loslösung des Geistwesens vom materiellen Körper. Wie ich sagte, mußte ich immer wieder zu meinem Körper zurückkommen. Das war dadurch bedingt, daß das Lebensband nicht so schnell gelöst ist, wenn auch das Geistwesen schon frei geworden ist. Alle diese Vorgänge sind nicht willkürlich, sondern nach feststehenden Gesetzen und für jeden Menschen vorausbestimmt.

Kein noch so großer Arzt kann daran etwas ändern. Er kann nur bei einem Menschen, dem das Ende schon bewußt oder dem Arzt bekannt bevorsteht, Erleichterung schaffen, den Glauben an das Leben festigen und ihm Ruhe geben, die ihm den Abschied von der Welt leicht macht.

Das geschieht sicher nicht durch eine Beichte am Totenbett und Zeremonien, wie sie die Kirche veranstaltet. Denn ich habe schon einmal gesagt, daß keiner seine Fehler abladen oder um Vergebung bitten kann. Was er im irdischen Leben nicht mehr gutmachen kann, das nimmt er als Bürde ins Jenseits mit und hat nach eigenem gutem Willen die Möglichkeit zu büßen, wie es die Menschen nennen, oder eben durch gute Taten sie aufzuheben. Das ist oberstes Gesetz und muß immer wieder hervorgehoben werden.

Diese Tatsache muß auch zum Leitfaden in der Erziehung der Kinder und in der Behandlung von Kranken werden, will man den Menschen helfen, eine höhere Entwicklung anzustreben. Damit genug für heute.

21. KAPITEL
"Konfrontierung" mit dem außerirdischen Reich zur Behandlung der Seele.

Heute will ich damit beginnen, ein Kapitel über die Behandlung der Seele im konkreten Fall zu schreiben. Es ist ja das Grundthema meiner Arbeit überhaupt und soll dazu dienen, Dinge von einer anderen Seite zu beleuchten, als es bisher üblich und der Fall war.

Ich sagte schon an anderer Stelle, daß die Seele als die Lebenskraft aufzufassen ist und deshalb bei allen Krankheiten der größten Beachtung bedarf. Bisher wurden organische Störungen und Krankheiten als rein organische Mängel betrachtet und ohne Beachtung der Persönlichkeit behandelt und geheilt. Eine solche Heilung ist aber nur eine einseitige und kann niemals vollen Erfolg für den Patienten bedeuten. Es ist unbedingt erforderlich, die Mängel zu erforschen, die zu der Erkrankung des Organs geführt haben.

Es kann wohl vorkommen, daß organische Krankheiten vererbt sind und die Seele, die gegen diese Mängel ankämpfen soll, zu schwach ist; aber meist entsteht ein organisches Leiden durch eine unrichtige Einstellung zum Leben, durch ein nicht richtiges Nutzen der Lebensbedingungen und der zu geringen Aufmerksamkeit und Beachtung der Grundgesetze, die alle menschlichen Regungen beherrschen.

Wenn ich also davon ausgehe, daß die Seele die Kraft bedeutet, die alle Grundlagen des menschlichen Lebens zu erfassen und zu verwerten hat, dann heißt das ganz einfach, daß die Seele erkennen muß, wo die Grenzen liegen und welcher Regeln und Normen sie sich bedienen muß, um ein menschenwürdiges, gesundes und erfolgreiches irdisches Dasein zu gewährleisten.

Ich habe schon an anderer Stelle ausgeführt, daß die Seele vom Geist den Auftrag zu einer Betätigung erhält und demgemäß in richtiger Reaktion die Willensäußerung in die Tat umsetzen muß. Das ist ein mehr oder weniger mechanischer Vorgang. Um einen solchen Impuls in die Tat umzusetzen, muß aber die Seele in der Lage sein, ungehindert zu wirken. Ich will ein Beispiel dafür geben: Das Geistwesen äußert den Willen oder besser gesagt aus freiem Willen den Wunsch, über etwas Gedanken zu formen. Es will zum Beispiel seine Gedanken auf Gott richten, um eine Vorstellung vom Guten und Schönen in sich zu erzeugen. Die Seele wird aber in diesem

Augenblick durch böse Worte gestört, die in der Nähe fallen und das Ohr des Denkenden treffen. Es wird dadurch gestört, die bösen Worte legen sich wie eine schwere Last auf seine Seele und hindern sie, die guten, reinen Gedanken ungestört zur Ausführung zu bringen.

Das erzeugt eine Veränderung im ganzen Organismus, weil die Seele nicht nur ihren Sitz im Gehirn oder wie man gerne sagt im Herzen hat, sondern im ganzen Körper. Es ist daher eine logische Folge, daß überall dort eine Störung auftritt, wo die Seele die Behinderung empfindet.

Es kommt also auf die Kraft an, die sie besitzt, um gegen Störungen von außen - und nur mit solchen haben wir es zu tun - aufzukommen. Wenn eine Lebenskraft so groß ist, daß sie sich von Hemmnissen befreien kann oder sich von ihnen gar nicht berühren läßt, dann spricht man von einer starken Konzentrationsfähigkeit, das heißt, Fähigkeit von allem Ungewollten Abstand zu halten und frei und ungehindert auf das Ziel zuzusteuern. Ich sagte also, die Seele müsse die Kraft besitzen, sich von ungünstigen Einflüssen fernzuhalten. Wie wenige Menschen können sich einer solchen Fähigkeit rühmen. Es sind wohl nur solche, die auch kein höheres Ziel vor Augen haben und deshalb ihre Lebenskraft auch nicht zu nutzen und in vollem Maße zu gebrauchen wünschen. Ein Sich-Fernehalten durch Leugnen aller Lebenspflichten und unrichtige Auslegung vom Sinn des Lebens, die darin besteht, daß man sich verschließt, oder, wie gesagt, absperrt gegen die natürliche und selbstverständliche Lebensaufgabe. Zum Beispiel durch Eingang in ein Kloster. Unter dem Vorwand, nur Gott dienen zu wollen und sich auf ein höheres Leben im Jenseits vorzubereiten, ist nicht der richtige Sinn des Lebens. Und wenngleich die Seele in diesem Fall vielleicht gesünder ist als im natürlichen täglichen Leben, so wird doch nur in den seltensten Fällen auf diese Weise ein Fortschritt erzielt werden.

Den kann nur erreichen, wer Schwierigkeiten zu meistern gewillt ist und sich gerne und bewußt allen Gefahren des irdischen Daseins aussetzt. Nun sind wir an dem Punkt angelangt, von dem ich ausgehen will, um auf die Behandlung der Seele zu sprechen zu kommen. Wir wollen nur Menschen betrachten, die selbst den Fortschritt suchen oder die wir als reif und geeignet betrachten, auf den rechten Weg zum Fortschritt geführt zu werden. Ich sagte schon, daß jeder Mensch eine eigene Persönlichkeit darstellt und daß es nicht zwei Geistwesen gibt, die sich vollkommen gleichen. Wir müssen also jeden für sich betrachten, aber doch zu unserer Betrachtungsweise Grundregeln be-folgen, die es uns ermöglichen, das Lebensbild jedes einzelnen zu erfassen.

Nun ist es eine bekannte Tatsache, daß selten aus den Worten des zu behandelnden oder zu beurteilenden Menschen eine richtige Schlußfolgerung gezogen werden kann, weil sich die Menschen selbst oft oder meist nicht richtig beurteilen, Ursachen und Wirkung verwechseln und sich selbst weniger kennen als ihre Mitmenschen.

Der Arzt muß also die Reaktion finden auf seine eigenen Worte und daraus erkennen, wes Geistes und welcher seelischen Beschaffenheit der Mensch ist.

Nicht etwa durch Fragen, zu deren Beantwortung längere Zeit gewährt wird, sondern aus ganz spontanen Reaktionen. Auch dadurch, daß der Arzt seine Auffassung von der Einstellung zum Leben und zu den irdischen Dingen kund gibt und aus Gebärde und Antwort Zustimmung oder Ablehnung die Einstellung seines Patienten erkennt. Nicht immer erhält man eine solche beim ersten Versuch. Wie schon einmal erwähnt, muß der Arzt als Freund begegnen und ein so großes Vertrauen erringen, daß sich der Patient ihm uneingeschränkt eröffnet und das Bedürfnis bekommt, hemmungslos sein Innerstes aufzuzeigen.

Nicht mit Tadel und Widerspruch oder gar Verurteilung darf er entgegnen, sondern durch Verstehen und Verzeihen aller Schwächen jede Scheu besiegen.

Wichtig ist es aber, festzustellen, von welcher Seite und in welcher Stärke Behinderungen auf die Seele wirken und dann den Versuch zu unternehmen, von diesen Behinderungen zu befreien oder, wenn dies nicht möglich ist, die Kraft zu geben, von allen negativen Einflüssen den richtigen Abstand zu erreichen.

Ein Beispiel möge es erhellen. Eine junge, aber erwachsene Frau lebt mit ihrer alten, kranken Mutter. Es bedrückt ihre Seele schwer, weil sie einerseits die alte Frau nicht im Stich lassen kann, andererseits aber ihr eigenes Leben zu versäumen glaubt, da ihr die Freiheit in ihren Lebensäußerungen, in Ehe und Familie oder Freundschaft genommen ist.

Abgesehen davon, daß auch eine solche Lebensaufgabe oft zu dem Programm gehört, das ein Mensch ins irdische Dasein mitgebracht hat, ist es nicht notwendig, daß er darunter leidet. Es ist vielmehr nicht richtig, denn frohen Mutes nimmt das Geistwesen vor der Inkarnation jede Aufgabe auf sich, die es im Fortschritt fördert und dem Göttlichen näherbringt und ebenso darf es die Aufgaben erfüllen. Damit es aber dazu fähig ist, bedarf es oft der richtigen ärztlichen Betreuung, weil eben die Kraft gegen die Hindernisse nicht gegeben ist, die zu einer Meisterung der schweren Aufgaben erforderlich ist.

Hat ein Mensch in solcher oder ähnlicher Lage das Wissen von den unendlichen und ewigen Naturgesetzen und weiß er die richtige Einstellung zu den materiellen Gütern und Genüssen zu finden, dann wird er mit jeder noch so schwierigen Aufgabe fertig werden und frohen Mutes alle Leiden und Sorgen ertragen.

Die rechte Einstellung und das Wissen von den unendlichen Naturgesetzen einzugeben ist also die Aufgabe des Arztes, wenn ein Mensch unter der Bindung an die materielle Welt zu sehr leidet, weil er sie für das Höchste und Erstrebenswerteste hält. Behandlung der Seele bedeutet also immer wieder die Konfrontierung mit dem außerirdischen Reich, dem Sinn und Zweck des irdischen Daseins und der trostreichen Schlußfolgerung, daß es für alle Menschen nur ein Aufwärts gibt und niemals einen Rückschritt. Bei jedem Menschen muß die Vorstellung Eingang finden, daß materielle Erfolge nicht das Höchste sind, daß materielle Güter nur in bescheidenem Maße zum Wohlergehen beitragen können, daß es in allen Dingen einen goldenen Mittelweg gibt, den jeder nach seinen Lebensbedingungen leicht finden kann. Es muß nur der gute Wille dazu vorhanden sein. Den müßt ihr wecken, entweder im Weg der Selbsterziehung oder durch ein gutes Beispiel für andere. Für heute will ich schließen, morgen setzen wir fort.

22. KAPITEL
Die verschiedenen Mittel zur Pflege der Seele.

Heute will ich davon sprechen, wie der Mensch selbst imstande ist oder sich in die Lage versetzen kann, seine Seele zu pflegen, sie richtig zu nutzen und zu behandeln, sie zu schonen und was sonst an richtigem Verhalten möglich ist, um seine Lebenskraft zu erhalten und ich möchte sagen, noch mehr zu steigern.

Wir haben schon davon gesprochen, daß der gute, gesunde, natürliche Schlaf ein Mittel ist, um die Lebenskraft zu erneuern. Das ist nicht etwa so aufzufassen, daß die Seele als solche erneuert wird. Das wäre zu weit gegan-

gen in der Auslegung. Die Seele ist das Instrument, das gesunde Saiten braucht und richtig gestimmt sein muß, damit es harmonische Leistungen vollbringen kann. Sind die Leistungen harmonisch, so kann man es geradezu mit musi-kalischer Harmonie vergleichen, man kann von Gleichklang in der Lebensführung sprechen und so fort.
Musik ist die Grundlage oder eine Hauptgrundlage alles Lebens und Seins, und es wird eine Zeit kommen, da man das klar erkennen und in der Erziehung und im Unterricht sowie in der Behandlung von Kranken sich ihrer weitgehend bedienen wird. Davon sind wir aber noch weit entfernt. Trotzdem ist die Musik ein wunderbares Mittel, um bedrückte Gedanken zu befreien und der Seele neue Kraft zu geben. Viele Menschen haben das schon erkannt. Es ist wohl sehr unterschiedlich, auf welche Art von Musik die Seele anspricht. Es hängt auch mit der jeweiligen Reife des Geistes und der Seele zusammen. Noch weniger entwickelte Seelen werden schon als Musik empfinden, was wir nur als primitive Tongebilde bezeichnen würden, die uns keinen Eindruck hinterlassen oder uns sogar abstoßen.
Musik ist das, was aus höheren Sphären klingt und von gut ausgebildeten Medien übernommen wird. Es ist auch dann nicht die gleiche Musik, wie wir sie hier hören können, sondern entsprechend übertragen ins Irdische oder eben mit irdischem Niveau erfaßt. Große Meister wie Beethoven, Schubert, Mozart und andere, natürlich auch und in erster Linie Bach, haben große Geister auf diesem Gebiet zu ihren Führern gezählt und in Verbindung mit ihrer Fähigkeit, ihrem Gehör und ihrer Einstellung zum Schönen und Guten vom irdischen Menschen aus betrachtet, Wunderbares geleistet und geschaffen. Soviel von Musik. Sie erzeugt in der Seele der Menschen eine Umstimmung, aber das nur dann, wenn sie in völliger Ruhe und Versunkenheit in sich selbst, also unter Ausschaltung aller störenden Gedanken und Geräusche aufgenommen wird. Täglich ein kleines Musikstück, entsprechend der augenblicklichen Einstellung, zu Gehör gebracht, erzeugt für lange Zeit - natürlich nur bezogen auf die Zeitspanne von einem Tag - Wohlbefinden und Einstellung zum Guten, Friedlichen und Versöhnlichen.
Wenn vor großen Auseinandersetzungen über kriegerische Ereignisse ein Beethoven vorgetragen würde, ich glaube, es würde mancher Haß gemildert und Zornausbrüche vermieden werden. Freilich wäre, wie gesagt, Voraussetzung dafür, daß alle in guter Absicht ihr Gehör darauf richteten

und für die Zeit des musikalischen Genusses die Gedanken von dem ablenkten, was zur Debatte gestellt werden soll.

Wenn also schon in der Gemeinschaft nicht immer der richtige Erfolg erzielt werden kann, so doch ganz gewiß beim Einzelindividuum, das ten Willens ist. Es ist dabei nicht notwendig, daß man diese gute Musik im Konzertsaal empfängt. Die moderne Technik erlaubt schon vielerlei Wege, um zu ihr zu gelangen. Am schönsten ist natürlich der Weg durch eigene Produktion. Selbst eine gute Musik zu erzeugen, erfordert nicht nur Technik in der Beherrschung des Instruments, sondern seelische Bereitschaft im höchsten Grad. Aber es ist kein Nachteil, wenn man, ohne selbst spielen zu können, sich einer Wiedergabe aus Radio oder Schallplatte hingibt.

In diesem Zusammenhang will ich noch darauf hinweisen, daß es für den Arzt eine wichtige Komponente in der Behandlung eines Patienten bedeutet, welche Einstellung zur Musik besteht. Menschen, die überhaupt keine Beziehung zur Musik haben, obwohl sie Gelegenheit hätten, sich ihr zu widmen und sie zu genießen, werden kaum in großer Harmonie mit ihrer Umwelt leben. Ihr Gefühlsleben wird fremd und kalt sein und die Umgebung wird sich nicht angezogen fühlen, mag der Mensch sich noch solche Mühe geben, einen guten Eindruck zu machen.

Anders ist es bei Menschen, die nicht die Zeit oder Möglichkeit finden, Musik zu hören oder selbst zu machen, wenngleich der Wunsch vorhanden, aber unterdrückt ist. Da kann der Arzt eingreifen und den Weg dazu frei machen durch Beseitigung von Zweifeln über mangelndes Verständnis oder fehlende Zeit und sonstige Hemmungen.

Ich selbst habe in der Behandlung meiner Patienten die Musik immer in den Vordergrund gestellt. Dabei natürlich entsprechend dem Niveau die passende Art empfohlen. Nicht jeder ist imstande, schwierige und ernste Musik gleich als erste zu verkraften oder gar eine Empfindung zu erreichen, die ihn zu solcher Musik hinzieht. Nicht in jedem Stadium ist es richtig, heitere Melodien zu empfehlen, angenommen bei seelischer Depression infolge des Verlustes eines geliebten Wesens. Ich will also damit nur sagen, daß man auch hier vorsichtig sein muß in der Wahl, um nicht etwa das Gegenteil zu erreichen. Es ist nicht wichtig, daß ein Mensch die Fähigkeit besitzt, selbst ein Instrument zu spielen, maßgebend ist nur die Zu- oder Abneigung, losgelöst von allen materiellen Einflüssen. Es bedarf also nicht in allen Fällen einer besonderen Erziehung zur Musikalität, es wird nur in den meisten Fällen notwendig sein, die Hindernisse aus dem Weg zu räumen, die durch das Milieu oder sonstige materielle Umstände verursacht sind. Soviel über Musik.

Es gibt noch eine Reihe von Mitteln zur Erfrischung oder Stärkung der Lebenskraft, die ich auch zum Teil schon angedeutet habe. Die Passivität der Seele, von der ich an anderer Stelle schon geschrieben habe, die Bereitschaft zur Aufnahme neuer und positiver Kräfte aus dem All. Nicht zu materieller Tätigkeit ist das vorzustellen, sondern zur Stärkung und Förderung der Lebenskraft. Ein Mensch, der sich solcherart seelische Behandlung angedeihen läßt, wird nur danach trachten, die richtige Einstellung zum Leben, zur Erfüllung seiner Pflichten und Aufgaben zu finden.

Nicht immer ist er dazu allein in der Lage. Wenn schon nicht unbedingt ein Arzt zu Rate gezogen werden muß, was doch immer den Beigeschmack der Krankheit mit sich bringt, müssen Mittel und Wege gefunden werden, die es dem Menschen ermöglichen, die rechten Behelfe sich selbst zunutze zu machen.

In erster Linie sind es gute Bücher, deren es allerdings in dieser Richtung noch sehr wenige gibt. Die Aufklärung über die außerirdischen Dinge ist ein Gebot der Zeit. Manche Gemeinschaften haben sich schon zur Aufgabe gemacht, das Wissen um die unendliche gute Allmacht zu verbreiten. Zur Zeit steht aber die Kirche mit ihrer festgefahrenen Verbohrtheit noch hindernd im Wege, weil viele Menschen den Mut nicht aufbringen, ihre von Kind auf geflissentlich gepflegte Auffassung vom Leben und Sterben, von Gott, Christus und der Hölle etc. aufzugeben. Nur wenige haben den Mut, offen zu bekennen, was sie darüber denken; mehr noch machen sich überhaupt keine Gedanken und sind zufrieden, daß sie mit der Masse gehen dürfen und keine Verantwortung für ihre Lebensauffassung zu tragen haben. Sie wurde ihnen ja eingegeben und aufgezwungen und so als ewiges Vermächtnis betrachtet, für unantastbar gehalten. Daß die Lehren über das außerirdische und jenseitige Leben so schwer zum Durchbruch gebracht werden können, hat seine Ursache hauptsächlich darin, daß so viele Unberufene sich damit befassen, aus falschem Geltungsbedürfnis oder rein materieller Berechnung. Es muß eben auch hier die Zeit erst reif werden; dann wird ein neues Lebensbild geschaffen werden, alle Einstellung zur Materie wird eine Wandlung erfahren und Frohsinn und wahre Freiheit - ich meine Freiheit des Geistes - werden auf der Welt herrschen. Damit genug für heute.

23. KAPITEL
Sinnvolle Einstellung zur Geisterwelt.

Nun komme ich zum Thema Seelenpflege ohne fremde Hilfe, aber mit Behelfen, die zu einer Kräftigung und Heilung führen können, die aber auch mit großer Vorsicht und sehr ernster Lebensauffassung genutzt werden müssen.

Es ist in erster Linie der Verkehr mit der Geisterwelt, aber nur von hoher Warte aus betrachtet. Eine solche Betätigung darf nur von hochentwickelten Geistern angestrebt werden, denn nur solche finden die richtige Verbindung und sind imstande, negative und böse Geister abzuwehren. Mancher Mensch besitzt mediale Fähigkeiten, ohne es zu wissen. Oft ist eine Ahnung vorhanden von der Einwirkung fremder Kräfte, die unsichtbar, aber spürbar den Ablauf der Ereignisse lenken.

Jeder Mensch hat zwar einen guten Führer, nur wenige sind aber in der Lage oder bereit, auf ihn zu hören. Hat nun ein Mensch Probleme zu lösen, mit denen er glaubt, nicht allein fertig werden zu können, so sucht er nach einem Ratgeber. Wie viele Probleme gibt es aber im menschlichen Dasein, die man selbst lösen, mit denen man gern selbst fertig werden will, weil man meint, keine Hilfe zu finden oder weil man darüber zu keinem Menschen sprechen will. Es sind die wahrhaft menschlichen Probleme, für die man oft kaum die richtigen Worte findet und sich ihrer Tragweite oft selbst nicht bewußt ist.

Ein Mensch, der die Fähigkeit besitzt, auf die sogenannte innere Stimme zu hören, sein Gewissen zu erforschen und ehrlich mit sich ins Gericht zu gehen, der wird ohne fremde Hilfe, ich meine ohne einen Rat irdischer Herkunft, das Richtige finden.

Meist aber sind die Menschen nicht in der Lage, sich selbst und ihre Handlungsweise richtig und objektiv zu beurteilen, und die meisten suchen nach Rechtfertigung für ihr Verhalten und nach Begründungen, die entschuldbar erscheinen lassen sollen, was bei näherer Betrachtung zumindest ein großer Irrtum ist.

Verkehr mit der Geisterwelt bedeutet nicht immer Geisterbeschwörung oder Tischrücken, Materialisationen erleben oder sonstige mediale Betätigung. Jeder Mensch hat die Möglichkeit, mit der Geisterwelt in Verbindung zu treten, wobei damit die bewußte Verbindung zum Außerirdischen gemeint ist, denn in Verbindung mit der Geisterwelt sind alle Menschen. Es gibt keine Trennung zwischen Diesseits und Jenseits durch feststehende Grenzen. Alles fließt ineinander und wirkt in der selbstverständlichsten Weise zusammen. Das darf nichts Erschreckendes für die irdischen Weltbürger haben, denn es ist im Grunde genommen auch nichts anderes als die Auswirkung von Strahlen wie die der Sonne, nur mit dem Unterschied, daß geistige Strahlen nicht auf den Körper, sondern auf Geist und Seele wirken, damit natürlich indirekt auch auf den Körper. So umgekehrt die Sonne zum Beispiel, die ihre Strahlen auf die Materie lenkt und damit auch die Seele, möchte ich sagen, erwärmt und erleuchtet.

Wie aber bei der Sonne nur das richtige bescheidene Maß segenbringend wirkt, so ist es auch mit der geistigen Strahlung. Mit Maß empfangen, mit Maß gefordert oder erbeten, kann nur Gutes erzeugen. Sobald aber geistige Hilfe zu materiellen Erfolgen angerufen wird, die über das lebensnotwendige und erlaubte Maß hinausgehen sollen, wird auch die rechte geistige Hilfe ausbleiben oder den großen vermeintlichen Erfolg bald ins Gegenteil umkehren.

Ein Mensch also, der mit seinen Problemen nicht zum Ziel kommt, darf wohl die Hilfe aus dem Jenseits anrufen oder erbitten. Eine solche Bitte darf aber nicht weiter gehen, als daß es ihm offenbar wird, welcher Weg der richtige ist zur Lösung der offenen Fragen.

Will ein Mensch einen Rat einholen, wie er einen anderen um einen Vorteil bringen, ihn unschädlich machen kann in irgendeiner Form, dann wird er wohl von einem guten Geist die Weisung erhalten, von seinem Vorhaben abzusehen. Hört er nicht darauf und beharrt auf seinem Irrtum oder seiner bösen Absicht, dann zieht er negative Kräfte an, die sein Vorhaben fördern und ihm zum Erfolg helfen werden, wenn nicht der Betroffene umgekehrt zur Abwehr bereit, in Schutz und Weisung höherer und stärkerer Geistwesen steht.

Es ist also klarzumachen, daß der Verkehr mit der Geisterwelt nur in gutem Sinn geübt werden darf. Die Seele zu öffnen für die Erleuchtung, die wie ein Sonnenstrahl ins Innere dringt, ist allein von Nutzen.

Es muß den Menschen vor jeder Beschäftigung mit außerirdischen Dingen einwandfrei klar gemacht werden, daß es nur sinnvoll ist, sich überhaupt damit zu befassen, wenn man den Wunsch hat, besser zu werden, den Weg zur Wahrheit zu finden und eine richtige Lebensauffassung zu erreichen.

Wenn wir aber schon davon sprechen, darf nicht unerwähnt bleiben, daß immer wieder davor gewarnt werden muß, die Verbindung zu Geistwesen auszunützen zu materiellen Vorteilen oder sie zu beschwören aus Sensationslust, die auch dann gegeben ist, wenn Seancen abgehalten werden, um dem Spiritismus das Wort zu geben. Es ist nicht wichtig, immer wieder Beweise dafür zu erbringen, daß Geistwesen imstande sind, sich zu materialisieren. Daß es eine Geisterwelt gibt, ist längst offenbar und wird von ernsten Forschern nicht bezweifelt. Die Gefahren, die mit unrichtiger Verbindung verbunden sind, kennen wir auch. Warum schweigen wir dann so lange darüber und dulden in Ruhe, daß jeder, der nur will, sich in zerstörender und vernichtender Art damit befaßt? Man braucht nur zu bedenken, daß der Mensch oft kaum oder gar nicht in der Lage ist, sich gegen sichtbare Feinde zu wehren und zu schützen, wieviel schwerer ist es daher, gegen unsichtbare Feinde aufzukommen. In dieser Richtung müßte eine eingehende und weitreichende Aufklärung angebahnt werden. Wie viele Unwissende würden vor schweren Schädigungen bewahrt werden. Erst einzugreifen, wenn das Unglück schon geschehen ist, ist meiner Meinung nach ein großer Fehler, der denen zur Last fällt, die in diesen Belangen genaue Kenntnisse besitzen.

24. KAPITEL
Erlaubte und unerlaubte Verbindungen.

Ich will nun davon sprechen, wie es einem Menschen ergeht, der nicht weiß, wie sehr er in Gefahr ist, wenn er sich unerlaubt mit Jenseitigen einläßt. Es ist ein gefährliches Spiel, und es muß dagegen von berufener Seite endlich mit ganz konkreten Mitteln eingeschritten werden.
Wie viele Menschen suchen in guter Absicht die Verbindung mit Jenseitigen, weil ihnen ihr irdisches Leben keine Befriedigung bringt. Geleitet von dem einzigen Wunsch, Mittel und Wege zu finden, die geeignet sind, das Glück in der materiellen Welt zu begründen, suchen sie eine Verbindung zu außerirdischen Kräften in der Meinung, daß alles, was aus dem Jenseits kommt, rein und gut und voll von guten Eigenschaften ist.
Sie übersehen und wissen nicht, daß der Mensch mit all seinen Irrtümern und Fehlern hinübergeht und nicht schon mit dem Abschied von der Erde ein reiner und wissender oder sogar allwissender Geist ist.

Der Mensch neigt dazu, anzunehmen, daß der irdische Tod an sich als Sühne wirkt und alle bösen Taten und Eigenschaften mit dem Ende des Lebens ausgelöscht sind. Das ist ein großer Irrtum. Jeder hat die gleiche Ausstrahlung hier und dort, solange er seine Irrtümer nicht einsieht und bekämpft. Die Möglichkeit zur Besserung und Läuterung ist ihm natürlich hier im Jenseits genauso gegeben wie im irdischen Leben und alle wahre Hilfe steht ihm zur Verfügung.

Aber es ist nun einmal notwendig, festzustellen, daß der Mensch durch seinen Abschied von der materiellen Welt noch lange nicht besser ist als er bis zu seinem Abschied war. Darum ist es ein Irrtum, wenn man glaubt, daß man von solchen Geistwesen nur Gutes lernen kann, wenngleich sie im Leben nichts davon geäußert und bewiesen haben.

Der Wunsch nach Verbindung mit einem geliebten Wesen ist verständlich, und eine solche Verbindung ist auch gegeben, wenn der Wunsch auf beiden Seiten vorliegt. Eine solche Verbindung muß aber nicht in einer greifbaren oder gar sichtbaren Kundgabe bestehen, sie ist im Innern des Menschen verborgen und meist ohne sein Zutun und ohne Erkennen vorhanden.

Soll eine bewußte Verbindung möglich sein, dann kann diese nicht erzwungen werden, sie kommt nach göttlichem Gesetz ohne Zutun des irdischen Menschen. Mediale Fähigkeiten kann man nicht ohne göttliche Erlaubnis erlangen. Die unendlichen Gesetze haben auch in dieser Hinsicht unumstößliche Regeln geschaffen, über die weder ein irdischer noch ein jenseitiger Geist hinwegkommt.

Es gibt dafür im Irdischen keine Normen und Testmöglichkeiten, um mediale Veranlagung zu beweisen oder auszubilden, nur mit göttlicher Erlaubnis, in höherem oder höchstem Auftrag darf eine solche Tätigkeit ausgeübt werden, soll sie der Menschheit Nutzen oder Freude bringen.

Ich habe zum Beispiel die Erlaubnis und den hohen Auftrag, mit Hilfe meines Schreibmediums Verbindung zu den Menschen anzubahnen, die als Helfer der Menschheit bezeichnet, zum größten Teil aber noch mit einer Wolke um das Haupt in ihrer Verbohrtheit und Unkenntnis von den unendlichen Zusammenhängen um die Wahrheit kämpfen und ihr doch kaum näher kommen.

Ich bin zu diesem Auftrag nicht von irdischen Wünschen gelenkt worden, sondern habe die Aufgabe zu erfüllen, in - ich möchte sagen - geistigem Auftrag, gelenkt und beraten von hohen Geistern der Wissenschaft, Gelehrten, die keinen Vergleich in bezug auf ihre hohe Erfahrung und ihre

Kenntnis von den ursächlichen Zusammenhängen im Irdischen haben. Ich selbst bin ihr ganz kleiner Schüler und bestrebt, ihnen auf dem Weg zum Fortschritt zu folgen. Was ich zu Papier bringe, ist sicher noch nicht der Weisheit letzter Schluß, aber was ich sage, ist unbedingt wahr und richtig nach dem Urteil meiner großen Vorbilder und Lehrer.
Ich will damit vor allem erreichen, daß man einsehen lernt und erkennt, daß auch wir nicht besser sind als wir es auf der materiellen Welt waren. Wer aber den Fortschritt sucht, hat einen Weitblick und erkennt die Zusammenhänge mit geistiger Sehkraft, die im irdischen Dasein im Materiellen gefangen, einen sehr begrenzten Horizont hat. Ich werde noch manches über dieses Thema zu sagen haben, weil die Menschen lernen müssen, den Irrtum zu erkennen, der in dem unrichtigen Verkehr mit der Geisterwelt liegt und der für die Menschheit oft mehr Schaden als Nutzen bringen kann. Morgen setzen wir fort.

25. KAPITEL
Beschäftigung mit Spiritismus und ihre Gefahren.

Ich setze heute fort, wovon ich gestern zu sprechen begann, über die Beschäftigung mit jenseitigen Geistern und ihren Gefahren. Jeder, der sich mit dem Jenseitigen in Verbindung setzt, es also erzwingt, ohne berufen oder gerufen zu sein, begeht einen großen Fehler.
Die Gesetze auf diesem Gebiet sind sehr streng, und es ist wohl verständlich, denn man kann leicht einsehen, daß die Verbindung nur in außergewöhnlichen Fällen gestattet ist und das aus dem Grund, weil ja das irdische Leben den Zweck hat, den Menschen nach freiem Willen entwickeln zu lassen, und dieser freie Wille wird gestört, wenn der Mensch sich in Abhängigkeit von Jenseitigen begibt.
Ist eine Berufung die Grundlage des Verkehrs, so wird der Jenseitige auf sein Medium keinen Zwang ausüben und sein irdisches Leben nicht beeinträchtigen. Dann ist nur eine Wirkung im guten Sinn möglich und gewollt. Nur gute Kräfte werden aus dem All dem Medium zufließen und ihm Gesundheit und Frohsinn vermitteln. Alles andere muß abgelehnt werden.
Freilich muß man beachten oder berücksichtigen, daß nicht sehr hoch entwickelte Menschen schon mit sensationellen Erscheinungen zufrieden sind

und kein Bedürfnis haben, den Dingen mit heiligem Ernst auf den Grund zu gehen.
Ich möchte also damit sagen, daß gerade in den Kreisen der weniger Gebildeten und geistig Unreifen die Aufklärung beginnen muß. Viel Unheil würde dadurch vermieden. Die Menschen sind eben mit den materiellen Gütern allein nicht zufrieden, sie erkennen sehr bald, daß in ihnen das Glück nicht zu finden ist und suchen deshalb nach einem anderen Mittel, um die Sinne zu erfreuen, zu reizen oder abzulenken von den alltäglichen Sorgen und Verpflichtungen.
Wir haben schon viele verderbliche Folgen solcher Betätigung kennengelernt und wissen, wie sehr die Menschen, die in Unwissenheit und Sensationslust sich solcher Betätigung hingeben, zu leiden haben. Die Leiden, die aus solchen Irrtümern entstehen, sind keine Geisteskrankheiten, sie sind Krankheiten der Seele, die ihre Kraft verausgabt hat und nicht mehr imstande ist, sie zu erneuern, weil die an ihr hängenden, sie bedrückenden fremden Geistwesen sie daran hindern. So entsteht ein Verbrauch der Lebenskraft, es fehlt das Bindeglied zwischen Geist und Körper, und in der Folge treten Schädigungen aller Organe auf und eine verzehrende Kraft, ausstrahlend von den fremden Geistwesen, zerstört langsam den gesamten Organismus.
Da die Seele nicht mehr imstande ist, die Willensimpulse des Geistwesens aufzunehmen, arbeitet auch das Nervensystem nicht gesetzmäßig und das Gehirn wird so gut wie ausgeschaltet. Die Lenkung geschieht dann durch fremde Geistwesen, die je nach ihrem eigenen Entwicklungsgrad arbeiten und Schaden anrichten.
Liegt eine göttliche Berufung vor oder, wie schon erwähnt, ein höherer Auftrag, dann weiß das Geistwesen, das sich des Mediums bedient, wie weit es gehen darf und daß es nur in einer ihm aufgetragenen Richtung Einfluß nehmen darf.
Freilich kommt es auch da vor, daß das Ergebnis nicht ganz den Erwartungen entspricht. Ist das Medium in einer mehr oder weniger niedrigen Entwicklungsstufe, so kann der Fall eintreten, daß materielle Einflüsse den reinen Verkehr mit dem beauftragten Geist stören und das Medium dazu verleiten, aus der Verbindung materiellen Nutzen zu ziehen.
Ein hochentwickelter Geist muß dann die Verbindung abbrechen, weil der Zweck verfehlt ist und die ihm gestellte Aufgabe nicht erfüllt werden kann. Ein solches Medium wird dann meist unter Einfluß niedriger Geistwesen

geraten und in der Vermittlung von Mitteilungen vielerlei Irrtümern verfallen.

Deshalb ist es wichtig, die Persönlichkeit des Mediums genau zu prüfen, bevor man seinen Mitteilungen Vertrauen entgegenbringt. Ein Medium, das jedem Geistwesen Eingang gewährt, ist nicht vertrauenswürdig. Es muß die Fähigkeit besitzen, zu fühlen und zu erkennen, ob die Verbindung, die sich ihm anbahnt, eine gute, segensreiche ist oder nicht.

Ich lehne deshalb alle Erscheinungen ab, die über einen ganz natürlichen und reinen Vorgang hinausgehen. Sie sind voll von Lüge und Irrtümern.

Auch soll eine Verbindung niemals in großem Kreis aufgenommen werden, weil jeder Mensch umgeben ist von einer Schar von Geistwesen, und daher nicht die Möglichkeit besteht, eine einwandfreie Auswahl in der Gesellschaft zu treffen. Überall sind auch minderwertige Geistwesen bemüht, gute Verbindungen zu stören oder nur eine Gelegenheit zu finden, sich auch bemerkbar zu machen.

In diesem Fall werden immer wieder Unterbrechungen vorkommen und die verleiten das Medium, sich selbst um die Fortsetzung zu bemühen und damit ein falsches Bild oder Unwahrheiten zu verbreiten. Mit sehr viel Geschick geschieht dies oft, so daß die Menschen trotzdem überzeugt sind, nur aus dem Jenseits unterrichtet worden zu sein. Mit medialen Behelfen, wie Tischrücken und Materialisationen hat sich noch nie ein großer Geist aus dem Jenseits gemeldet. Das sind wohl richtige Erscheinungen und Zeichen, aber von sehr unterentwickelten Geistwesen oder erdgebundenen gegeben. Die Tatsache, daß man auf diese Weise auch mit geliebten Wesen aus der Zeit des irdischen Daseins zusammentreffen kann, ist nicht zu leugnen. Sie bringt aber weder dem einen noch dem anderen Teil einen Nutzen und höchstens ganz vorübergehend Freude.

Um zu glauben, daß eine Materialisation, das heißt Annahme eines materiellen Körpers im Jenseits möglich ist, bedarf es ja zuvörderst der Überzeugung, daß es ein Jenseits und ein Leben nach dem Tode gibt. Ein größerer Fortschritt aber kann davon nicht ausgehen, vielmehr kostet es dem Geistwesen einen gewaltigen Kräfteverbrauch, der nach jenseitigen Gesetzen unerlaubt ist, und der materielle Mensch wird ebensoviel von seiner Nervenkraft und Gesundheit einbüßen, weil im materiellen Leben eine Beschäftigung mit solchen Dingen keine Grundlage hat.

So wie der Mensch im materiellen Dasein seine Vorbilder und Lehrer sucht und findet, so darf er auch aus dem Jenseits nur zu guten und höher stehenden Wesen Verbindung suchen und wünschen.

Ich will damit kein Werturteil über mich selbst abgeben, denn ich stehe außerhalb davon durch meine Wissenschaft. Ich durfte im irdischen Dasein Lehrer sein und Erzieher und habe meine Aufgaben nach bestem Wissen und Gewissen, aber doch noch unter manchen irreführenden Aspekten gelöst. Jetzt sehe ich klarer und weiß, wo ich geirrt habe und wie ich meine Lehren verbessern muß. Auch meine irdischen Lehrer sehen ein, wo sie nicht richtig gedacht haben und sind genau wie ich bemüht, ihren irdischen Kollegen die richtige Auffassung und das Erkennen der Wahrheit einzugeben. Nicht jeder hat jedoch die Gnade, sich auf solchem Weg verständlich zu machen wie ich.

Und der andere, der direkte Weg ist sehr viel schwieriger, weil eben die irdischen Kollegen nicht auf einen geistigen Verkehr mit uns eingestellt sind. Trotzdem gelingt es uns in weitem Maße, Fehlgriffe und Fehldiagnosen zu vermeiden und Menschen, deren Uhr noch nicht abgelaufen ist, vor einem frühen Ende des irdischen Daseins zu bewahren.

Ich bin über meine Aufgabe unendlich froh und werde, solange es mir erlaubt ist, meine Schriften fortsetzen. Es ist ja auf diesem Gebiet noch so unendlich viel zu sagen, daß ich glaube, niemals fertig zu werden. Für heute aber will ich schließen und morgen weiterberichten.

26. KAPITEL
Aufklärung und Erziehung.

Es ist - wie gestern schon gesagt - ein unerschöpfliches Gebiet, mit dem zu Ende zu kommen noch lange nicht zu erwarten ist. Aber wir haben Zeit und wollen uns ausführlich mit den einzelnen Problemen befassen. Es war zuletzt die Rede von den Gefahren des Geisterverkehrs und ihren oft verheerenden Auswirkungen auf den menschlichen Organismus.

Ich will nun versuchen, einen Plan zu entwerfen, wie die Menschen von solcher Betätigung ferngehalten - und ich möchte sagen - davon abgeschreckt werden können.

Die Aufklärung muß schon frühzeitig beginnen, denn schon im Kindesalter erfahren viele Menschen von den außerirdischen Zusammenhängen. Der kindliche Geist ist aufnahmefähig und oft noch ohne reifes Urteil. Darum ist es Aufgabe der Eltern, in erster Linie im Kreise der Familie Gespräche über sensationelle Erscheinungen zu vermeiden, um das Kind nicht zu Nachforschungen und Neugier zu reizen. Trotzdem muß davon ausgegangen werden, daß eine vernünftige Aufklärung Platz greift, daß die Menschen frühzeitig lernen, sich den Kräften und damit meine ich nur die guten Kräfte aus dem All, zu öffnen und negative Einflüsse abzuwehren. Nicht jeder oder nur wenige Menschen bringen die Abwehr gegen üble Kräfte selbst mit. Sehr bald erkennen die Eltern, ob ein Kind aus eigenem Antrieb das richtige Verhalten findet oder ob es einer Hilfe und Stütze bedarf. Es ist natürlich auch dabei Voraussetzung, daß die Eltern eine einigermaßen gesunde Lebensauffassung besitzen und sich über Sinn und Zweck des menschlichen Daseins bewußt sind.

Alles, was ich darüber schon festgelegt habe, muß zu den Grundlagen in der Erziehung gehören und sich wie eine markante Linie durch jeglichen Verkehr mit dem zarten und noch unerfahrenen Kindergeist ziehen. Unerfahren jedoch nur in bezug auf das materielle Leben und seine negativen Kräfte, denn Materie ist sozusagen die negative, gleich minderwertige, der Geist oder das geistige die positive Komponente im materiellen Bereich.

Ohne geistige Führung wäre die Materie tot und wirkungslos. Der Geist aber bedarf zu seinem Fortbestand nicht der Materie.

Wo soll also der Unterricht oder die Erziehung beginnen? Am besten dort, wo ein Geistwesen das Licht der Welt erblickt. Aber nicht an ihm, sondern an seinem Milieu, in das er hineingeboren wird. Die Menschen zeugen Kinder und sind sich selten der großen Verantwortung und der Pflichten bewußt, die sie damit auf sich genommen haben.

Die Fortpflanzung der Menschheit liegt in den göttlichen Gesetzen begründet und ist ein heiliger Akt. Wie schon festgestellt, kommt jeder Geist aus freiem Willen in diese Welt zurück, um dem Fortschritt zu dienen und nicht nur für sich selbst, sondern für die gesamte Menschheit. Ich will bewußt die Richtung nach dem Guten hervorkehren, weil die Richtlinien für eine geeignete Erziehungsmethode diese Tendenz allein ins Auge fassen müssen. Wenn also zwei Menschen den Bund der Ehe eingehen, müssen sie sich im klaren sein, welche Folgen, welche Aufgaben und welche Freuden damit verbunden sein können. Hier müßte vorerst die Erziehung einsetzen.

Wie wenige Menschen denken darüber nach und machen sich klar, was diese Einrichtung - die Ehe - überhaupt bedeutet. Sie ist eine hohe Verpflichtung und wert, in jeder Richtung auf die allumfassende Liebe aufgebaut zu werden. Die triebhafte Liebe spielt dabei die geringste Rolle, wird aber meist in den Vordergrund gestellt und so der höhere Sinn der Ehe zerstört.

Harmonie zweier Seelen findet nicht in triebhaften Exzessen und körperlicher Vereinigung ihren Ausdruck. Harmonie zwischen den Eltern, also ein harmonisches Milieu, ist aber die erste Voraussetzung für ein gutes Gedeihen und eine gesunde Entwicklung des von Gott geschenkten Geistwesens, das in einem ihm bestimmten Rahmen inkarniert wird.

Der Unterricht, den die zur Ehe entschlossenen Menschen heute erhalten, ist äußerst mangelhaft und ist entweder nur auf die Pflege des Körpers oder von der Kirche auf die Verpflichtung zur religiösen - womit gemeint ist - konfessionellen Erziehung abgestellt. Das genügt nicht.

Die Kirche verschweigt die großen Zusammenhänge, verbietet wohl den Umgang mit der Geisterwelt, aber ohne richtige Aufklärung und einseitig. Der Einfluß der Kirche oder, besser gesagt, der Konfessionen, ist aber noch zu stark, als daß eine große Weltreligion, frei von allem Götzendienst und Pessimismus, sich durchsetzen könnte.

Im Zeitpunkt der Geburt oder der zu erwartenden Inkarnation müßten die Eltern, soferne sie nicht selbst schon Kenntnis von den großen erhabenen unendlichen Gesetzen haben, darüber in Kenntnis gesetzt werden, woher ihr Kind seinen Geist beziehungsweise sein Geistwesen erhält, wer verantwortlich ist für die körperliche Beschaffenheit und daraus für die in der Zukunft zu erwartende Gesundheit und Lebenskraft. Sie müßten erfahren und lernen, wie ein kindlicher Geist gefördert wird, worüber ich noch ein besonderes Kapitel werde folgen lassen und wie sie selbst sich den Kräften aus dem All, den guten Einflüssen öffnen können und müssen, wenn sie die richtige Hilfe und Erziehung ihrem Kind zuteil werden lassen wollen.

Den guten Willen dazu hat bestimmt jede Mutter, die ein Kind zur Welt bringt, es sei denn, daß die materiellen Verhältnisse diese Gabe Gottes als Last mehr denn als Freude betrachten ließen. In solchen Fällen muß die Hilfe und Beratung weiter zurückgehen und zur Schaffung des geeigneten Milieus behilflich und bereit sein. Wie groß ist die Freude der Mutter, ein lebendiges Wesen aus eigenem Fleisch und Blut im Arm zu halten. Das ist so lange reine Freude, als das Neugeborene noch keine eigenen Willensakte setzt. Solange nur der Wille der Eltern geschieht ohne Widerstand, so lange ist eitel Wonne im Haus. Fängt aber das Kind an, sich seines eigenen Willens bewußt zu werden oder aber sind seine Lebensäußerungen nicht nach Erwartung und Wunsch der Eltern, dann beginnen meist die Schwierigkeiten in der Erziehung, weil man der Meinung ist, der Geist des Kindes müsse nach dem Vorbild der Eltern erzogen und geformt werden.

Daß dieses kleine Menschenkind vielleicht einen viel höher entwickelten Geist in sich birgt als ihn die Eltern besitzen, das wird meist gar nicht in Erwägung gezogen. Darum müssen die Menschen endlich Klarheit darüber erwerben, daß wohl der Körper von den Eltern ererbt, nicht aber der Geist von ihnen übernommen wird. Das Geistwesen ist unteilbar und einmalig. Das allein schließt die Vererbung aus. Das Geistwesen muß also einen anderen Ursprung, eine andere Herkunft haben.

Darüber vor allem müßten junge Menschen aufgeklärt werden, bevor sie eheliche Verbindung eingehen, sie müßten sich genau prüfen, ob sie sich stark und geeignet fühlen, die hohe Verpflichtung einzugehen, einem fremden Geistwesen Heimstatt zu geben und ihm zum Fortschritt zu verhelfen. Eine heilige Aufgabe, sie war es nicht nur für Maria, die Jesus gebar, sie ist es gleicherart für jede Frau und Mutter.

Aber auch der Vater ist an der Erziehung beteiligt, und zwar meist in den Jahren mehr als die Mutter, da der junge Mensch dem materiellen Kindesalter entwachsen ist und Hilfe und Unterstützung sucht gegen die Fährnisse des irdischen Daseins.

Nur mit Rat und gutem Vorbild sollten Eltern ihren Kindern im reiferen Alter begegnen und zur Seite stehen, nicht mit Strafen und Befehlen. Sind sie sich der Tatsache bewußt, daß das Geistwesen in ihrem Kind nicht aus ihnen stammt, dann werden sie auch mit Güte und Nachsicht zu erforschen suchen, wohin der Weg - ich meine Lebensweg - des Kindes ausgerichtet werden soll. Immer ohne Zwang, aber mit fürsorglichem Einfühlen in die Psyche des von Gott anvertrauten Wesens.

Es ist eine wahrhaft göttliche Aufgabe, und die Menschen müssen lernen, sich dessen bewußt zu werden. Sie müssen mit Dankbarkeit und Freude alle Aufgaben auf sich nehmen lernen, die in der Fortpflanzung des Menschengeschlechts begründet sind. Menschen, die es frühzeitig gelernt haben, sich den guten Kräften aus dem All zu öffnen, werden auch auf diesem Wege nur Glück und Freude durch einen ihnen anvertrauten Geist erfahren. Immer muß die Freude an der hohen Aufgabe der Leitstern sein bei der Erfüllung der damit zusammenhängenden Pflichten.

Die Menschen werden in vielen Fällen geneigt sein, ein mißratenes Kind abzulehnen und sich damit zu entschuldigen, daß sie für die Fehlentwicklung nicht verantwortlich gemacht werden können, weil es ein fremdes Geistwesen ist, das ihnen aufgebürdet wurde. Gerade dann aber ist die Aufgabe eine noch größere und ich möchte sagen für den anzustrebenden Fortschritt wertvollere, weil die Mühe und Sorge, die für die Entwicklung und Umerziehung oder Besserung des anvertrauten Geistwesens zugunsten seiner Helfer in die Waagschale fällt.

Keine Sorge und Mühe, keine Not und keine Krankheit sind wertlos. Sie sind die Hauptpfeiler auf dem steilen Weg nach oben. Nur der Glaube, die feste Überzeugung, daß es so ist, muß noch Allgemeingut werden.

Nicht mit wenigen Worten wird man dieses Ziel erreichen, in mühsamer Kleinarbeit von einem zum andern. Man stelle sich aber nur vor, es gelänge bei einem einzigen Menschen, ihn vom Wert und Unwert des irdischen Daseins zu überzeugen. Wert in bezug auf den Fortschritt im geistigen Bereich, Unwert in bezug auf die Materie. Wie vielfältig wäre der Erfolg in kurzer Zeit, denn wie schon an anderer Stelle gesagt: Ein Guter wiegt tausend Böse auf und wirkt zum Guten tausendfach.

Darum nur Mut, auch dann, wenn das Böse noch in der Mehrzahl scheint. Es scheint nämlich nur so, denn in der Hauptsache sind es Irrtümer, die die Menschen böse erscheinen lassen. Helft ihnen sie zu besiegen und ihr werdet bald mehr gute als böse Menschen finden. Über die Aufklärung bezüglich des Verkehrs mit der Geisterwelt folgen noch genaue Bestimmungen.

27. KAPITEL
Zustandekommen einer guten, gottgewollten Verbindung mit dem Jenseits.

Heute will ich davon sprechen, wie der Verkehr mit der Geisterwelt zustande kommt, wie der Mensch erkennen kann, ob die Verbindung gut ist und erlaubt oder was er zu tun hat, wenn er erkennt, daß er genarrt oder irregeführt ist. Es ist schon viel darüber geschrieben worden, und gute Anregungen und Vorsichtsmaßnahmen wurden empfohlen, aber es ist nie zuviel davon gesprochen worden, und es kommt eben darauf an, an wen die Richtlinien gegeben werden und daß die Möglichkeit besteht, sie zu befolgen und zu verbreiten. Vor allem darf niemals die Forderung ausgesprochen werden, mit einem bestimmten Geist in Verbindung zu kommen, ohne daß eine solche Verbindung schon ohne Zutun des Menschen gegeben war. Ob eine Verbindung erlaubt ist, wird einzig und allein im jenseitigen Bereich bestimmt. Niemals können es Irdische erzwingen. Es gibt dazu kein Mittel. Immer wieder muß gesagt werden, daß jede erzwungene Verbindung, also auf Grund von Wünschen irdischer Menschen bewerkstelligte Verbindungen, nicht nur wertlos, sondern auch über alle Maßen gefährlich sind. Unerlaubt beschworene Geister sind nicht geschult und unterrichtet und wenn sie auch mit bester Absicht sich ihrem geliebten Wesen nähern, so werden sie niemals zu deren Wohl wirken können.

Mag sein, daß ein Mensch sich zufrieden gibt mit der Tatsache, daß er auch nach dem Tode eines geliebten Wesens mit diesem in Kontakt kommen kann, er weiß aber nicht, wie sehr das Geistwesen darunter zu leiden hat. Ist es ein noch erdgebundenes, ein Wesen, das nicht glauben will, daß es im Jenseits ist, so klammert es sich unter Umständen an den lebenden Menschen und quält ihn mit seiner Not und Verzweiflung. Der Irdische aber weiß es nicht direkt, hat ihn nur mehr oder weniger an sich gebunden und leidet doppelt in seiner Unwissenheit.

Darum muß gesagt werden: Wer einen geliebten Menschen im Jenseits weiß, sende ihm gute Gedanken, Verzeihen für alle Irrtümer im menschlichen Dasein und rufe ihn nicht. Seine Gedanken müssen darauf gerichtet sein, wie schön die Umgebung, die Sphäre oder Region wohl sein mag, in der er sich befindet. Seine Worte sollen ihm zur Aufklärung dienen, er soll erfahren, daß er nicht mehr unter den Lebenden ist und mit Liebe und Güte soll ihm der Rat erteilt werden, sich den jenseitigen Gesetzen zu fügen, den Fortschritt zu suchen und nicht mehr zurückzustreben nach dem Irdischen. Vielen umherirrenden Geistern könnte damit geholfen werden, und die irdische Atmosphäre wäre nicht überfüllt von unwissenden, an der Materie hängenden Geistern. So muß die allgemeine Einstellung zu den Geistwesen im Jenseits aussehen und nicht anders.

Liegt aber für einen materiellen Menschen ein Auftrag vor, eine bestimmte Verbindung aufzunehmen und zu pflegen, dann kommt diese ganz von selbst. Der Mensch wird von unsichtbaren Kräften hingeführt und braucht nur zu tun, was eine gute innere Stimme ihm eingibt, nämlich geduldig warten. Er wird es dann einen Zufall nennen, was in Wahrheit göttliche

Fügung ist, aber er wird in seine Aufgabe hineinwachsen, wenn er den Wert, die Gnade erkennt und seinen reinen, guten Willen darauf einstellt. Es ist dazu gar nicht so wichtig, daß der Mensch, der solcherart zum Medium erwählt ist, von den Gesetzen des Jenseits, von dem Verkehr mit der Geisterwelt viel weiß und Kenntnisse auf diesem Gebiet besitzt. Seine Ausbildung erfolgt nicht auf materielle Art, sondern rein geistig und bedarf weder großer Intelligenz noch primitiver Geistesart. Ist Intelligenz in höherem Maße vorhanden, so ist es sehr wertvoll, weil ein Medium dann den Wert seiner Tätigkeit richtig erfaßt und erkennen wird, daß ein Mißbrauch schädlich und einer guten, großen Sache hindernd wäre.

Bewußt wird ein solcher Mensch bestrebt sein, in strenger Selbsterziehung Reinheit der Seele und des Geistes zu erreichen, um der göttlichen Gnade würdig zu sein und für die Menschheit in Liebe und Güte zu wirken.

Wie kommt nun eine solche Verbindung zustande? Ein Mensch, der zu medialer Tätigkeit befähigt ist, ist wie ein Empfangsgerät auf Strahlungen aus dem Jenseits eingestellt, ohne es zu ahnen. Aber es werden ihm Erscheinungen zum Bewußtsein kommen, die nicht von der materiellen Welt stammen, die einen bestimmten Eindruck hinterlassen und zu der Vermutung - um nicht zu sagen zu der Überzeugung - Anlaß geben, daß eine Mitteilung aus fremdem Bereich vorliegt.

So war es zum Beispiel in unserer Verbindung geschehen. Mein Medium Grete hatte kurz vor meinem Hinübergehen eine Vision. Meine Mutter erschien bei ihr, um ihr zu sagen, daß ich sterben würde. Sie konnte zwar nicht erkennen, wer die Gestalt war, ob Mann, ob Frau, aber die Mitteilung war so deutlich im Traum gekommen, daß die Gedanken sie nicht mehr loslassen wollten. Zwei Tage nach diesem Ereignis war ich tatsächlich gestorben, ohne daß ich vorher ernstlich krank gewesen wäre.

Diese Tatsache veranlaßte nun eine andere Person, die sich mit medialen Fragen schon lange in guter Weise betätigte, den Schluß zu ziehen, daß diese Mitteilung nur an Grete gekommen sein kann, weil eine starke Bindung zwischen den beiden Geistwesen vorhanden sein mußte. Nicht aus Zufall, sondern bewußter Fügung unserer guten, großen jenseitigen Führer war diese Person beauftragt, unsere Verbindung in die Wege zu leiten.

Das Medium, das ihr zur Verfügung stehen durfte - seit vielen Jahren -, war dazu ausersehen, auch mich mit Grete in geistigen Kontakt zu bringen. Das war der Übergang zu der nun ganz vollendeten Verbindung, die durch die Ausbildung meiner Grete zum Schreibmedium in direkter, zweifelsfreier

Form, mir nun gestattet, Wissenswertes über die Zusammenhänge mit dem Jenseits zum Wohle der Menschheit zu Papier zu bringen.

Dazu will ich aber gleich warnend hinzufügen, daß sich niemand bemühen soll, seine Hand einem oder besser gesagt, irgendeinem Geistwesen zu leihen. Es kostet ihn Lebenskraft und kann sein Nervensystem zerrütten, denn nicht jeder Geist ist imstande, die Hand seines Mediums aus eigener Kraft zu lenken. Es bedarf dazu einer Übereinstimmung in Ausstrahlung und geistiger Einstellung, die nicht erzwungen werden kann und darf.

Unser Medium, das unsere erste Verbindung hergestellt hat, war auch einmal in Gefahr, von unwissenden Geistwesen schwer geschädigt zu werden. In Unkenntnis der großen Gefahren, hat sie sich, ihrer medialen Fähigkeiten bewußt, bemüht, mit Jenseitigen zu schreiben. Ihre guten Führer, denen sie sich in ihrer Not anvertraute, haben sie vor dem Verderben bewahrt. Sie hat durch gute, große Dienste im Verkehr mit guten Geistern in der Folge ihren Fehler gutmachen dürfen.

Auch mein Medium hat es im Laufe unserer Tätigkeit schon erkennen können, wie gefährlich oder auch nur unangenehm es ist, wenn ein anderer als der auf ihre Hand und Nervenkraft eingestellte Geist mit ihrer Hand schreiben will. Ein unangenehmes Zerren und Reißen geht da durch den ganzen Körper, und böse Folgen können nur vermieden werden, wenn sofort bei Beginn dieser Empfindungen die Schreibtätigkeit abgebrochen wird.

Es ist in unserem Fall vielleicht ein besonderer Vorteil, daß ich als Arzt und ausgestattet mit einigen medizinischen Kenntnissen immer darauf achten kann, daß das Medium nicht überanstrengt wird, sondern umgekehrt Kräfte von mir aus dem Jenseits übertragen erhält, die Erhaltung der vollen Lebenskraft gewährleisten, ja sie nach Möglichkeit und Bedarf noch steigern. Wie stark in unserem Fall die geistige Bindung ist, mag daraus hervorgehen, daß ich erstens stundenlang ohne großen Kraftverbrauch schreiben kann und daß ich umgekehrt mit dem Sprechmedium Berta kaum arbeiten kann, wenn Grete nicht zugegen ist. Das Zusammenwirken unserer geistigen Ausstrahlung bewirkt erhöhte Leistungskraft.

Das trifft nicht nur für den Verkehr mit einem jenseitigen Geist zu, sondern genauso im Diesseits, in der materiellen Welt. Zwei Menschen, die in Harmonie übereinstimmen, ob Ehepartner, Freunde, Geschwister oder im Beruf verbundene Menschen, erfahren die gleiche Steigerung ihrer Leistungskraft, weshalb ich immer wieder betonen möchte, daß harmonische Lebensge-

meinschaft die wichtigste Grundlage für den Erfolg ist. Ein Einzelgänger, ein Sonderling oder Eigenbrötler wird viel mehr Kraft brauchen, um ein Ziel zu erreichen, mag er sich noch so ungestört seiner Arbeit hingeben.
An dem eigenen Beispiel wollte ich aufzeigen, wie eine gute, gottgewollte Verbindung mit dem Jenseits aussieht und zustande kommt, und ich will noch einmal davor warnen, eine solche ohne tief empfundene Berufung zu erzwingen. Für heute genug.

28. KAPITEL
Verkehr mit der Geisterwelt und seinen Gefahren.

Heute will ich fortfahren, über das Thema "Verkehr mit der Geisterwelt und seine Gefahren" zu sprechen. Wir haben schon von einem gesetzmäßigen Verkehr, einer erlaubten Verbindung gesprochen und daß man ohne Berufung sich nicht damit befassen, ich meine aktiv medial tätig werden darf, will man schwere Schäden an Körper, Geist und Seele vermeiden.

Schaden an Geist und Seele muß immer so aufgefaßt werden, daß zwar sowohl die Seele als auch der Geist unzerstörbar sind, in ihrer gesunden und normalen Betätigung aber aufs schwerste behindert werden können. Daraus - und das will ich hier nur kurz einfügen - ist der Schluß zu ziehen, daß auch die Möglichkeit gegeben sein muß, die Behinderung zu beseitigen. Da sie aber nicht aus dem materiellen Bereich kommt, kann auch die Befreiung davon nur unter Berücksichtigung dieses Umstandes erreicht werden. Aber davon später noch mehr.

Wir wollen nun davon sprechen, was vorgeht, wenn man durch Geisterbeschwörung eine Verbindung sucht. Vor allem muß bedacht werden, daß Geister, die eine gewisse Entwicklungsstufe erreicht haben, die Fähigkeit besitzen, Gedanken zu lesen, wie ja überhaupt im jenseitigen Leben nur die Gedankenübertragung der gegenseitigen Verständigung dient. Ebenso gehört aber dazu die Fähigkeit, die Gedanken der irdischen Menschen zu lesen, ohne daß diese bestrebt sind, sie auf den Geist im Jenseits zu übertragen.

Ich sprach schon einmal davon, daß die Menschen ihre Gedanken mehr unter Kontrolle nehmen müßten. Ich sprach aber auch davon, daß man mit guten Gedanken einem verirrten und unreifen oder Verzeihung suchenden Geist helfen und, ich möchte sagen, heilen kann und daß man deshalb bemüht sein soll, sich in Güte und Liebe auch einem Dahingegangenen gegenüber zu verhalten.

Die Menschen würden staunen, wenn sie sehen könnten, wie ihre Gedanken als reale Wirklichkeit im Weltall schwirren und je nach ihrer Intensität eine gute oder verheerende Wirkung ausüben.

Trotzdem darf man nicht in den Fehler verfallen - oder besser gesagt in den Irrtum -, daß es dadurch zu einem unendlichen Chaos kommen könne. Es ist geradezu wie eine Gärung und nach Vollendung des Prozesses die Klärung durch die im gleichen Maße tätigen guten Kräfte. Das Gute tritt nur weniger in Erscheinung und wird nicht so betrachtet wie das Böse und daher das Gefühl des Übergewichtes.

Mit der Beschwörung von Geistern zieht man nun nicht etwa nur die Guten an, die man ja vor allem heranholen will. Jeder, der das Bestreben hat, sich bemerkbar zu machen, kann da erscheinen. Er kann erkennen, wen ein solcher Beschwörer gerne sehen oder sprechen will und kann sich als der ausgeben und die Menschen irreführen. Das kann nun aber böse Folgen haben. Der Geist wird dadurch bereitwillig aufgenommen, und ist er einer, der noch nicht mit voller Überzeugung in den jenseitigen Regionen lebt, so wird er bemüht sein, in der materiellen Welt zu bleiben. Das kann er aber nur, wenn er einen Körper hat und dessen Organismus zur Lebensäußerung benutzen kann. Er sucht sich daher einen Menschen, der sich seinem Eindringen nicht widersetzt oder aus Schwäche und Unkenntnis nicht widersetzen kann und ergreift von ihm Besitz. Daher kommt es, daß man an Menschen, die sich mit Spiritismus in unrichtiger und unerlaubter Weise befassen, mannigfache Veränderungen feststellen kann. Sie sind dann besessen von einem fremden Geistwesen, und die Lebensäußerungen passen sich in vieler Hinsicht diesem an und erzeugen Entfremdung, Veränderung der charakterlichen Anlagen und so weiter.

Veränderung ist wohl nicht ganz die richtige Bezeichnung, denn der eigene Charakter ist nach wie vor unverändert, aber verdrängt durch einen fremden. Das kann vorübergehend sein, wenn der Geist einsieht, daß er fehl am Platz ist oder der Mensch doch die Kraft aufbringt, sich von ihm durch Vernunft und Kraft seiner eigenen Seele zu befreien.

Solche Besessenheiten können harmlos und weniger gefährlich sein, und der Mensch darf von Glück reden, daß er so davongekommen ist. Wie oft hört man aber, daß sich in spiritistischen Sitzungen Verbrecher melden, die nicht Ruhe finden können, Menschen, die durch Selbstmord endeten und deshalb so lange im Jeneits leiden müssen, bis der Zeitpunkt ihres natürlichen und gesetzmäßigen Lebensendes gekommen ist. Sie wollen alle im irdischen Leben sein, um entweder aus Verzweiflung und Not herauszufinden oder ihre bösen Veranlagungen und Fehler weiter austoben zu lassen.

Menschen oder besser gesagt Geistwesen, die durch Mord oder Krieg, also ohne gesetzmäßige Notwendigkeit vorzeitig aus dem Leben gerissen wurden, wollen oft Rache nehmen für ihr Mißgeschick und wollen von der materiellen Welt nicht fort, um ihre Mörder etc. noch quälen und verfolgen zu können. Sie suchen nun einen Menschen, der ihnen ein willenloses Werkzeug scheint und veranlassen ihn, den Racheakt auszuführen. Wie viele Verbrecher stammen aus solchen Verbindungen und die Schuld des Menschen, der unter solchem Zwang ein Verbrechen ausübt, liegt nicht in der Tat selbst, sondern in der unerlaubten Befassung mit Spiritismus.

Darum muß immer wieder herausgestellt werden, daß das Wissen um diese schwerwiegenden Wahrheiten weit verbreitet werden müßte und sehr bald in einer Form propagiert werden muß, die den Menschen mit Nachdruck und unumstößlicher Klarheit die Übung solcher spiritistischer Exzesse wertlos und unbedingt abzulehnen und ich möchte sogar sagen zu verbieten. Denn ich habe schon einmal betont, daß jeder Mensch einen geistigen Anhang hat, die Menschen selbst aber nicht in der Lage sind, diesen zu erkennen und auf seinen Wert oder Unwert zu prüfen. Ich habe auch betont, daß es nicht erforderlich ist, sich selbst medial zu betätigen, um einen geistigen Fortschritt zu fördern und der Hilfe aus dem All teilhaftig zu werden.

Wenige, sehr wenige werden dazu berufen, die Vermittler zu sein zwischen Diesseits und Jenseits, und sie allein sind dazu ausersehen, das weiterzugeben und den Mitmenschen zu vermitteln, was sie aus dem All mit göttlicher Erkenntnis mitgeteilt erhalten.

Meine große Aufgabe, groß im Vergleich zu meiner bescheidenen Kenntnis von den unendlichen Gesetzen, besteht nun hauptsächlich darin, die Menschen zu warnen vor unerlaubter Besitznahme, möchte ich sagen, von Kräften aus dem All, die nicht für sie bestimmt sind und ihnen die Zusammenhänge mit dem Jenseits und die grundlegenden Gesetze zu vermitteln, die zur richtigen Beurteilung menschlicher Verhaltensweisen maßgebend sind.

Meine Schriften sind nicht geheim und sollen an solche vermittelt werden, die die größte Möglichkeit haben, aufklärend zu wirken. Mag ein großer Wissenschaftler die Schrift prüfen, in dem er mich mit meinem Medium schreiben sieht und dadurch überzeugt sein, daß alles, was da geschrieben steht, aus jenseitiger Sphäre stammt, von einem Sachverständigen, der auch im irdischen Leben kein Unbekannter auf diesem Gebiet, ich meine die Wissenschaft als solche, gewesen ist. Mit immer größerem Ernst und Nachdruck muß die Verbreitung dieser Wahrheiten unternommen werden, wenn man endlich erreichen will, daß der Fortschritt der Menschheit den Wünschen der Guten und Strebsamen nach göttlicher Vorsehung und der unendlichen Allmacht gedeihen soll.

Das nächste Mal will ich noch davon sprechen, wie sich mediale Fähigkeiten zeigen können, wieweit sie zur Auswirkung kommen können und wie sich der Mensch, der solche außerordentlichen Kräfte besitzt, verhalten soll. Für heute genug.

29. KAPITEL
Die Pflichten des Mediums. Die Bewertung der Mitteilungen und Erscheinungen. Schreib- und Sprechmedien.

Ich setze fort, womit ich begonnen habe. Vom guten, gottgewollten Verkehr mit der Geisterwelt will ich schreiben und einige Richtlinien geben für solche, die dazu berufen sind.

Vor allem muß auch hier immer bedacht werden, daß der Wille eines Mediums frei ist und frei bleibt. Es steht in keiner Weise unter Zwang und ist keineswegs verpflichtet, sich als Werkzeug oder Vermittler für Jenseitige zur Verfügung zu stellen. Eine solche Betätigung muß aus freiem Willen mit der reinen, guten Überzeugung begonnen werden, nur Gutes wirken zu wollen, es niemals zu materiellem Vorteil auszunützen oder gar um anderen mit außerirdischen Kräften schaden zu wollen. Das wäre Verbrechen und würde böse Folgen für das Medium zeitigen.

Ebenso darf es nicht zu finanziellem Vorteil ausgenutzt, also gegen Bezahlung ausgeübt werden. Eine solche Betätigung verleitet dazu, unter allen Umständen eine Verbindung vorzugeben, auch dann, wenn keine zustande gekommen ist, um einem anderen eine Freude zu bereiten oder seinen Sold nicht zu verlieren. Solche Betätigung verleitet dazu, mediale Mitteilungen zu verfälschen und damit ist jede gute Verbindung eo ipso ausgeschlossen. Freilich können solche Lügen im allgemeinen nur von Sprechmedien bewerkstelligt werden, denn ein Schreibmedium wird, wenn es vollkommen ausgebildet ist, kaum so schnell schreiben können ohne geistige Führung wie in Verbindung mit einem Jenseitigen. Schreibmedien können also kaum oder überhaupt nicht lügen, und kein Geist wird die Gedanken des Mediums anstatt der eigenen zu Papier bringen, schon gar nicht, wenn sie sich nicht mit seinen eigenen decken. Und das ist sehr selten der Fall. Nur dann kann es geschehen, wenn der Jenseitige in dem Medium sein Dual gefunden hat, seine ihm von der göttlichen Allmacht bestimmte Ergänzung. Dann ist die Übereinstimmung wohl möglich, es wird durch die Harmonie der Seelen ein Gleichklang erzielt, der auch zu gleichlautenden Gedankengängen führen kann, aber nicht muß. Denn die Entwicklung der sich zur Ergänzung bestimmten Geistwesen und Seelen muß nicht die gleiche Stufe erreicht haben, so daß der eine vom anderen noch erzogen und unterrichtet werden kann. In einem solchen Fall ist aber eine erhöhte Leistungskraft gegeben und das Medium wird von seinem Dual aus dem Jenseits nur Kraft empfangen, aber keine abgeben müssen. Das ist natürlich die schönste Form der medialen Betätigung, wenn das Medium - und das ist Grundbedingung - nur mit seinem Dual arbeitet oder in Ausnahmefällen nur mit seiner Erlaubnis und seiner Unterstützung.

Ich habe schon berichtet, wie ich mit Grete Verbindung aufgenommen habe und bin sehr glücklich, daß sie diese Grundsätze einwandfrei und strengstens befolgt.

Nicht immer erfolgt die Berufung auf solchem Weg. Es kann ein Medium, das von seinen Fähigkeiten nichts ahnt, auch durch einen Irdischen darauf aufmerksam gemacht werden. Dieser Dritte muß selbst ein Medium sein und einen Auftrag erhalten haben, an einem bestimmten Ort zu bestimmter Zeit zu diesem Menschen zu gehen und ihm die Botschaft zu überbringen. Nicht immer ist der Empfänger der Botschaft bereit, zu glauben und dementsprechend zu handeln. Aber er ist aufmerksam gemacht und nach reiflicher Überlegung und richtiger Einstellung zu den medialen Dingen wird er sich öffnen für seine Aufgabe. Das Hinleiten zu einer solchen Berufung geschieht immer in einer ganz natürlichen, gesunden und normalen Form, und es ist sehr wichtig, das zu beachten, denn Mitteilungen, die eine Zerrüttung der Nervenkräfte oder Störungen im gesunden Lebensablauf zur Folge haben, sind nicht Berufung, sondern Bedrohung durch Minderwertige und gegen solche muß der Mensch sich wehren und eine Verbindung unbedingt ablehnen.

Es kann keine Regel aufgestellt werden für den Vorgang der Verständigung. Es ist bei jedem Medium anders und eben seiner Reife, seiner Entwicklungsstufe angepaßt. Auch der Grad der Medialität spielt natürlich eine Rolle.

Nun aber kommt die Aufgabe des Mediums, seine Kritik und Skepsis walten zu lassen, denn alles, was aus dem Jenseits kommt, muß mit größter Vorsicht aufgenommen werden. Einwandfreie Beweise müssen gefordert werden, damit nicht Fopp- oder Plagegeister sich bemerkbar machen. Dazu kommt, möchte ich sagen, die Kritik an dem, was von dem Geistwesen erzählt oder geschrieben wird.

Ich habe schon zu Beginn meiner Ausführungen darauf hingewiesen, daß der Mensch mit allen Fehlern und Irrtümern ins Jenseits herüberkommt und umlernen muß und weiter an seiner Entwicklung arbeiten, bis er den Weg zu höherer Sphäre oder Region, zu hellerem Sehen und höherem Wissen gefunden hat. Vieles, was also aus dem Jenseits berichtet wird, ist daher noch lange nicht richtig, und es bedarf eines offenen und klaren Verstandes, um zu unterscheiden zwischen Irrtum und Wahrheit.

Weiß man, mit wem man in Verbindung steht, dann darf man den Geist nicht höher einschätzen als er es zu Lebzeiten verdient hat, denn es dauert eine gute Weile, bis er im Jenseits über den auf der irdischen Welt erreichten gei-stigen Standard hinauskommt.

Ich will ein kleines Beispiel dafür nennen. Ein Musiker, der mediale Fähigkeiten besitzt, erhält auf diesem Wege - wie die Menschen es nennen - Inspirationen und schreibt Musik, ohne selbst dazu befähigt, ich möchte sagen, ohne es allein, ohne Hilfe imstande zu sein. Er darf deshalb nicht meinen, daß er sie von Beethoven, Schubert oder Mozart empfängt. Es kann ein kleiner Komponist vergangener Jahrhunderte sein, der sich noch auf diese Weise betätigt.

Nicht alles also ist von unendlichem Wert, was aus dem Jenseits kommt und schon gar nicht unbedingt gut. Man müßte also wohl den Menschen gut gekannt haben zu seinen irdischen Zeiten, um zu wissen, wieweit man ihm vertrauen darf und seine Mitteilungen von Wert sind.

Freilich kommt dazu, daß im Jenseits und von höherer Sphäre ein größerer Weitblick gegeben ist und das Geistwesen, das aus dem begrenzten Horizont der materiellen Welt herausgeführt wird, sehr leicht seine Irrtümer und Unkenntnis erkennen kann und daher in der Lage ist, Dinge zu berichten und irdische Zustände von dort aus in einem anderen Licht, von anderen Gesichtspunkten aus zu betrachten. Es zeigt sich ja dadurch, wieviel die Menschheit noch zu lernen hat, da die natürlichsten Grundgesetze über die Zusammenhänge im All noch unbekannt und unerforscht sind. Ich will damit sagen, daß meine Schriften in Wahrheit nicht so erhaben und bedeutungsvoll sind, wie sie vielen Menschen zur Zeit erscheinen mögen, da ich nur die Grundbegriffe aufzeige und mit hoher Weisheit und unendlichem Wissen noch sehr wenig zu tun habe.

Trotzdem sollten eben diese Grundgesetze und Fundamente des geistigen Lebens Allgemeingut sein, bevor wir über anderes sprechen oder schreiben wollen. Die Entwicklung kommt von selbst, wenn die Menschen sich einmal ernstlich um den Fortschritt auf diesem Gebiet bemühen werden.

Wir haben nun von Schreib- und Sprechmedien gehört, und ich möchte noch von solchen schreiben, die eine so starke mediale Fähigkeit besitzen, daß sie sich in medialen Schlaf versenken können. Diesen Zustand nennt man Trance. Der mediale Schlaf bewirkt die Entfernung des Geistwesens aus dem Körper des Mediums. Es erscheint dann wie tot und überläßt seinen Körper einem Geist, um sich mit seiner Hilfe bemerkbar zu machen. Es ist reiner Unfug und sollte verboten sein. Niemals wird ein großer jenseitiger Geist sich derart der Menschheit zeigen.

Auch Materialisationen dienen nur der Befriedigung von Sensationsgier und bringen nichts ein. Voll von Täuschungen sind alle solchen Experimente, und die Wissenschaft kann zwar nicht bezweifeln, daß es solche Erscheinungen gibt, sie sind aber wertlos und fördern nicht die Gesundheit und das Wohlergehen der Beteiligten.

Ebenso sind Erscheinungen wie sie für heilig gehalten werden, niemals richtig. Ein Mensch, der in Trance verfällt, läßt jedem beliebigen Geistwesen Zutritt zu seinem Körper, und Erscheinungen, wie sie an Medien festgestellt wurden, die man heilig gesprochen hat, sind Auswirkungen von Plage- oder Foppgeistern, die sich die totale Unkenntnis und Unerfahrenheit der Menschen zunutze machen.

Darum will ich nochmals betonen, meidet alle spiritistischen Veranstaltungen, forscht nicht nach den Ursachen solcher Erscheinungen, sondern beschränkt euch darauf, aus berufenem Mund auf einfache, natürliche Weise empfangene Mitteilungen aufzunehmen. Lernt, gegen diesen Mißbrauch medialer Betätigung anzukämpfen und andere davor zu bewahren, durch eine geeignete Aufklärung und einen Unterricht in der Ausbildung zu reiner

Lebensauffassung und natürlicher Einstellung zu allen Lebensfragen. Es gibt noch vieles zu diesem Thema zu schreiben, und wir wollen morgen fortsetzen.

30. KAPITEL
Physikalische Medien.
Strahlen und Ströme und ihre Verwendung in der Medizin.

Wir sprachen von verschiedenen Arten von medialer Fähigkeit und den verschiedenen Sparten der Betätigung. Nicht alle Phänomene, wie sie von den Menschen auf der materiellen Welt genannt und von diesen empfunden werden, haben wir erfaßt.

Vor allem will ich noch eine Art herausgreifen, das sind die sogenannten physikalischen Medien. Diese besitzen die Fähigkeit, sich zeitweise und bei besonderen Anlässen der Naturkräfte aus dem All zu bedienen, der Elektrizität oder des Magnetismus, Strahlen der Sonne und der verschiedenen Planeten. Ich will hier nicht beschreiben, in welcher Form oder wie solche Betätigung vor sich geht, nur die Gefahren will ich andeuten, die durch unrichtigen Gebrauch dieser Fähigkeiten auftreten können. Ein mit Magnetismus begabtes Medium kann sehr viel gutes mit seinen Kräften wirken, wenn es sie in mäßigem Gebrauch nutzt und nur in ganz besonderen Fällen. Nicht zu materiellem Nutzen soll die Ausübung solcher Heilkraft, die darin begründet ist, ausgenutzt werden. Es ist ein großer Irrtum, wenn die Menschen annehmen, daß alle Fähigkeiten im irdischen Leben zu eigenem materiellem Erfolg genutzt werden dürfen. Aber es ist auch schwer, das muß ich zugeben, den goldenen Mittelweg in diesem Belang zu finden. Der Mensch ist aber gar nicht in der Lage, festzustellen, ob er seine zum Beispiel magnetischen Kräfte schon verbraucht und ob er sich verausgabt hat, also wie weit er damit tatsächlich wirken kann. Er wird also, falls er es gewerbsmäßig betreibt, damit Reklame macht und Scharen von Patienten anzieht, gezwungen sein, alle ihm zu Gebote stehenden Mittel anzuwenden, um eine magnetische Wirkung vorzutäuschen. Das schädigt aber seine eigene Gesundheit, und er muß sehr bedacht sein, die verlorene Lebenskraft wieder zu erneuern.

Besitzt ein Mensch die Fähigkeit, magnetische Ströme abzugeben, so kann er sich darauf verlassen, daß ihm die Fälle zugebracht werden, in denen er sich betätigen soll. Ein so befähigter Mensch wird nicht nur Kraft übertragen, sondern vor allem die Fähigkeit haben, festzustellen, wo die Krankheit sitzt, die bei einem Patienten übermäßigen Verbrauch an Lebenskraft fordert. Er muß dazu nicht etwa Arzt sein, er muß sich nur der Führung seiner geistigen Helfer anvertrauen und mit der richtigen Hingebung an seine Aufgabe ausgestattet sein.

Dazu kommt noch, daß es nicht feststellbar für den irdischen Menschen ist, wann er genug von seinen Kräften an einen anderen abgegeben hat, denn ein Zuviel kann dem Organismus des Patienten unter Umständen mehr schaden als nützen. Im menschlichen Organismus sind verschiedene Kräfte tätig, nicht nur Magnetismus, sondern zum Beispiel auch Elektrizität, und die verschiedenen Ströme müssen sich die Waage halten, um einen gesunden Ausgleich zu gewährleisten.

Ich will damit nur sagen, daß mit größter Vorsicht mit der Anwendung von physikalischen Methoden verfahren werden muß, wenn statt Erfolg Mißerfolg und Schädigung vermieden werden soll.

Ich selbst hatte in meinem irdischen Leben einige Male Gelegenheit, Patienten zu behandeln, die durch übermäßige Anwendung von Magnetismus leidend geworden waren und habe erkennen können, daß die Menschheit noch sehr im Dunkeln tappt auf diesem Gebiet. Die augenblickliche Wirkung garantiert noch lange keinen dauernden Erfolg und darüber muß man sich im klaren sein.

Ich habe nun ein Thema angeschnitten, das für den Neurologen und ich möchte sagen für die Medizin überhaupt, von größtem Interesse ist. Die physikalischen Elemente, die im Leben des Menschen eine so große Rolle spielen, sie alle sind materiellen Ursprungs, wenngleich nicht sichtbar und körperlich erfaßbar.

Ich bin nicht berufen, im Rahmen der physikalischen Wissenschaft neue Erkenntnisse zu vermitteln, sondern nur die Auswirkung zu betrachten und zu erklären, die im Rahmen der medizinischen Wissenschaft von Wichtigkeit ist.

Sehr bald nachdem die Menschen gelernt hatten, sich der Elektrizität zu bedienen, hat man auch Mittel und Wege gesucht und gefunden, sie in der Behandlung von körperlichen Schäden anzuwenden. Die Erfahrung hat schon gezeigt, daß dabei nur mit größter Vorsicht Erfolge erzielt werden können. Die Zufuhr von Elektrizität in den menschlichen Körper ist nicht in

jedem Fall angezeigt. Es muß dabei sehr beobachtet werden, wie die psychische und nervliche Reaktion beschaffen ist.
Hat ein Mensch in seinem Organismus zuwenig entgegengesetzte Kräfte, die geeignet sind, die Elektrizität zu kompensieren, dann entstehen eine Überreizung des Nervensystems und seelische Störungen, die weiterhin auch körperliche Entartungen zur Folge haben können.
Ich empfehle also genaue Kontrolle der Reaktion und des Allgemeinbefindens des so behandelten Patienten. Das ist wohl nur heute noch erforderlich, weil die Wissenschaft auf diesem Gebiet noch sehr in den Kinderschuhen steckt, wenngleich man schon mit soviel Überzeugung und Sicherheit damit operiert. Ich meine nicht eine Operation mit Skalpell, sondern die Handhabung und den Gebrauch von Strahlen und Strömen.
Ich unterscheide Strahlen von Strömen. Strahlen sind mit Licht ausgestattet, Ströme aber mit Kraft. Lichtstrahlen müssen nicht immer für den irdischen Menschen sichtbar sein. Sie sind aber die verschiedenen Kräfte, die aus dem Licht der Planeten kommen, während die Ströme durch ein Zusammentreffen von Lichtstrahlen mit Elementen der Atmosphäre entstehen. Die Medizin bedient sich beider Arten in schon sehr geeigneter Weise und hat in verhältnismäßig kurzer Zeit große Fortschritte auf diesem Gebiet erzielt. Noch stehen ungeahnte Möglichkeiten offen, die langsam dem Weltall abgerungen und der leidenden Menschheit dienstbar gemacht werden.
Die Entwicklung muß sehr langsam vor sich gehen. Nur auf einwandfreien Erfahrungen und auf diesem Gebiet exakten Beweisen darf aufgebaut werden. Die Hilfen aus dem jenseitigen Bereich stehen auch auf diesem Gebiet zu Diensten und werden Wissenschaftler, die in richtigem Kontakt mit dem Unendlichen stehen, auch große Fortschritte erzielen können.
Das menschliche Gehirn ist nicht imstande, von sich aus ohne geistige Unterstützung Fortschritte zu machen. Jede neue Erfindung oder Entdeckung ist mitverursacht von einem oder mehreren hilfebringenden Geistwesen. Ich möchte gerne erreichen, daß man sich dieser Tatsache mehr und mehr bewußt wird und mit ehrlicher Aufgeschlossenheit und Demut die angebotene Hilfe erbittet und aufnimmt.
Ich habe von den Einwirkungen der elektrischen Ströme auf den menschlichen Organismus gesprochen und will nun dazu noch bemerken, daß das nicht die einzige erzielbare Wirkung ist. Es ist in der Medizin bekannt, daß mit elektrischen Strömen auch die Tätigkeit des Gehirns beeinflußt werden

kann. Das weiß man aus Erfahrung, der wahre Grund dafür ist aber nicht bekannt und das ist der:
Das Geistwesen ist zusammengesetzt aus sehr verschiedenen Strahlen und Strömen und verkörpert, möchte ich bildlich sagen, auf diese Weise das Wesen, das im materiellen Körper wohnt. Man kann sich leicht vorstellen, daß also Elektrizität und Magnetismus sowie andere Strahlen, die zur Behandlung Verwendung finden, auch vom Geistwesen direkt empfangen werden. Der Reiz auf dieses ist unendlich stark, und es reagiert durch Unterbrechung der eigenen Willensbetätigung. So wird ein fremder Wille durchgesetzt und auf die Seele übertragen, die ihn an die Organe weiterleitet. Der Schlaf ist die Voraussetzung für eine solche Behandlung, um den Geist in Untätigkeit zu versetzen und seinen Widerstand dadurch auszuschalten. Es ist ein Vorgang auf rein geistiger Ebene und nur auf die erfolgreichen Versuche aufgebaut, ohne zu ahnen, wie der Zusammenhang in Wirklichkeit ist.
Ich habe schon einmal darauf hingewiesen, daß durch elektrische Schockbehandlung auch ein fremdes, im Körper des Patienten eingenistetes Geistwesen getroffen wird, das aber gegen die schweren Schläge, die es vom elektrischen Strom erhält, nicht die Kraft hat, erfolgreich anzukämpfen. In den meisten Fällen verläßt es dann gerne den unerlaubt okkupierten menschlichen Körper. Oft aber leidet es nur mit, ohne zu wissen wieso und klammert sich womöglich noch fester an das arme, machtlose Wesen. Durch die Behandlung während der Schockwirkung wird es aber belehrt, ebenso wie der Geist des Menschen selbst, der es in Wahrheit gar nicht nötig hätte, weil er vollkommen gesund vom fremden Geistwesen besessen oder verdrängt ist in seiner Willensäußerung.
Wie schon einmal erklärt, muß über die Austreibung von besessen machenden Geistwesen noch viel gesprochen werden. Immer aber will ich noch in den Vordergrund stellen, daß die Austreibung fast überflüssig wird, wenn die Menschen sich in acht zu nehmen lernen und unerlaubten Verkehr mit der Geisterwelt meiden. Für heute genug, morgen setzen wir fort.

31. KAPITEL
Beruf und Berufung.
Die mediale Betätigung und die Berufung dazu.

Wir haben gestern von den verschiedenen Arten von Medien geschrieben, nicht alle aber erfaßt, die im Bereich des geistigen Lebens möglich sind. Ich will aber hier im Rahmen meiner Arbeit nicht zu weit gehen. Es genügt die Tatsache, daß eine Verbindung mit Jenseitigen möglich ist, daß es nicht jedem gestattet ist, eine solche Verbindung aufzunehmen und daß man warten muß, auch wenn man den dringenden Wunsch hat, sich solcherart zu betätigen.

Ich will deshalb wiederholen, daß keine Verbindung für die Menschheit oder den einzelnen von Nutzen ist, die nicht von außen herkommt und wahrhafte Berufung darstellt. Man wird mich fragen, wie kann man erkennen, daß Berufung die Grundlage ist und wie man sich zu verhalten hat, wenn man es bezweifelt oder glaubt, getäuscht zu sein.

Berufung ist etwas anderes als Beruf. Ich möchte sagen, Beruf ist materielle Tätigkeit, Leistung zur Erhaltung des Lebens, zur Erzielung materiellen Erfolges. Berufung aber hat mit Materie nichts zu tun, sie ist einfach die geistige Grundlage und veranlaßt den Menschen zu einer materiellen Tätigkeit, die zur Höherentwicklung der Menschheit, zu ihrer Aufklärung oder Hilfeleistung dient.

Die Berufung zum Arzt schließt also sozusagen den Beruf in sich. Beruf und Berufung zu trennen, ist nicht leicht. Es muß aber zur Ausübung des Berufes im Irdischen die Berufung zur Grundlage gemacht werden, soll der Beruf nicht in elendes, minderwertiges Handwerk absinken.

Die Berufung ist die - möchte ich sagen - ethische Grundlage, die wohl im Laufe des Studiums eines Arztes gelehrt wird. Wie wenige stehen aber in der Ausübung ihres Berufes dann absolut auf dieser Ebene. Die Materie ist meist stärker, und die Unkenntnis von den unendlichen Gesetzen läßt die Ethik bald vergessen.

Ist sich ein Mensch seiner Berufung bewußt und bemüht, demgemäß zu leben und zu arbeiten, dann wird seine berufliche Tätigkeit zum Wohle der Mitmenschen ausfallen und einen Fortschritt bedeuten, mehr oder weniger greifbar und sichtbar allerdings für den materiellen Menschen, dafür hoch angerechnet für die weiteren Entwicklungsstufen, die der Mensch erstrebt.

Berufung kann man nicht errechnen, nicht erzwingen und fordern, sondern nur erfüllen. Sie ist der Beweis dafür, daß es eine höhere Macht geben muß, die eben beruft oder berufen hat, denn diese Berufung ist mitgebracht ins irdische Dasein und nur dann vorhanden, wenn schon im vergangenen Leben entsprechende Erfahrungen gesammelt und Erfolge erzielt wurden. Im fertigen Programm ist sie fest verankert und kein Mensch wird den Beruf verfehlen, der darin begründet ist.

Berufung kann aber auch solcherart sein, daß sie mit dem Beruf im materiellen Sinn gar nichts zu tun hat. Neben einem nichtssagenden Beruf, der nur der Erhaltung des Lebens dient, kann eine Aufgabe höherer oder niederer Art verbunden sein. Ein einfacher Lebensberuf gestattet oft die Hingabe an höhere Aufgaben zum Wohle der Menschheit, zu ihrer geistigen Erbauung und zur Schaffung von Werten, die geeignet sind, der Erziehung und Entwicklung der Menschheit zu dienen.

Oft erkennen die Menschen nicht, welche Betätigung in ihrem Leben die wichtigere ist, weil sie in der Lebensauffassung noch nicht so weit fortgeschritten sind, daß der Unwert materieller Erfolge richtig eingeschätzt und erkannt würde.

Einer Berufung im göttlichen Sinn kann sich aber keiner widersetzen. Wir haben genug Beispiele im täglichen Leben. Wie oft kommt es vor, daß ein Kind von den Eltern gezwungen wird, ins Kloster zu gehen, Geistlicher oder Nonne zu werden. Mancher hat die Möglichkeit, auch in diesem Rahmen seiner Berufung treu zu bleiben, meist aber wird ein wahrhaft Berufener den Rahmen sprengen, seiner Berufung folgen, gegen alle Widerstände ankämpfen, um, an sein tief im Innern schlummerndes Wissen gebunden, den richtigen Weg einzuschlagen.

Es gibt aber Berufe, die stets nur eine Berufung zur Grundlage haben sollten und dazu gehört der Beruf des Arztes. Deshalb kann aber auch ein Mensch den Willen und Wunsch haben, Arzt zu sein und sich so hoch zu entwickeln, daß für ein späteres Leben eine Berufung dazu die Grundlage wird. Der gute Wille kann viel oder fast alles erreichen; alles, was dem Wohl und Fortschritt der Menschheit dient.

Freilich ist damit nicht gesagt, daß es schon in diesem Leben zu einem außergewöhnlichen Erfolg kommt. Das ist ja das Tröstliche an unserem Dasein, daß es nimmer aufhört und wir getreu unserem Vorhaben alles erreichen können und müssen.

Wie schon einmal gesagt, ist ein Erdenleben nur eine kurze Spanne Zeit im Vergleich zu der unendlichen Zeit des ewigen Lebens. Deshalb soll man aber nicht schon im irdischen Dasein sich Zeit lassen, bequem sein und sich darauf verlassen, daß der Fortschritt von selbst kommen wird. Es ist ein ewiges Naturgesetz, das den Menschen drängt, vorwärts zu streben und aufzusteigen und dem kann er sich nicht widersetzen. Ein Verzögern des Fortschritts, bewußt und absichtlich aus Trägheit oder Opposition, bringt Schädigungen der Seele mit sich und macht keineswegs glücklich.

Die Menschen sind oft verwundert, daß ein Mensch trotz ihrer Meinung nach übermäßiger Arbeitsleistung heiteren Gemüts und zufrieden und gesund ist. Die Leistung ist es, durch die er gute Kräfte anzieht und so Hilfe aus dem All erhält. Wie schon gesagt, ist natürlich auch bei einem solchen Menschen die Lebenskraft begrenzt und muß er bedacht sein, sie nicht über die Maßen zu verbrauchen. Es ist, wie gesagt, im Leben jedes einzelnen anders und die Fähigkeit der Erneuerung verschieden ausgebildet und vorhanden.

Immer wieder muß ich auf diese so großen Unterschiede hinweisen, da der Arzt eben jede Persönlichkeit für sich erkennen und die Gegebenheiten ergründen muß. Erholung ist daher nicht immer in völliger Ruhestellung zu erreichen oder am besten zu erzielen, sondern in einer veränderten Betätigung, die dazu geeignet ist Befriedigung zu erzeugen.

Nun will ich aber zurück zu dem Ausgangspunkt des heutigen Themas: Die medialen Betätigungen und die Berufung dazu. So wie ein Arzt fühlt, daß er zu seinem Beruf berufen ist, so empfindet es auch das Medium, ohne seine Fähigkeiten noch zu kennen. Glaubt jemand auf Grund einer höheren Berufung sich damit befassen zu dürfen, so kann er die Richtigkeit dadurch erkennen, daß Ruhe und Ausgeglichenheit sein Gemüt erfüllen und alle Gereiztheit und Nervosität von ihm weichen. Schafft es ihm aber Unruhe, Erregung und Störungen in der Gedankenarbeit, dann ist die Betätigung nicht zu empfehlen, vielmehr unbedingt zu unterlassen. Es spielt bei der Wahl eines Mediums für Mitteilungen aus dem Jenseits keine Rolle, ob ein Mensch eine geistige Bildung im irdischen Sinn aufzuweisen hat. Maßgebend sind einzig und allein seine seelische Verfassung, seine mehr oder weniger vollkommene Ausgeglichenheit und seine innere Reife, das heißt die Entwicklung des in ihm wohnenden Geistwesens.

Es ist für mich schwer, zu beschreiben wie ein Medium beschaffen sein muß im irdischen Sinn, denn die Grundlagen, die wir fordern, sind außerirdische und nicht mit Worten zu erklären. Es sind eben Menschen, die dazu berufen sind und keiner kann es im irdischen Leben erlernen, wenn er nicht schon mit dieser Fähigkeit inkarniert wurde. Es gibt keine Lern- und Lehrmethoden im Irdischen. Die Ausbildung und Weiterbildung eines Mediums geschieht vom Jenseits aus, ohne daß es das Medium empfindet. So muß es sein bei einer erlaubten Verbindung.

Erdreisten sich Jenseitige, schwach mediale Menschen zu gebrauchen und ausbilden zu wollen, so muß es zu schweren Schädigungen im Nervensystem führen und in der Folge können geistige Störungen, ja sogar organische Veränderungen die Gesundheit untergraben. Niemals aber wird ein höherer Geist sich eines so verdorbenen und unrichtig geleiteten Mediums bedienen, und alles andere ist nicht nur wertlos, sondern im höchsten Maße gefährlich. Das habe ich schon an anderer Stelle betont, muß aber immer wieder darauf hinweisen.

Bescheidenheit ist eine Hauptgrundlage für die mediale Betätigung. Nicht der Wunsch, damit seine eigene Person zur Geltung zu bringen, darf zum Leitgedanken werden. Das Medium ist in bestem Sinne ein willenloses Werkzeug, im besten Sinne deshalb, weil allein die Hingabe an die gute Sache die Triebfeder bei aller Betätigung sein darf. Damit genug für heute.

32. KAPITEL
Vorbereitung und Einstellung des berufenen Mediums.
Egoismus und Altruismus.

Heute wollen wir davon sprechen, wie sich ein Mensch, der zur Betätigung auf geistigem Gebiet berufen ist, auf seine Arbeit vorbereiten und einstellen muß, damit ein guter Kontakt mit dem Jenseitigen, mit dem der Verkehr erwünscht und erlaubt ist, zustande kommt.

Immer wieder muß ich betonen, daß es nur auf solche Menschen bezogen ist, die sich ihrer großen Aufgabe schon bewußt sind. Solche Berufung kann man nicht erwerben noch erzwingen, sie muß aus dem Jenseits kommen und zutiefst empfunden werden. Kein Mensch kann an der Richtigkeit seines Auftrages zweifeln, keiner kann sich einen solchen anmaßen, keiner braucht zu besorgen, seinen Auftrag nicht zu erkennen, denn mit zweifelsfreier Deutlichkeit wird jeder dazu hingeleitet, und nur dann ist eine solche Lenkung gottgewollt und erlaubt, wenn sie ohne jede Störung des täglichen Lebens und der Gesundheit vor sich geht.

Darum betone ich nochmals: laßt jede Verbindung, meidet jeden Verkehr mit Jenseitigen und jede Teilnahme an medialen oder spiritistischen Sitzungen, wenn sich die geringste Störung zeigt.

Auch voll ausgebildete und aus dem Jenseits geschulte Medien werden manchmal in ihrer Tätigkeit gestört. Sie empfinden und erkennen es sofort und müssen dann eben ihre Arbeit unterbrechen und auf Ruhe warten.

Ein Sprech- oder Schreibmedium, das nicht in Trance arbeitet, muß - wenn es ein guter Empfänger oder Vermittler sein will - sich ganz passiv verhalten und geduldig warten, ob eine Verbindung gewollt ist oder nicht. Niemals darf auf eine Arbeit gepocht - ich meine - sie erzwungen werden.

Will man in einem bestimmten Fall eine Verbindung bewerkstelligen, so ist es gut, es in vorhergegangenen Gesprächen mit dem Geistwesen zu vereinbaren und festzustellen, ob die Betätigung in diesem Fall erlaubt ist. Dann wird es im bejahenden Fall zu einer Verbindung kommen, wogegen bei Ablehnung das Medium oder der daran Interessierte darauf verzichte.

Auf keinen Fall darf man durch Anrufen des Geistwesens dieses zwingen wollen, sich zu erkennen zu geben. Es hat meist böse Folgen und bringt nicht die Wahrheit. Vorsicht ist also oberstes Gebot und innere Ruhe und Ausgeglichenheit, damit Harmonie in der Zusammenarbeit erzielt wird und nicht Kräfte vergeudet werden zum Schaden der Gesundheit.

Bei richtigem Verhalten des Mediums hat der Verkehr mit einem Jenseitigen keine Ermüdung, sondern im Gegenteil Erfrischung der Seele und Steigerung der Lebenskraft zur Folge. Diese Empfindung liefert schon den einwandfreien Beweis von richtiger Betätigung, wogegen Gereiztheit der Seele, Bedrückung und Müdigkeit auf unerlaubte Verbindung schließen lassen.

Wenn also umgekehrt geprüft werden soll, ob eine Verbindung beziehungsweise ein Verkehr mit dem Jenseits wertvoll und wünschenswert ist, dann betrachte man den Gesundheitszustand des Mediums. Es ist das untrüglichste Zeichen für Echtheit oder Fälschung.

Mediale Betätigung liegt - möchte ich sagen - gewissermaßen außerhalb der materiellen Lebensform und darf deshalb niemals zum Beruf gewählt werden. Materieller Erfolg aus solchen Leistungen besteht nur in gehobener Gemütsverfassung und besserer Gesundheit, die ohnedies den materiellen Erfolg ohne weiteres nach sich ziehen.

Ich habe schon darauf hingewiesen, daß geschäftsmäßige Betätigung verboten ist. Kein Mensch erhält solche Fähigkeiten, damit er sich dadurch eine bessere Grundlage für sein materielles Leben schaffen kann. Die Unkenntnis dieser Tatsache ist meist die Ursache, daß ursprünglich einwandfrei gute Medien verdorben werden durch Störungen, die durch Beschwörung minderwertiger Geister entstehen.

Kein Mensch kann beurteilen, ob ein Geistwesen eine höhere oder niedrigere Entwicklungsstufe erreicht hat, denn der Maßstab ist im irdischen Leben ein anderer oder zumindest nicht der gleiche wie im jenseitigen Bereich. Es ist daher richtig, wenn bei Aufnahme einer Verbindung sehr kritisch beobachtet wird, welcher Art die Mitteilungen sind, die das Medium weiterleitet. Meist wird aber eine Erklärung darüber von höherem Niveau gegeben, damit kein Zweifel besteht, daß alles in Ordnung und erlaubt ist. Auch in meinem Fall hat das Medium eine solche Mitteilung erhalten und von da ab volles Vertrauen zu meinen Mitteilungen haben dürfen. Alles ist auch in diesen Dingen nach strengen Gesetzen geregelt, die nicht verletzt werden dürfen, will man Gutes und Erfreuliches für die Menschheit daraus schöpfen. Das ist also das Verhalten des Mediums im Verhältnis zum materiellen Leben und in bezug auf die Glaubwürdigkeit der Verbindung.

Ist nun also der Verkehr begründet, so ist es die Aufgabe des Mediums - wie in einem früheren Kapitel geschildert - Passivität zu erreichen, das heißt Ruhe und inneren Frieden, Losgelöstheit von allen irdischen Belastungen, damit eine ruhige Bahn ohne Störungen und Widerstand dem Geistwesen den Eintritt in sein Medium gestattet.

Auf diese Weise kann Gedeihliches geleistet werden, und je nach dem, aus welcher Sparte, aus welchem Kreis der Geist kommt, dementsprechend werden die Belehrungen beschaffen sein. Nur um solche soll es sich handeln, wenn das Medium für die Menschheit Vermittler sein soll.

Dazu gibt es natürlich eine rein persönliche Verbindung, die nebenher gestattet ist und den Zweck hat, das Medium zu beschützen auf seinem Lebensweg, ihm zu raten, wenn es in Zweifel ist, ob es in einer Sache die rechte Auffassung gefunden hat und es so vor Schaden zu bewahren, der eine gedeihliche Zusammenarbeit stören oder unmöglich machen könnte. Deshalb wird man feststellen können, daß gute Medien ein meist sehr ruhiges und ungestörtes Leben führen.

Trotzdem greift die Geisterwelt nicht so weit in das Leben des Mediums ein, daß es in seiner Willensäußerung unfrei würde. Das würde den göttlichen

Gesetzen widersprechen und den Menschen verändern, ihn der Umgebung abnormal erscheinen lassen. Das alles darf nicht eintreten. Ist es so, so muß der Verkehr abgebrochen werden, denn dann ist Besessenheit, Beherrschung des irdischen Lebens durch Geistwesen gegeben. Welche Folgen das nach sich ziehen kann, habe ich schon erklärt.

Passivität ist das Wichtigste, wenn einmal größtes Vertrauen und unbedingte Sicherheit in bezug auf den Wert der Verbindung erzielt ist. Man erreicht sie nicht von heute auf morgen. Tägliche Übung ist notwendig und führt unweigerlich zum Ziel. Es ist genau die gleiche Übung, die ich allen Menschen empfohlen habe, die ihre Seelenkraft erneuert und gesteigert haben wollen. Das heißt aber nicht, daß durch Öffnen der Seele zur Aufnahme guter Kräfte aus dem All irgendeinem Geistwesen Eingang ins Innerste gewährt wird.

Der Wunsch nach guten Kräften ist nicht gleichbedeutend mit Geisterbeschwörung. Sie ist ohne Passivität, im Gegenteil, in sehr aktiver Form und Einstellung bewerkstelligt. Geisterbeschwörung erfordert Konzentration auf Jenseitige, Empfang guter Strahlen und Ströme aus dem All aber reinste Passivität, Gedanken an unendliche Werte, Gutes und Schönes. Der Wille des Mediums muß auf gedeihliche Verbindung und Zusammenarbeit eingestellt sein, verbunden mit dem Wunsch, nur zum Segen der Menschheit, zur Hilfe in großer Not und zur Aufklärung zu dienen. Nur dienen wollen, ist der oberste Leitgedanke. Nur dann ist die Arbeit erfolgreich.

Die Belohnung für solches Verhalten kommt von selbst, denn es kann wohl meiner Meinung nach keine größere und schönere Aufgabe geben als mitzuarbeiten am Fortschritt der Menschheit. Nicht aus Berechnung, nur deshalb, weil man selbst am allgemeinen Fortschritt interessiert ist, um einmal ein bequemes und ruhiges Leben im irdischen Bereich zu finden, nein, aus reiner Freude am Erfolg, an der Vermehrung guter Gedanken in der materiellen Welt und an der Verwirklichung der allumfassenden Liebe, die jedes eigene persönliche Interesse und jeden egoistischen Vorteil ausschließt.

Egoismus und Altruismus sind zwei Begriffe, die nicht schwer auseinanderzuhalten sind: Egoismus ist leicht zu erklären und zu erkennen. Er ist die Mißachtung des Alls, des unendlich Guten. Mittelpunkt das eigene Ich, rücksichtslos nur auf materiellen Vorteil bedacht. Es ist im Jenseits ein Begriff, der nur minder entwickelten Seelen zu eigen ist. In höheren Sphären mit dem Blick nach oben, kann Egoismus nicht mehr bestehen, denn er wäre ein großes Hindernis für den Fortschritt.

Hier gibt es nur eine Einstellung zur Gemeinschaft, zur gesamten Menschheit, eine Betrachtungsweise, die über alle eigenen Vorteile und Erfolgswünsche hinaushebt. Das ist - möchte ich sagen - auch die höhere Warte, auf der wir hier stehen. Das Schicksal des einzelnen ist so unbedeutend, wie es ein Irdischer sich kaum vorstellen oder verstehen kann. So wie man im Leben schon erkannt hat, daß das höchste Ziel des irdischen Daseins die Hilfsbereitschaft für die leidende Menschheit ist und man das Schönste empfindet, wenn man seine Kräfte zum Wohle der Allgemeinheit gebraucht, so ist hier in viel höherem und reinerem Maße die Freude am Dienen für andere vorhanden.

Freilich müssen wir zur Erhaltung unseres Daseins nicht materielle Erfolge erzielen. Unser Leben ist gesichert und unzerstörbar. Dafür haben wir ein viel höheres und schwerer zu erreichendes Ziel vor Augen, das unsere ganze Kraft und vor allem unseren ganzen Willen erfordert, wollen wir ihm nur um einen Schritt näher kommen. Hier kann nicht einer dem anderen den Rang ablaufen. In einmütigster Weise wirken alle zusammen, immer bestrebt, den eigenen Fortschritt auch den anderen zunutze werden zu lassen, und das ist reiner Altruismus. Damit habe ich diese beiden Begriffe - wie ich glaube - hinreichend erläutert.

Ich bin der Meinung, daß solcher Altruismus auch im materiellen Leben geübt werden könnte, allerdings ist vorläufig noch nicht viel davon zu bemerken, denn kaum ein Mensch, oder, milde ausgedrückt, nur sehr wenige, tun Gutes aus reiner Nächstenliebe ohne jegliche Berechnung. Damit schließe ich für heute.

33. KAPITEL
Die Folgen unerlaubter Betätigung bzw. Auswirkungen auf passiv Beteiligte.

Nun wollen wir damit beginnen, die Folgen der unerlaubten Betätigung auf diesem Gebiet näher zu betrachten. Der Mensch darf sich nur so weit auf einen Verkehr mit Geistwesen einlassen, als er sicher ist, die richtige Verbindung - oder ich möchte da noch einschließen - ungefährliche Verbindung erreicht zu haben.

Man kann im Leben mit Menschen verkehren, ohne daraus für sich oder andere einen greifbaren Nutzen zu erzielen oder auch nur Freude daran zu haben. Genauso ist es wohl auch bei der Fortsetzung der Verbindung im Irdischen nach dem Tod eines der im Leben verbunden gewesenen oder auch nur bekannt gewesenen Geister beziehungsweise Menschen. Es ist nur dann viel schwieriger festzustellen, ob man mit dem richtigen Geist verbunden ist, weil man ihn nicht sehen kann. Dazu bedarf es also verschiedener Beweise.

Die Tatsache, daß ein Geist durch ein Medium von Dingen spricht, die nur derjenige kennt, der seine Verbindung gewünscht hat, ist allein noch nicht genug, denn der Geist kann ja - wie schon einmal festgestellt - die Gedanken des Menschen unter Umständen, das heißt, wenn er schon eine gewisse Höhe erreicht hat und nicht gänzlich unterentwickelt ist, lesen und kann daher durch das Medium diese Gedanken wiederholen.

Zum Beweis der Identität muß der Geist daher von Dingen sprechen, an die das Gegenüber nicht denkt, die aber in seiner Erinnerung vorhanden sind. Es muß also dabei mit großer Vorsicht und Achtsamkeit, mit unbedingter Ehrlichkeit vorgegangen werden. Am besten aber ist es, wenn der daran interessierte Mensch von vornherein jede Meldung ablehnt und auf alle Verbindungen verzichtet, wenn nicht die von ihm in gutem Sinne gewünschte erreicht werden kann. Dann wird, aber auch nur, wenn ein ernsthaftes Bestreben vorliegt, keine Meldung oder Erscheinung auftreten, weil gute Hilfegeister es verhindern werden.

Das Gebiet birgt soviel Unbekanntes und von den Menschen Unverstandenes und Unerforschtes, daß es aber auf alle Fälle besser ist, keinen Verkehr anzustreben, wenn nicht der ernsthafte Ruf von außen zu solchem Tun veranlaßt.

Ein psychisch labiler Mensch befindet sich dabei in größter Gefahr. Leider sind es meist solche, die den Wunsch zu außerirdischer Verbindung am stärksten haben, weil sie im irdischen Leben nicht fähig sind oder sich nicht so fühlen, daß sie ihre Pflichten und Aufgaben voll und ganz erfüllen können. Sie suchen nach Hilfe und Rat, finden ihn aber ihrer Meinung nach nicht in ausreichendem Maße unter Lebenden. Sie suchen ein Betätigungsfeld, wo man noch im Dunkeln tappt und wo ihre Unwissenheit und oft nur vermeintliche Unfähigkeit daher nicht auffällt.

Ein kleines, aber wesentlich ungefährlicheres Gebiet ist die Hellseherei und Astrologie, wie sie von Dilettanten betrieben, oft zum Trost oder auch zum Schaden der sie um Rat Fragenden ausfällt. Auch hier sind eine Schwäche, ein mangelndes Selbstvertrauen, Angst vor der Zukunft etc. die Ursache.

Ein starkes Menschenkind lehnt solche sogenannten Hilfen ab und geht allein seinen geraden Weg. Das soll aber nicht heißen, daß es keine Hellseher und guten Astrologen gibt. Darüber will ich noch an anderer Stelle sprechen.

Es soll nur damit bewiesen werden, daß unausgeglichene, ängstliche Wesen, die kein großes Selbstvertrauen besitzen, sich solcher geistigen Hilfen bedienen, oft in sehr guter Absicht, eben um die ihnen gestellten Aufgaben mit mehr Sicherheit zu meistern oder Fehler und Irrtümer zu vermeiden, die oft so schwer aus eigner Kraft vermieden werden können. Sind es gute Hellseher, ehrliche und vernünftige Menschen, solche die eben mit besonderen Fähigkeiten ausgestattet sind, dann soll man ruhig von solchen Hilfen Gebrauch machen; sie werden kaum Schaden bringen. Aber man betrachte genau die Quelle, aus der man schöpfen will. Es ist ja dazu keine direkte Verbindung mit der Geisterwelt erforderlich und somit kann im allgemeinen, und wenn die Abhängigkeit von solchen Hilfsquellen nicht zu weit geht, keine Schädigung der Gesundheit eintreten.

Anders ist es - wie so oft betont - beim direkten Verkehr. Erstens sind die Menschen geneigt und zu gern bereit, alles, was aus dem Jenseits kommt wie aus dem Himmel, als unantastbar und unumstößlich richtig anzunehmen. Man neigt dazu, anzunehmen, daß der Mensch durch den irdischen Tod alles Böse, Unwahre und Unschöne abgelegt hat und nun als reiner Engel im Jenseits ein Leben oder, besser gesagt, ein Dasein in Licht und reiner Glückseligkeit führt. Denn er hat es sich ja, nach Meinung so vieler, durch seinen Tod verdient.

Viele Geister, die herüberkommen, sind aber auch der Auffassung, nun schon alles zu wissen und sind der Meinung, daß ihre Auffassung vom Leben und Sterben, von der unendlichen Allmacht die einzig richtige ist. Für sie hat das Jenseits im ganzen eben das Aussehen, das sie in ihrer Entwicklungsstufe feststellen können, ohne zu erkennen, daß vor ihnen noch ein unendlicher Weg sich dehnt, auf dem sie in weit höhere - ich meine natürlich immer geistig - Regionen gelangen werden, die ein ganz anderes Aussehen haben als die bereits erreichte.

Auf diese Weise werden den Menschen viele Irrtümer vermittelt. Das ist aber nicht das Schlimmste. Gefährlich ist der unbedingte Glaube eines Menschen an jede Mitteilung, die aus dem Jenseits an ihn herangebracht wird. Es kann dadurch eine unsägliche Verwirrung entstehen. Der Geist aus dem Jenseits ist oft nicht oder nur selten imstande, die irdische Auffassungsgabe zu berücksichtigen und zwingt oder veranlaßt das menschliche Gehirn, in einer Richtung zu arbeiten, Gedanken zu formen, die von Irdischen nicht verstanden werden und ihn daher als verrückt erscheinen lassen. Und das mit Recht.

Gerade aber das Unergründliche, fälschlich oft als mysteriös bezeichnete, reizt die Menschen und erscheint ihnen interessant, wenngleich es alles eher ist als das. Ein Jenseitiger, der berufen ist, der Menschheit auf irgendeinem Gebiet Aufklärung zu geben und hilfreich beizustehen, wird genau mit der Denkfähigkeit des irdischen Menschen seine Mitteilungen abstimmen und in klaren, verständlichen Worten seine Lehren formulieren.

An der Art der Mitteilungen, an ihrer größeren oder geringeren Verständlichkeit kann man also auch den Wert oder Unwert messen. Geistige Verwirrung wird also in erster Linie hervorgerufen durch eine Befassung mit unerlaubten Mitteilungen, die das normale Denken übersteigen. Ein Mensch, der solcherart beeinflußt ist, leidet darunter mehr oder weniger bewußt. Einesteils mag es ihm sehr interessant erscheinen, mit unverständlichen Worten um sich werfen zu können, denn das kann ein normal denkender Mensch kaum, anderseits will er oft und hat das Bedürfnis, in vielen Belangen von der nun vorhandenen Verrücktheit abzugehen und sich in verständlicher, normaler Weise zu äußern. Ist er stark genug, seine Seele noch mit Widerstandskraft gesegnet, dann kann er unter Umständen erkennen, wohin ihn diese Betätigung treibt und wird ihr entsagen. Andernfalls wird seine Lebenskraft über die Maßen verbraucht und hat nicht mehr die nötige Durchschlagskraft, um die Gedanken, das heißt die Gehirntätigkeit in die richtigen Bahnen zu lenken.

Solche Menschen bedürfen dringend der ärztlichen Betreuung. So wie sie von einem unvernünftigen Geistwesen, ich möchte sagen, in ihrer Gedankenarbeit umgeschult werden, so müssen sie - aber mit sehr viel Güte und Geduld - zum normalen Leben zurückgeführt werden. Geisteskranke solcher Art sind heilbar, und es bedarf eines guten Arztes, der sich solcher Leiden annimmt und imstande ist, den Grund einwandfrei zu ermitteln. Ich sprach jetzt von Menschen, die nicht etwa besessen oder als Medien selbst im Verkehr mit der Geisterwelt tätig sind, es waren nur solche gemeint, die in spiritistischen Sitzungen mit Dingen konfrontiert werden, die über ihr geistiges und seelisches Fassungsvermögen hinausgehen, sich aber gefangen nehmen lassen von sensationellen Erlebnissen. Darum soll kein Mensch, auch kein Gelehrter, an spiritistischen Seancen teilnehmen, der nicht vorher über alle Grundlagen und Erfordernisse genau aufgeklärt wurde.

Mit Recht haben große Gelehrte solche Erscheinungen abgelehnt, die ihnen verrückt und abnormal erscheinen. Sie sind nicht gottgewollt und dienen in keiner Weise dem Fortschritt der Menschheit. Deshalb bin ich der Meinung, daß die Tatsache des Vorhandenseins einer geistigen Verbindung mit dem Jenseits zur Genüge bekannt ist. Dafür braucht es doch keiner Beweise mehr. Jetzt wäre es nur an der Zeit, die richtigen Verbindungen, die ja dauernd vermittelt werden, zu pflegen und zum Wohle und nur zum Wohle der Menschheit weiter zu fördern und zu nutzen. Aber auch da wird der Weg gewiesen werden, und ich bin glücklich, mein Scherflein beitragen zu dürfen.

Wir haben heute von Menschen und ihren geistigen Erkrankungen gesprochen, die sich in den Bann nutzloser und unerlaubter Verbindung zum Jenseits ziehen lassen. Wir wollen morgen die gesundheitlichen Schädigungen solcher Menschen betrachten, die sich aktiv damit befassen, also als Medien tätig sind und ihre Fähigkeiten mißbrauchen. Für heute schließe ich.

34. KAPITEL
Die Folgen unerlaubter aktiver Betätigung und mögliche Heilmethoden. Die Strahlenkraft der Geistwesen.

Wir haben das letzte Mal von den Auswirkungen außerirdischer Geistwesen und ihrer Kundgebungen auf - ich möchte sagen - passiv Beteiligte im Rahmen spiritistischer Versuche gesprochen, die nicht auf Berufung beruhen, sondern rein unerlaubte Geisterbeschwörungen darstellen.

Wenn nun schon ein passiv Beteiligter so sehr in den Bann dieser über das menschliche Fassungsvermögen gehenden Experimente gezogen wird, wie mag erst ein irdisches schwaches Geistwesen beeindruckt und gefangen genommen werden, das sich aktiv, also als Mittler und Medium, betätigt.

Es ist nicht zu verwundern, daß die medizinische Wissenschaft noch keine Heilmethoden gefunden hat, die solcherart erkrankten Menschen aus dem bedauernswerten Zustand heraushelfen könnten. Es kommen ja die Ursachen nicht aus der Materie, sondern aus einem Bereich, der noch gänzlich unerforscht und vor allem unbeherrschbar ist. Es ist schon viel, wenn man erkennt, daß das normale Denken durch fremde Einflüsse gestört ist und nicht auf Entartung des Gehirns oder Nervensystems geschlossen werden muß.

Es ist ja nicht möglich, zu unterscheiden, ob ein Geistwesen selbst aus sich heraus krank und behindert ist oder ob ein fremdes Geistwesen, das eben nicht der materiellen Sphäre angehört, das eigene, gesunde verdrängt hat. Es ist nämlich - wie schon betont - Besessenheit gegeben, wenn ein Mensch nicht die Kraft hat, ein infolge seiner medialen Veranlagung in den Körper aufgenommenes fremdes Geistwesen wieder zu entlassen und ihm, wenn nötig, die Tür zu weisen mit allem Nachdruck.

Ein guter, höher entwickelter Geist wird selbst wissen, wann es Zeit ist, sich zu entfernen und wird auf die Leistungskraft seines Mediums Rücksicht nehmen, ihm, wenn nötig, neue Kräfte eingeben und so einen geregelten und gesunden, völlig den Naturgesetzen entsprechenden Verkehr pflegen. Ein egoistisch eingestelltes Geistwesen nimmt darauf keine Rücksicht und ergreift jede Gelegenheit, um seinen Willen durchzusetzen, ohne Bedacht auf die Folgen, die sowohl ihm selbst als auch dem Medium daraus erwachsen.

Jeder Mensch hat, ob hoch, ob niedrig entwikkelt, das einwandfreie Gefühl, ob eine Tat gottgewollt, ob sie zum Nutzen oder Schaden für die Seele wirken wird. Es ist nur die Frage, wie weit eine solche natürliche Empfindung beachtet, der Stimme des Herzens oder Innern oder des guten Gewissens oder wie man es nennen soll, Gehör geschenkt wird.

Auch hier muß ich betonen, daß jeder Mensch einen guten Führer hat, der ihn von ungehörigem und gesundheitsschädlichem Verhalten und Tun abhält. Die wenigsten Menschen wissen das und noch viel weniger Menschen wollen auf diese innere Stimme hören. Sie kämpfen geradezu dagegen, sind bemüht, jede vernünftige Regung zu unterdrücken, weil sie meinen, man könnte sie für feige, weichlich und energielos betrachten. Wie gesagt, sind es gerade schwache Seelen, die in dieser Weise fehlgehen, weil sie - wie man sagt - durch Überkompensation die wohl empfundene Schwäche bekämpfen wollen.

So wie man im Zustand beginnender Ermüdung oft noch bestrebt ist, eine noch größere Leistung zu erzielen und durch übermäßige Konzentration dann oft noch mehr erreicht als im ausgeruhten Zustand, so glaubt ein seelisch schwächlicher Mensch durch Bewältigung größerer Aufgaben die Leistungsfähigkeit unter Beweis stellen zu müssen, ohne dabei zu bedenken, daß Lebenskraft vergeudet wird, die zu ersetzen oft sehr viel schwerer ist.

Ganz besonders trifft dies aber auf die Befassung mit spiritistischen Versuchen zu. Vor allem deshalb, weil der materielle Körper im allgemeinen nicht dazu geschaffen und derart ausgestattet ist, daß er in der Lage wäre, die Art und Weise der Betätigung unter Kontrolle zu haben. Kontrolle ist aber auf diesem Gebiet das höchste Erfordernis.

Man muß dazu bedenken, daß ein Geistwesen eine Substanz, wenn man es mit irdischen Gedanken und Begriffen in Einklang bringen soll, vorstellt, die eine wesentlich andere Konsistenz besitzt als das im materiellen Körper inkarnierte Geistwesen. Die Strahlen, aus denen es zusammengesetzt ist, sind viel stärker und anders als im irdischen Körper, und daher kann auch die Auswirkung auf den materiellen Körper eine äußerst schädliche sein, wenn das Geistwesen nicht gelenkt und belehrt, sich über das erlaubte Maß des menschlichen Körpers bedient.

Das ist zum Beispiel der Grund dafür, daß Verbindungen mit einem höheren Geistwesen kaum mehr als eine Stunde in zusammenhängender Zeitfolge dauern. Ich bin mir darüber im klaren, daß in dieser kurzen Zeit keine Übersättigung des menschlichen Organismus mit außernatürlichen Kräften und Strahlen erfolgt, daß vielmehr bei einer so kurzfristigen Verschmelzung eine Aufladung, möchte ich sagen, des menschlichen Motors erfolgt, der sich auf das gesamte Nervensystem in günstiger Weise auswirkt.

Wie aber ein menschlicher Organismus geschädigt wird, wenn ein unerfahrener und unbelehrbarer Geist von ihm Besitz ergreift, das kann man sich aus dem Vorgesagten leicht ableiten. Ein solches Geistwesen denkt nicht daran, den Körper seines Opfers wieder zu verlassen, wenigstens nicht aus eigenem freien Willen. Sehr oft ist es der Meinung, daß es sein ihm gehöriger Körper ist, aus dem er den anderen, den mit Recht inkarnierten, verdrängen und entfernen will.

Wie soll die medizinische Wissenschaft in der Lage sein, die Leiden, die durch solche Besessenheitsgeister verursacht sind, zu heilen? Leiden, die durch die Materie verursacht, in ihr begründet sind, können auch mit materiellen Methoden geheilt werden.

Solche Leiden aber, die ihre Ursache im jenseitigen, außermateriellen Bereich haben, können nur mit adäquaten Mitteln bekämpft und, ich möchte sagen, besiegt werden. Besiegt ist der richtige Ausdruck dafür, weil gegen den Eindringling gekämpft werden muß. Materielle Mittel und Methoden sind aber sehr ungleiche und ungeeignete Waffen. Sie prallen meist - wenn auch nicht immer - vom Gegner ab und bleiben erfolglos. Nicht immer, weil es auf die Verfassung und Entwicklungsreife des Gegners ankommt, auf den mehr oder weniger guten Willen, der aus ihm spricht. Darum kann in leichteren Fällen und vor allem dann, wenn frühzeitig die seelische Belastung und ihre Ursachen erkannt werden, auch mit der Stärkung des eigenen Willens, mit geeigneter Aufklärung und Ermahnung, ein Erfolg erzielt werden.

Sehr oft ist es aber leider der Fall, daß der Betroffene von seiner abwegigen Betätigung, von der Süchtigkeit, in die ihn ohne sein Wissen ein fremdes Geistwesen gestürzt hat, nicht sprechen will, aus Angst oder Scham oder aus Furcht vor Strafe und so weiter. Deshalb muß ich immer wieder betonen: Aufklärung der Menschheit ist wichtiger als alles andere, Warnung vor dem Verderben, in das sie stürzen können.

Wie ein Feuerbrand sind die außerirdischen Erscheinungen und Verbindungen zu schützen und zu meiden. Wie des Feuers Macht zum Wohl der Menschen glüht und Wärme spendet in wohlbegrenztem Maße, so ist auch bei den außerirdischen Kräften nur dann Heil für die Menschheit zu finden, wenn sie mit weiser Bedachtnahme auf ihre unsichtbaren, aber grenzenlosen Wirkungen genutzt und genossen werden.

Ein Genießen soll es sein im schönsten Sinn, nicht geleitet von Lust nach Sensationen, die über die irdische Auffassungsgabe hinausgehen, sondern als Spender guter Kräfte und höheren Wissens, von Belehrung und Weisung zur Erlangung einer gesunden und natürlichen Lebensauffassung. Menschen, die Grenzen solchen Genießens nicht erkennen, können aber auch in dieser Richtung übers Ziel hinausschießen und Fanatiker werden den Wunsch haben, schon im irdischen Dasein auf einer außerirdischen Stufe und Höhe zu stehen. Das ist auch verkehrt. Es zeigt sich eindeutig in der nicht anzuerkennenden Auffassung der Kirche, die Verachtung alles Irdischen und Abkehr von materiellem Gut und irdischen Freuden predigt. Die göttliche Allmacht hat alles das den Menschen gegeben, um ein irdisches Dasein im materiellen Sinn lebenswert zu machen.

Jede Einseitigkeit ist verwerflich und ungesund. Immer ist der goldene Mittelweg der beste. So wie der Mensch aber jede Frucht prüft, ob sie zum Genuß geeignet ist, so muß in noch viel höherem Maße das unter die Lupe genommen werden, was man nicht greifen und mit den Augen erkennen kann.

Ich sprach davon, daß die medizinische Wissenschaft, also der Arzt, der einen durch unerlaubten Geisterverkehr erkrankten Menschen heilen will, auch mit den ebenbürtigen Waffen oder Kampfmethoden vertraut sein muß. Das heißt also, daß er sich mit dem Jenseits in Verbindung setzen muß und Hilfe von dort erbitten, da er im materiellen Rahmen keine Möglichkeit hat, Mittel und Wege zu finden, die solche Schäden an Seele und Körper zu heilen imstande wären.

Ich sagte schon, daß ein fremdes Geistwesen durch seine Strahlenkraft die Seele des Menschen trifft, daß dieser zu große Mengen aufnimmt und sie nicht in ausreichendem Maße kompensieren kann. Denn Strahlen besonderer Art sind es, die eine Auswirkung auf das Seelenleben des Menschen haben und deren Wirkung durch andere Strahlen aus dem Inneren des Geistwesens gesteigert oder vermindert werden. Dafür kann ich keine genaue Erklärung geben, weil ich keine irdischen Ausdrücke dafür finde.

Jedenfalls ist auch in dieser Hinsicht und auf diesem Gebiet die Ausgeglichenheit nur dann gegeben, wenn sich die verschiedenen Strahlenkräfte genau die Waage halten. Ein Zuviel muß der Seele und damit dem Nervensystem schweren Schaden zufügen. Wir haben schon davon gesprochen, daß die Wissenschaft sich erst mit den Erscheinungen aus dem Jenseits, mit der geänderten Lebensauffassung, vertraut machen muß. Ist es so weit und findet ein Mann den Mut, sich auf den Boden dieser nun doch unleugbaren und unbedingt glaubhaften Grundlage zu stellen, so wird er die richtige Verbindung für seine heilbringende Tätigkeit erhalten. Damit genug für heute.

35. KAPITEL
**Verbot gewerbsmäßiger medialer Tätigkeit.
Über die Glaubwürdigkeit medialer Mitteilungen,
Glaube und Wahrheit.**

Heute will ich noch davon schreiben, was die Menschen tun sollen, wenn ihnen bekannt wird, daß ein anderer sich medial betätigt, aber allem Anschein nach an seiner Gesundheit Schaden nimmt. Nicht nur sich abwenden von der Betätigung oder Teilnahme, sondern eindringliche Vorstellungen machen und, wenn nötig, einen Arzt verständigen. Die Betätigung allein ist nicht abzulehnen, wie schon aus meinen bisherigen Ausführungen hervorgeht, aber die Unterscheidung zwischen Berufung und Dilettantismus muß getroffen werden. Keiner ist dazu berufen, der es gewerbsmäßig ausübt, gleichgültig, ob er eine bestimmte Entlohnung dafür fordert oder sich nur etwas schenken läßt. Letzteres ist ebenso gewerbsmäßig, wenn das Medium schon darauf wartet und damit rechnet oder gar davon seinen Lebensunterhalt bestreiten muß. Es gibt also kein gutes Medium, das unter solchen Auspizien arbeitet. Wenn diese Tatsachen einmal einwandfrei erkannt werden, dann wird man es leichter haben, diesen Gefahren der Menschheit zu begegnen. Man muß diese Menschen ja nicht gleich verbrennen, wie dies noch vor einigen hundert Jahren geschah; nein, in Liebe und Güte zur Vernunft bringen. Auch das wäre Aufgabe der ärztlichen Wissenschaft und Praxis, denn auch solche Menschen dürfen als psychisch krank bezeichnet werden. Sie sind geradezu von einer ansteckenden Krankheit befallen und müßten so lange isoliert werden, bis sie nach guter Behandlung und einem gründlichen Unterricht auf diesem Gebiet den richtigen Weg gefunden haben und damit die Gefahr für die Mitmenschen gebannt ist. So viel über die Verhaltensart gegenüber den minderwertigen Medien.

Nun wollen wir einmal betrachten, was geschieht, wenn die Menschen zu weit gehen im Glauben an mediale Mitteilungen, denn auch das ist, wie schon einmal gesagt, ein Irrtum. Ich habe schon festgehalten, daß jeder mit allen seinen Fehlern und Irrtümern herüberkommt und, je nach der Größe des Irrtums und dem Beharren darin, mehr oder weniger schnell und manchmal sehr schwer umlernt und die Wahrheit erkennt.

Am meisten werden die Menschen den Mitteilungen Glauben schenken, die sich weitgehend mit ihrer eigenen Auffassung decken. Das trifft in höherem Maße auf Dinge zu, die nicht zum Gebiet der Wissenschaft, also dem exakt Bewiesenen, zählen, sondern durch Glauben allein begründet sind. In erster Linie ist es daher der religiöse Glaube oder besser gesagt der konfessionelle, denn Religion im wahrsten Sinne des Wortes bedarf keiner Konfession. Religion ist aber immer - und bei jeder Konfession - die Einstellung zum Göttlichen, zur unendlichen Allmacht. So betrachtet darf man sagen, daß ein Ketzer nur der sein kann, der die göttliche Allmacht nicht anerkennt. In welcher Form er an sie glaubt, ist ganz gleichgültig. Die Konfessionen begehen einen großen Irrtum, da sie den Menschen zu einer jeweils einzigartigen Anschauung, zu einem Glauben zwingen, der niemals und in keiner Konfession die Wahrheit bedeutet.

Sehr viele Menschen haben sich schon ein selbständiges Urteil darüber gebildet, haben aber nicht den Mut, damit herauszutreten. Insbesondere diejenigen, die sich der Verbreitung der kirchlichen Lehren widmen. Geistliche und Nonnen, Prediger etc. Sie haben alle nicht den Mut, ihre eigene Meinung zu sagen, gegen die Irrtümer der Kirche offen aufzutreten. Ganz bescheidene Anfänge sind in dieser Richtung vorhanden. Wer aber mit aller Kraft zu kämpfen bereit ist, wird von den Behörden der kirchlichen Organisationen allsogleich unterdrückt und abgeschafft. Die Mehrzahl dieser Helfer ist aber von der Richtigkeit ihrer Vorstellungen so überzeugt, daß sie gar nicht daran denkt, in irgendeiner Weise Kritik zu üben oder die ihnen eingefleischten Lehrsätze zu prüfen. In geradezu kindlichem Glauben, unselbständig und - ich möchte sagen - aus großer Bequemlichkeit, huldigen sie widerspruchslos allem, was von ihnen verlangt wird. Man kommt ja so am unangefochtensten zur Vollendung im kirchlichen Sinne. Man glaubt, eine reine Seele zu haben, weil man in keine Gefahr kommt, sie zu schädigen. Das ist nicht der Sinn und Zweck des Lebens. Ernsthafte Geistliche, denen jedoch der erweiterte Horizont fehlt, weil sie eben von Kindesbeinen an schon in der kirchlichen Atmosphäre gelebt haben, steigern sich mit vollster Überzeugung in die Glaubenslehren hinein, bilden sich dementsprechend ihre Vorstellungen von Gott, Christus und dem heiligen Geist und sind überzeugt, daß es eine Hölle gibt, vor der zu bewahren ihre große Aufgabe ist.

Wenngleich auf diese Weise sicher viel Gutes an der leidenden Menschheit geleistet wird, muß leider gesagt werden, daß die heutige kirchliche Auffassung weit entfernt ist von der Wahrheit. Ich will hier nicht religiöse Vorträge verankern, dazu sind andere berufen, und es gibt schon genug mediale Mitteilungen, die den Zweck verfolgen, die Menschen aufzuklären und sie der Wahrheit näher zu bringen.

Es gibt aber auch mediale Mitteilungen von verhältnismäßig hochstehenden Geistern, die immer noch im Irrtum verharren und, durch ihren Fanatismus gezwungen, von der irdischen Auffassung nicht loskommen.

Mein Freund Viktor, der mich in den Genuß des medialen Schreibens gebracht, mich und Grete darin geschult hat, ist in seinem irdischen Dasein Geistlicher gewesen. Er ist vor mehr als zwanzig Jahren herübergekommen, nachdem er im Leben ernst und mit voller Überzeugung der Kirche gedient hatte. Er war ein sehr fortgeschrittener Geist, aber durch Milieu und Erziehung irregeführt. Er hat nun Zeugnis darüber abgelegt, wie qualvoll die Zeit des Umlernens für ihn gewesen sei, die Erkenntnis, daß er auf einem falschen Weg gewandelt war.

Man kann sich das ein wenig vorstellen, wenn man zum Vergleich einen Idealisten im irdischen Dasein nimmt, der zu der Überzeugung gebracht wird, daß das, was er sich zum Ideal erkoren hat, weit davon entfernt oder sogar das Gegenteil ist. Viktor hätte seinen Irrtum wahrscheinlich auch im materiellen Leben erkannt, wenn es ihm gegönnt gewesen wäre, ein höheres Lebensalter zu erreichen.

Man sieht aber daraus, daß es ganz gleichgültig ist, wo der Geist sich weiterbildet, vielleicht aber nicht einmal das, weil im Jenseits die Erkenntnis viel leichter reift als auf der materiellen Welt.

Nun muß aber bedacht werden, daß nicht jeder, der herüberkommt, gewillt ist und die Kraft aufbringt, alle Vorurteile und eingefleischten Glaubenssätze einfach über Bord zu werfen und, ich möchte sagen, bescheiden von vorn anzufangen wie Viktor. In materieller Lebensauffassung verfangen, wollen viele ihren Rang nicht ablegen, den sie im Irdischen eingenommen haben. Höhere und höchste Priester, ja auch Päpste, bleiben daher oft darauf beharrlich stehen, und ihre Äußerungen sind dann noch den irdischen Glaubenslehren angepaßt oder sogar identisch. In ihrer Verbohrtheit sehen sie nicht nach oben, wollen die Wahrheit nicht erkennen und beharren auf allem, was sie ihrer Meinung nach richtig erkannt haben.

Um die Verkehrtheit dieser Einstellung zu erkennen, haben wir ein untrügliches Zeichen - ihre Ausstrahlung. Die Menschen aber nehmen ihre Mitteilungen als das einzig Wahre auf, ohne zu bedenken, daß keines dieser Geistwesen in der Lage ist, Gott zu sehen, in höchste Sphären Einblick zu gewinnen. Was sie mitteilen ist auch nur Glaube und nicht Wissen.

Trotzdem darf nicht geleugnet werden, daß unter ihnen gute, fortgeschrittene Geister sind, die auch die Erlaubnis haben, Mitteilungen aus dem Jenseits zu vermitteln. Sie sind oft - aber nur sehr wenige von Ihnen - die von der göttlichen Allmacht auserwählten Diener, die - wie es die Kirche im Irdischen tut - ihren Segen erteilen, wenn ein göttlicher Auftrag gegeben ist. Ich will nicht mißverstanden werden und in den Verdacht geraten, jede kirchliche Betätigung abzulehnen und die Menschen, die sich dieser hohen Aufgabe geweiht haben, zu verurteilen und in ihrem persönlichen Wert zu schmälern und herabzusetzen. So wie es in jeder Wissenschaft fortgeschrittene und weniger reife Gelehrte gibt und unsere irdische Auffassung von Wert und Unwert ihrer Leistungen oft nicht gleichbedeutend ist mit der Bewertung im Jenseits, so ist es auch mit den Dienern der Kirche. Auch hier kann ein kleiner Geistlicher weit höher stehen als ein großer Kirchenfürst.

Ich will also in diesem Zusammenhang nur betonen, daß auch religiöse Mitteilungen nicht immer von hohen Geistwesen vermittelt werden und daß sie nicht unterscheiden zwischen Glauben und Wahrheit. Mitteilungen aus dem Jenseits dürfen nicht auf Glauben, sondern nur auf Wissen aufgebaut sein.

Darum können wir nur sagen: Wir haben noch nicht die Höhe erreicht und können noch nicht so hoch sehen, daß wir erkennen könnten, wo Gott wohnt und wie wir ihn uns vorstellen sollen. Kein jenseitiger Geist wird anderes berichten können, denn die letzte Wahrheit - und dazu gehört der letzte Himmel, wenn ich es so nennen darf - ist so weit entfernt von der irdischen Welt, daß eine Vermittlung von dort direkt nicht möglich ist.

Die menschliche Existenz und das Jenseits, von dem wir bestenfalls zu sprechen in der Lage sind, sind so winzig klein und unbedeutend, daß es eine Anmaßung wäre, von allerhöchsten Wesen und Sphären, von der göttlichen Allmacht eine Gestalt zu wählen oder vorzustellen, die im Irdischen einen Vergleich zuließe.

Bleibt mit allem Denken und Trachten im materiellen Leben nur der Tatsache bewußt, daß es eine unendliche Allmacht gibt, die - wie ich schon an anderer Stelle sagte - alles in Liebe, in allumfassender Liebe lenkt und leitet. Fühlt euch verpflichtet, getreu dieser Tatsache in Dankbarkeit dem Guten zu leben und zu wirken und den ernstlichen Wunsch nach Fortschritt und höherer Entwicklung in die Tat umzusetzen. Damit genug für heute.

36. KAPITEL
Notwendige und zu erwartende Reform in Wissenschaft und Rechtsleben.

Wir sprachen zuletzt von medialer Tätigkeit und den Irrtümern, die im Verkehr mit der Geisterwelt entstehen können und das auch dann, wenn die Verbindung echt und nicht imitiert oder vorgelogen ist. Wie im Leben nicht alles der Wahrheit entspricht, auch wenn es von sogenannten guten oder hochstehenden Menschen kommt, so ist es auch im Verkehr mit den Geistwesen, die - wenn noch so in guter Absicht - doch noch in Irrtümern verfangen von ihrer nun einmal gefaßten Meinung nicht abgehen wollen.

Das ist ja auch der Hauptgrund, weshalb die Wissenschaft sich mit den neuen Lehren nicht befassen will. Die Umwälzung ist zu groß und erfordert eine ganz neue Einstellung, will man ehrlich sein und wahrhaft Erfolg erzielen. Darum müssen wir Geduld haben. Der Fortschritt auf diesem Gebiet ist nicht aufzuhalten und vor allem dann nicht, wenn ernstzunehmende Wissenschaftler sich der Sache annehmen werden. Und solche werden sich finden. Die Umstellung wird nicht nur an einer Stelle der kultivierten Welt erfolgen und in die Wege geleitet. An verschiedenen Stellen, zur ungefähr gleichen Zeit, wird die Erkenntnis reifen.

Die Erfahrung lehrt, daß zum Beispiel Erfindungen, neue Entdeckungen in der Naturwissenschaft oder Technik nicht nur von einem Menschen gemacht werden, sondern innerhalb einer kurzen Zeitspanne ohne gegenseitige Kenntnis von verschiedenen Gelehrten und Praktikern auf der ganzen Welt. Das ist kein Zufall, sondern der ewige gesetzmäßige Ablauf, die Auswirkung der unendlichen Gesetze ohne Willkür in unumstößlicher Reihenfolge. Das kann die Menschheit wohl erst im nachhinein feststellen, also nach Bekanntwerden des Neuen, noch Unbekannten auf der materiellen Welt. Es wird dann natürlich vermutet, daß eine Übertragung im Irdischen stattgefunden hat, was in der heutigen Zeit wohl leicht möglich wäre. So wie es aber zur Zeit der Trennung der Erdteile gewesen ist, so ist es heute noch von außen her betrachtet. Ich will damit nur sagen und aufzeigen, unter welchen Einflüssen die Welt steht, welche Gesetzmäßigkeit sie beherrscht und wieviel Möglichkeiten noch offenstehen, sich der Kräfte aus dem All, der Vermittlung ewiger Naturgesetze zu bedienen und zu erfreuen.

Der Fehler oder besser gesagt Irrtum der Menschen liegt in der Hauptsache darin, daß sie die ihnen zugeflossenen Erkenntnisse zu Dingen verwerten, die nicht dem Wohle der Menschheit dienen, sondern zu deren Vernichtung und Schädigung geeignet sind. Das ist nicht der Sinn der neuen Errungenschaften, und es ist nur ein Glück, daß das Verständnis dafür immer weitere Kreise umfaßt und die großen Gefahren von Guten erkannt werden.

Daß ein Mißbrauch noch nicht zu vermeiden ist, hat seinen Grund darin, daß das geistige Niveau der Menschheit im Durchschnitt noch zu niedrig ist. Ich sage im Durchschnitt, weil es doch auf das gesamte Kräfteverhältnis ankommt. Nicht nur die einzelnen, zu Führern gewählten Personen lenken die Schicksale der Völker. Die Meinung des ganzen Volkes, die Gedankenrichtung der Masse ist ausschlaggebend für die Entwicklung zum Guten oder Bösen. Wir können das am besten noch in den mehr oder weniger unterentwickelten Völkern beobachten. Der beste Führer kann da noch kaum etwas zum Wohle des Volkes erreichen, denn die Gedanken der Masse sind stärker und drücken seine wohlgemeinten in den Staub.

Das Gute muß aber siegen, allein schon von dem Gedanken ausgehend, daß es nur ein Aufwärts in der Entwicklung gibt. Wie lange es aber noch dauern wird, das kann man nach irdischer Zeitrechnung nicht feststellen. Es liegt in der allumfassenden, unendlichen Allmacht begründet, und der freie Wille der Menschheit und des Geistes überhaupt muß dabei Berücksichtigung finden. Das sagt aber nicht, daß man alles laufen lassen darf, wie es eben läuft.

Der Wille eines Menschen kann auch beeinflußt werden, und damit bin ich wieder ganz speziell auf dem Gebiet der Menschenkenntnis, der Erziehung und psychischen Behandlung. Ein starker Wille kann in alle Richtungen gelenkt werden, zum Nutzen des einzelnen und der Allgemeinheit. Notwendig ist dazu nur die Aufklärung in geeigneter Form und die Anregung zu guten Taten.

Daß die irdische Welt eine Gerichtsbarkeit geschaffen hat, ist wohl verständlich, aber es wäre an der Zeit, daß sie einer gründlichen Reform unterzogen würde, will man dadurch eine Besserung der fehlgegangenen Mitbürger erreichen.

Ein Mensch, der ein Verbrechen begeht, ist ein bedauernswertes Wesen. Daß man seine Tat verabscheut, ist richtig, aber den Menschen, der sie ausgeführt hat, muß man mehr als einen Kranken betrachten, einen armen Verirrten, der den richtigen Weg nach oben noch nicht gefunden hat.

Dabei denke ich nicht an solche Verbrecher, die für die Tat nicht veranwortlich gemacht werden können, weil sie unter Zwang eines fremden Geistwesens gehandelt haben. Die Rechtsprechung kennt Verbrechen aus unwiderstehlichem Zwang, nimmt aber an, daß es sich dabei um eine psychische Entartung, Willensschwäche, mangelndes eigenes Urteil etc. handelt, oder um einen Einfluß aus materieller Umgebung. In Wahrheit ist es eine Verdrängung des eigenen Ich und die Ausführung durch ein fremdes Geistwesen veranlaßt. Ich sprach schon anderer Stelle davon und will nur noch einmal betonen, daß solcherart kranke Menschen - denn als krank muß man sie betrachten - befreit werden müssen von den zerstörenden und in den eigenen Lebensäußerungen behindernden Geistwesen.

Menschen aber, die außerhalb dieser Theorie stehen, ihre verbrecherischen Taten aus eigenem freien Willen ausführen und - ich möchte sagen - sich dazu gedrängt fühlen, weil ihre Auffassung vom irdischen Dasein, von den

Erfordernissen der Lebensgemeinschaft noch nicht genügend entwickelt oder durch Fehleinflüsse ihrer Umgebung verursacht sind, sind eben auch als psychisch krank zu behandeln und der richtige Weg zu suchen, wie sie dem normalen Leben zum eigenen und zum Wohle der Mitmenschen zugeführt werden können. Niemals wird das erreicht werden können, wenn man sie lediglich in Zellen sperrt, sich selbst überläßt und ihren diffusen Gedanken. Immer mehr werden sie sich in ihren Werdegang verbohren, die Aussichtslosigkeit ihres Lebens stündlich vor Augen, keinen Ausweg aus der vernichtenden Lage finden können.

Daß man einen Menschen absondern muß, wenigstens für einige Zeit, der eine Gefahr für Leib und Leben seiner Mitmenschen bedeutet, ist nicht zu bestreiten. Daß man aber Menschen, die nur mit materiellen Gütern, ich meine mit Besitz an Geld und Gut unrechtmäßig nach irdischen Gesetzen gehandelt haben, hinter Kerkermauern sperrt, ist sicherlich nicht richtig. Es muß andere Mittel und Wege geben, sie zu behandeln, um nicht zu sagen zu bestrafen. Ist die Möglichkeit gegeben, sie für den Schaden, den sie angerichtet haben, aus eigenen Mitteln heranzuziehen, dann soll es geschehen, und sie werden daraus lernen, daß materielle Güter nicht erforderlich sind, um im irdischen Leben glücklich zu sein. Auf alle Fälle muß eine Verpflichtung zur Gutmachung des Schadens die Hauptgrundlage des Verfahrens sein.

Es wäre besser, dafür geeignete Kräfte heranzubilden, die solchen vom rechten Weg abgekommen Mitmenschen Wegweiser sein können zu Korrektheit und Recht im täglichen Leben. Man wird mit der Zeit einsehen lernen, daß man auf diese Weise mehr Menschen dem ordentlichen Leben eingliedern und zum Nutzen der Menschheit umschulen wird als auf dem jetzt noch geübten Weg.

Gleiches mit Gleichem zu vergelten ist nicht der geeignete Grundsatz. Nicht nur aus dem Grund, weil auch ein richterliches Urteil oft nicht frei von Irrtum ist, soll die Todesstrafe unzulässig sein. Das Leben wird von der göttlichen Allmacht gegeben und darf auch nur von ihr genommen werden. Daß heute noch die Todesstrafe in vielen Ländern und bei so vielen Völkern geübt wird, ist nicht zuletzt darauf zurückzuführen, daß auch nach den unendlichen Gesetzen eine Verfehlung dadurch gesühnt werden kann, daß der Mensch das gleiche Schicksal auf sich nimmt, das er unerlaubt aus freiem Willen einem anderen zugefügt hat. Das aber nur in den seltensten Fällen.

Die bösesten Taten können durch gute gesühnt werden, nach den unendlichen Gesetzen, wenn der Fehler oder Irrtum erkannt und bereut wird. Wenn also der gute Wille vorhanden ist, durch gute Taten seine Verfehlungen zu sühnen, so muß nicht das gleiche Schicksal die Folge eines Verbrechens sein. Diese Auffassung muß auch in die irdischen Gesetze Eingang finden, auch auf die Gefahr hin, daß ein Mensch rückfällig wird und alle guten Ratschläge und Wohlwollen in den Wind schlägt. Es wird unter tausend einer sein.

Deshalb muß eine gründliche Menschenkenntnis und die Fähigkeit zu psychischer Behandlung die Möglichkeit zur richtigen Beurteilung geben. Menschen sollen nur beurteilen, aber nicht verurteilen.

Und so wie es im Gerichtswesen zu einer Umstellung in diesem Sinn kommen muß, so muß schon in der Erziehung des Kindes eine Auffassung sich durchsetzen, die diesem Grundgedanken gerecht wird. Ich meine den Grundgedanken von der Lenkung und Leitung zum Guten nicht durch Züchtigung und Strafen, sondern nur mit Liebe und viel Geduld, mit Einfühlung in die Psyche des Kindes oder jungen Menschen, der seinen Eltern und Erziehern anvertraut ist.

Ich will ja nur meinem Gefühl Ausdruck verleihen, daß alle Menschen auf Liebe und Güte reagieren und das Gefühl der Dankbarkeit und damit der Reue in ihnen geweckt wird, anstatt sie durch Strafen und Absonderung von der menschlichen Gesellschaft noch mehr zu degradieren, als sie es schon selbst durch ihre ungehörige Tat empfinden. Macht euch, meine verehrten Richter und auch Ärzte, die diese Zeilen lesen oder hören, vertraut mit den Methoden und Behelfen, die schon in der Individualpsychologie begründet sind, und bemüht euch, in diesem Sinne eure Mitmenschen zu beurteilen und ihnen weiterzuhelfen auf dem für viele so schweren Lebensweg.

Auch die Ärzte habe ich dazu angerufen, weil es, wie wir wissen, auch viele Krankheiten gibt, die auf menschliches Versagen, auf Maßlosigkeit in der Lebensführung zurückzuführen sind. Sie bedürfen des größten Verständnisses und der liebevollsten und gütigsten Behandlung, was nicht ins Gegenteil ausschlagen soll, daß man meint, sie noch dafür belohnen zu müssen. Ich drückte es so stark aus, weil ich damit betonen will, daß auch darin das richtige Maß gefunden werden muß. Damit genug für heute.

37. KAPITEL
Erkennen des mitgebrachten Programmes.
Verstehen, das Fundament zum geistigen Aufbau.

Wir sprachen zuletzt von der erforderlichen Reform der Gerichtsbarkeit und des Strafrechts. Heute will ich damit beginnen zu erklären, wie die Menschen es einrichten könnten, sich im Leben besser zurechtzufinden und ohne fremde Hilfe - ich meine ohne ständige Unterstützung - den richtigen Weg zu wählen und zu finden.

Wir müssen nun bedenken, daß wir in dieser Zeitrechnung noch sehr wenige Menschen finden, die es mit Bewußtsein tun und, ich möchte sagen, die Stimme des Innern erforschen nach dem Programm, das sie mitgebracht haben. Es sind meist nur diejenigen, die eine Berufung fühlen und sich ihr nicht entziehen können und natürlich auch nicht wollen, weil der freie Wille von vornherein darauf eingestellt war. Solche Berufene werden auch durch noch so starke materielle Einflüsse nicht davon abgehalten und gehen unbeirrt ihren Weg, und wenn er noch so steinig ist. Gerade die Schwierigkeiten, die in den Weg gelegt werden, veranlassen meist zu erhöhten Anstrengungen und führen deshalb zu größeren Erfolgen als ein bequemer Weg und ein sorgenfreies Leben. Das sind aber nicht die Menschen, die ich betrachten will, sondern diejenigen, die um den Aufstieg ringen und nicht genug Kraft haben, alle Hindernisse erfolgreich zu bekämpfen.

Wir haben aber schon angedeutet, daß es heute noch verhältnismäßig wenige Führer gibt in dieser Hinsicht. Es genügt nicht, daß der Mensch lesen und schreiben lernt und vor allem rechnen, was man ja für das größte Erfordernis betrachtet im materiellen Streben. Geld und Gut zu erreichen ist ja der Höhepunkt im Dasein, und daneben werden höchstens Menschen anerkannt und geachtet, die auf künstlerischem Gebiet Fähigkeiten beweisen, die über das Niveau des Durchschnittsmenschen hinausgehen. Alle anderen sind nach Ansicht der geltenden Lebensordnung bestenfalls mittelmäßig, stehen mehr oder weniger über oder unter dem Durchschnitt, oder gehören eben zur Masse, die für den Fortschritt und die Entwicklung eines Volkes und Staates höchstens Handlanger sind.

So ist das aber wahrlich nicht, wenn man den Erfolg vom Gesichtspunkt des geistigen Fortschritts und Aufstiegs beurteilt. Wie schon an anderer Stelle betont, müßten die Menschen, die sich zur Ehe und Zeugung von Kindern entschlossen haben, einen tiefgehenden Unterricht erhalten. Sie müssen dem werdenden Menschen ja Helfer und Berater sein, und will man richtige und gesunde Lebensgrundlagen schaffen, dann muß derjenige, der dazu beauftragt ist, den rechten Weg dazu finden können. Die Welt verfügt heute über so ausgezeichnete Mittel, guten Einfluß zu verbreiten und zu vermitteln, wie da sind Radio- und Fernsehapparate, daß man nur den richtigen Gebrauch davon machen muß. Aber was soll wohl vermittelt werden? Das ist so einfach, daß niemand daran denkt.

Ich sagte schon, daß es in der Erziehung des Kindes darauf ankommt, herauszufinden, wohin der Lebensweg führen soll, welches Programm im Inneren des Menschen wohnt. Was dazu nötig ist zu lernen, ist einfach das richtige Verstehen, das Erfühlen der Grundlagen und Fähigkeiten. Das kann man aber nur, wenn man dem Menschen die Möglichkeit zur freien Entfaltung gibt.

In der Erziehung der ersten Lebensjahre werden so viele Fehler begangen, Hemmungen in jeder Richtung werden anerzogen, denn solche sind niemals angeboren. Ein Kind, das einen schwachen eigenen Willen hat, wird sich leicht lenken lassen, ja aber wohin? Meist dorthin, wohin es die Eltern und Erzieher für zweckmäßig und richtig halten. Der Vater hat ja einen Beruf oder ein Geschäft für den Sohn aufgebaut, und ist er noch sowenig dazu geeignet und begabt, er muß da hinein, weil sonst das Vermögen umsonst zusammengekratzt wurde.

Wenngleich sich in dieser Richtung schon in den letzten Jahrzehnten eine Lockerung angebahnt hat, herrscht doch immer noch die Auffassung, daß die Kinder ein Erbe von den Eltern erhalten müssen, um ein sorgenfreies Dasein führen zu können. Daraus muß man den Schluß ziehen, daß die Eltern ihren Kindern nicht zutrauen, daß sie dasselbe erreichen könnten oder erarbeiten, was die Eltern zustande gebracht haben. Wie kurzsichtig ist solche Auffassung. Man übersieht dabei vollkommen, daß der den Eltern anvertraute Geist oft oder meist weit höher entwickelt ist und nur eine - ich möchte sagen - primitive Grundlage braucht, um seine Veranlagung zum Ziel zu führen. Es ist geradezu eine Überheblichkeit der Eltern, die der Meinung sind, daß ihre Kinder arm und verlassen sind und hilflos, wenn sie die irdische Welt verlassen. Wie oft zeigt es sich erst dann, daß ein Mensch sehr wohl imstande ist, auf eigenen Beinen zu stehen, was man ihm vorher restlos abgeleugnet und abgesprochen hatte.

Wie lange muß solch ein Menschenkind oft warten, bis es sein eigenes Leben leben darf, bis aller Zwang und Bevormundung wegfällt und es sich entfalten darf auf Grund der Anlagen, die in ihm ruhen. Mancher kommt damit zu spät und findet nicht mehr Zeit und Möglichkeit, seine Aufgaben, die er sich gestellt hat, zu erfüllen. Er muß nachsitzen, könnte man sagen, und nachholen und vollenden, entweder im Jenseits, fern von der materiellen Welt, oder gebunden an diese, in einer noch dunklen Sphäre, je nach dem Versäumnis, das er nachzuholen hat. Erspart bleibt ihm nichts.

Die Eltern aber, die solcherart ihrem Kind hindernd und hemmend im Wege standen, müssen auch umlernen, um für das nächste Mal gereifter und klüger ihrer Aufgabe und ihren Pflichten gerecht zu werden. Das dauert aber wieder eine ganz geraume Zeit, oft einige hundert Jahre, bis sie zurückkommen können, um gutzumachen, was sie verdorben hatten.

Ich will also damit sagen, daß in erster Linie die Eltern eine Erziehung brauchen, wenigstens noch vorläufig so lange, bis es solche Irrtümer auf der materiellen Welt nicht mehr gibt. Man mag nur zurückdenken, mit welchen Fehlern und Irrtümern die Menschheit in den letzten Jahrhunderten schon aufgeräumt hat und welcher Fortschritt sich in der Zivilisation der Völker, die ja das Spiegelbild des geistigen Fortschritts sein soll, schon erkennen läßt.

Warum soll es nicht möglich sein, auch auf diesem so wichtigen Gebiet Ordnung zu machen, da doch in dieser Richtung der größte Fortschritt erzielt werden kann?

Ich weiß aus Erfahrung, daß es nur ein wenig guten Willen braucht, um verstehen zu lernen. Ein wenig Einfühlungsvermögen besitzt jeder Mensch und dieses zu betätigen oder in stillem Fühlen zu befragen, ist gar nicht schwer. Ein solches Einfühlen kann nur in guter Absicht erfolgen und muß daher von Erfolg begleitet sein.

Wenn eine Mutter ihr Kind schreien hört und nur ganz still und in sich gekehrt überlegt, wodurch der Schmerz oder Kummer verursacht ist, ob es ein echter oder simulierter ist, so wird sie es fühlen und dementsprechend in Güte und Liebe zu trösten oder zu beruhigen suchen.

Daß der Umgang mit Menschen, ob in Familie oder außerhalb derselben, viel Geduld erfordert, wissen wir alle. Wir müssen lernen, sie niemals zu verlieren, denn im Augenblick, da wir in Ungeduld und Zorn oder auch in Gleichgültigkeit geraten, werden wir niemals Verstehen finden und erkennen können, was wir ergründen wollen.

In dem Augenblick aber, da die Eltern bemüht sind, nur mit Geduld und Verständnis ihren Sprößlingen zu begegnen, werden sie es unterlassen, diese zwingen zu wollen, durch Befehle und Züchtigung das zu tun und zu lassen, was den Eltern gefällig ist oder der stets kritisierenden Umgebung. Verstehen brauchen die Menschen auch im reifen Alter untereinander, in Ehe und Beruf und im täglichen Leben. Sich liebevoll gegenüberstehende Menschen werden für jedes Verhalten des andern eine Begründung, ich will sagen Entschuldigung oder Verzeihung, finden. Ohne Liebe gibt es kein Verstehen. Liebe wieder in einem viel weiteren Rahmen als nur zwischen Gatten oder in der Familie. Ich möchte in diesem Fall sagen Güte, Güte ist die Bezeichnung für ein Verhalten, mit dem man eine Einstellung charakterisieren möchte, die eine Handlung rechtfertigt, die nicht unbedingt erforderlich, aber gerne vollbracht wird, also aus reinem Herzen. Solche Handlungen sind selbstverständlich, weil sie dem Menschen keine Belastung bedeuten, keinen Verzicht oder größeren Aufwand.

Gut dagegen ist ein Mensch erst dann, wenn er ungeachtet seiner eigenen Person und seines Vorteiles Leistung vollbringt zum Nutzen und Segen der Mitmenschen.

Es ist ein kleiner Unterschied zwischen gut und gütig, aber in unserem Zusammenhang nicht von Bedeutung. Eltern müßten ihren Kindern gegenüber wohl nicht nur gütig, sondern wahrhaft gut sein, also ungeachtet einer Belastung und eines noch so großen Opfers alles tun und geben wollen, was in ihren Kräften steht.

Auch in dieser Hinsicht darf man sagen, hat sich die allgemeine Lebensauffassung schon zum Besseren geändert. Wir wissen noch von unseren Vorfahren, wie groß der Abstand der Kinder oft von ihrem Vater, seltener auch von der Mutter gewesen ist. Nur Respekt durfte gezeigt werden und strenge Zucht war selbstverständlich. Und betrachten wir die arme Frau. Sie war im wahrsten Sinn des Wortes ein Sklave. Ich erwähne diese Tatsachen, um der Hoffnung Ausdruck zu verleihen, daß der eingeschlagene Weg eifrig fortgesetzt und zu einem guten Ende geführt oder beschritten wird.

In vielen Belangen ist schon Ordnung gemacht worden, so darf wohl mit Fug und Recht angenommen werden, daß die Menschheit nicht stehenbleiben wird in ihrer Entwicklung zu noch besserem Verstehen, das die Grundlage, das Fundament zum geistigen Aufbau ist. So wie in der Technik die großen Erfindungen, das Ergründen der Naturgesetze und die Nutzbarmachung ihrer Kräfte es ermöglichen, in kürzester Zeit unter Ausschaltung aller Hindernisse gigantische Bauten zu errichten und befreit von materieller Schwere durch die Lüfte zu fliegen, so müssen auch dem Menschen selbst die Hindernisse beseitigt werden, die ihn zu seiner Entfaltung hemmend umgeben. Damit beende ich für heute.

38. KAPITEL
Verstehen und Verzeihen, die wichtigste Grundlage in der Erziehung des Kindes und in der Behandlung der kranken Seele.

Heute will ich fortsetzen, wo wir gestern geschlossen haben. Es ist das Thema Verstehen und ich möchte damit verbinden das Verzeihen. Es spielt im Leben der Menschen die größte Rolle und beeinflußt die Seele in einem Maße, wie es die Menschen kaum erkennen können.

Jede Verzeihung, die wir einem irrenden Menschen von Herzen angedeihen lassen, bringt ihn um einen Schritt weiter. Verstehen und Verzeihen liegen nahe beisammen, denn eine Fehlhaltung verstehen, heißt zugleich sie verzeihen. Hat ein unrichtiges Verhalten seine Begründung gefunden, dann gibt es nur ein Verzeihen dafür.

Der Fehler, den die Menschen begehen, liegt vor allem darin, daß sie der Meinung sind, jede unrechte Tat müsse gesühnt und bestraft werden. Was will man denn damit erreichen? Doch eine Besserung des Verirrten und Fehlenden, wenn es nicht Rache sein soll für einen zugefügten Schaden. Ich brauche dazu kaum etwas zu sagen, wenn diese Zeilen an guten Willen gerichtet und mit solchem aufgenommen werden, denn da ist Rache ein Begriff, der gewiß nicht anerkannt wird für die Entwicklung der Menschheit.

Niemals würden Morden und Brennen ein Ende nehmen, gäbe es nicht das kleine Wort Verzeihung. Wie sehr die Seele davon berührt wird, kann mancher aus eigener Erfahrung feststellen.

Es ist das oberste Gesetz der psychischen Pflege und Behandlung. Ein Patient, der wegen einer großen Fehlleistung aus Angst vor Rache und Strafe im Begriffe steht, seinem irdischen Dasein ein Ende zu machen, kann nur dadurch genesen, daß ihm Verstehen und Verzeihung zuteil wird. Keine Strafe kann ihn davon abhalten, es sei denn, man nimmt ihm systematisch alle Möglichkeit, sein Vorhaben auszuführen.

Ich will damit zeigen, daß weder für den Kranken - denn jede Fehlhaltung beruht auf einer Krankheit oder mangelhafter Entwicklung und Pflege der

Seele - noch für die Mitmenschen, ob in enger oder weiterer Bindung zu dem Patienten, ein Nutzen daraus gezogen werden kann.

Aber immer wieder muß ich dabei zurückgreifen auf bereits Gesagtes, und zwar, daß das Leben auf der materiellen Welt nicht nur einmal geschenkt wird, sondern, das ist wichtig, in unendlicher Folge so lange, bis geistige Reinheit erreicht ist, und das im Interesse und zum Wohle der ganzen Menschheit. Es ist notwendig, immer wieder vor Augen zu führen, daß der Mensch nicht nur für sich selbst und seine Entwicklung verantwortlich ist, er ist es in gleichem Maße für seine Umgebung und, soweit es in seinen Bereich in irgendeiner Form hineinragt, für die ganze Menschheit.

Keiner kann einen geistigen Fortschritt erzielen ganz auf sich allein gestellt und nur zu seinem eigenen Nutzen. Er ist auf die Mithilfe seiner Umgebung genauso angewiesen wie diese auf die seine.

Gemeinschaft ist alles. Das heißt nicht, daß man täglich und stündlich nur anderen dienen soll. Auch hier gibt es einen goldenen Mittelweg, den man suchen muß. Bevor man einem Mitmenschen helfen und dienen will, mit Erfolg und zu seinem Nutzen, muß man selbst an sich erproben und erforschen, wohin der Weg führt und welcher der richtige ist.

Helfen setzt ein Können voraus und das muß gelernt sein, auch dann, wenn große Anlagen vorhanden sind und Befähigung im Innersten schlummert. Der eine muß aufbauen und lernen, der andere braucht nur zu öffnen und seinen Fähigkeiten freien Lauf lassen, aber er muß den Willen haben, es zu tun.

Ich begann also mit der Pflege der Seele durch Verstehen und Verzeihen. Mag jeder selbst erkennen, wie viel Wohltat er damit sich selbst und einem anderen erweist. Frohsinn und Ruhe strahlt jeder aus, der Verzeihung gewährt und der Empfänger desgleichen. Nur auf einen Versuch kommt es an. Nach der ersten Tat in dieser Richtung wächst das Vertrauen zu sich selbst und die Sicherheit der eigenen Persönlichkeit, denn Verurteilung, Schmähung und Verunglimpfung erzeugen nur Unsicherheit im eigenen Seelenbereich, weil der Zweifel an ihr nagt, ob das Verhalten auch gerecht war oder ob man etwa übers Ziel hinausgeschossen hat. Daraus entsteht oft die Übertreibung in der Vorstellung von der Fehlleistung des andern, einzig und allein deshalb, weil man nach Rechtfertigung für die negative Beurteilung sucht. Glücklich macht sie keinen und wäre sie noch so gerecht.

Es ist nicht nur, wenn auch in erster Linie vielleicht, Aufgabe der Kirche, solche versöhnliche Haltung zu predigen. Es ist auch eine unerläßliche

Aufgabe des Arztes, der nicht früher seinen Patienten wahrer Helfer sein wird, als bis er sich auf den Weg zu Verstehen und Verzeihen eingestellt hat und als leuchtendes Vorbild die Überzeugung vom guten Denken über die Mitmenschen auf andere wird übertragen können. Wie viele schwere Depressionen könnten auf so einfache Weise geheilt werden.
Das Denken des irrenden Patienten muß umgelenkt werden auf die Bahn des Friedens und der Versöhnung. Man darf diesen letzten Satz ruhig bezweifeln, eine Depression entsteht oft daraus, daß der Mensch sich nicht in der Lage sieht, gegen seine äußeren und inneren Feinde aufzukommen. Es ist ein aussichtslos scheinender Kampf gegen die Umwelt, gegen Irrtum und Verfehlung. Jeder Kampf ist aber verwerflich und abzulehnen. Was wir Kampf in diesem Zustand nennen, ist das Ankämpfen gegen die falsche Vorstellung, also das Bemühen, zum richtigen Verstehen zu gelangen.
Der Mensch versteht sich selbst oft nicht und erkennt nicht den Wert oder Unwert seiner Lage. Er muß auch in erster Linie lernen, sich selbst zu verstehen, seine Handlungen und Taten unter die Lupe zu nehmen und rückhaltlos und ehrlich zu kritisieren. Es hat aber ebensowenig Wert, sich selbst zu verurteilen und womöglich für unfähig und verloren zu betrachten, wie es unrichtig ist, über andere den Stab zu brechen.
Auch sich selbst verstehen und sich verzeihen gehört zu einem gedeihlichen Fortschritt. Aber nicht dabei stehenbleiben darf der Mensch, der zur Einsicht kommt, daß er geirrt oder gefehlt hat, sondern mit aller Kraft und inneren Überzeugung, mit ehrlichem Willen muß die Verpflichtung auf sich genommen werden, sich zu ändern, den richtigen Weg einzuschlagen. Nicht zurückblicken darf man, sondern immer nur voraus und nach oben. Wie beglückend ist der Erfolg, wieviel Kraft erwächst einem solcherart krank gewesenen Menschen aus dem Sieg über sich selbst.
Also noch einmal: Erkennt die wichtigste Grundlage für die Heilung einer kranken Seele: Verstehen und verzeihen, sich selbst und seinen Mitmenschen.
Wieviel mehr muß dieser Weg beschritten werden in der Erziehung der Kinder, die, in ein Milieu geboren, unerfahren und unreif, gezwungen sind, sich gegen alle Anfechtungen des irdischen Daseins zur Wehr zu setzen. Auch sie müssen in frühester Kindheit lernen, verstehen und verzeihen. Aber auch nicht nur in bezug auf ihre Umgebung, sondern insbesondere sich selbst gegenüber. Wie dankbar ist ein Kind, das einem nach Meinung der Eltern und damit nach seiner eigenen - ich möchte sagen - ihm eingegebe-

nen Meinung sieht, daß ein begangener Fehler nicht beachtet wird. Es weiß genau, daß es so oder so nicht sein soll oder daß eine Handlungsweise verboten ist, aber es wird nicht davon abgehen, wenn es kritisiert und bestraft wird - es sei denn, daß Rabeneltern, wie man fälschlich sagt, so drakonische Methoden an den Tag legen, daß die Angst vor qualvoller Strafe darauf verzichten läßt - und wird bei jeder Gelegenheit bemüht sein, sich nach eigenem Gutdünken zu verhalten. Denn auch ein Kind hat einen freien Willen und muß ihn erhalten, ungehindert bis an sein Lebensende.

Das wird den Eltern leicht gelingen, wenn sie nur mit Verstehen und Verzeihen ihrem Kind entgegenkommen, ihm Freiheit im Denken und Handeln gewähren und sich darauf beschränken, es zu pflegen und zu ernähren, es vor Gefahren zu beschützen und sich bemühen zu ergründen, in welcher Richtung die Fähigkeit gefördert und geweckt werden können.

Ich sagte schon einmal, daß es eine große, heilige Aufgabe ist, zu der die Eltern in ausreichendem Maß unterrichtet werden müßten. Freilich ist es heute noch nicht so weit auf der materiellen Welt, daß man von jedem Elternpaar erwarten könnte, daß es sich der Erziehung der Kinder in der geschilderten Weise annehmen wird.

Dafür müssen eben noch soziale Einrichtungen geschaffen sein, wie sie ja bereits zum Teil vorhanden sind. Man erkennt immer mehr, daß es nicht ganz leicht ist festzustellen, ob ein Kind seinen Weg aus eigenem Antrieb gehen wird oder ob es fremder Hilfe bedarf. Verhältnismäßig selten sind Kinder so ganz allein auf sich gestellt und haben dadurch die Möglichkeit, sich geistig zu entfalten nach ihrem mitgebrachten Programm. Das Milieu übt einen starken Einfluß auf die Entwicklung aus und läßt oft die ureigenen Anlagen nicht zum Ausreifen kommen. Die Seele ist es in allen Fällen, die da ihre Vermittlerrolle nicht in ausreichendem Maß versehen kann, und weshalb sie es nicht imstande ist, haben wir in groben Zügen schon festgestellt.

Wir wollen aber auf die einzelnen Arten der Behinderung noch in den nächsten Abschnitten genau eingehen.

Für heute schließe ich mit dem Wunsch, daß alle, die dieses Kapitel gelesen oder gehört haben, einmal versuchen, meinen Rat zu befolgen und ihren Mitmenschen und sich selbst mit Verstehen und Verzeihen zu begegnen. Ich bin überzeugt, sie würden es mir danken und bemüht sein, auf dem eingeschlagenen Weg weiterzuwandern. Glaubt mir, er ist der klügere, gesündere und bequemere als aller Kampf und Streit, als Verurteilung und Haß.

Dozent Dr. Karl Nowotny

MEDIALE SCHRIFTEN

Mitteilungen eines Arztes
aus dem Jenseits

Band II

LAREDO VERLAG CHIEMING

INHALTSANGABE

Kapitel		Seite
1.	Vom Schicksal und vom Schicksalhaften.	141
2.	Der Wert des geistigen Fortschritts. Selbsterziehung und geistiger Führer.	145
3.	Suggestion und Autosuggestion. Unterordnung aus freiem Willen und Opposition.	150
4.	Menschenkenntnis und ihre praktische Anwendung. .	155
5.	Irrtümer bei der Erforschung menschlicher Anlagen. Vom Einfluß vorangegangener Leben auf die Entwicklung im Irdischen.	162
6.	Einseitige Entwicklung. Beruf und Berufung.	166
7.	Die wahre Freundschaft und ihre Grundlagen. ...	170
8.	Wege zur Erforschung des menschlichen Idealbildes.	174
9.	Die Gemeinschaft und die notwendige und richtige Einstellung zu ihr.	179
10.	Der göttliche Sinn der Berufung.	183
11.	Die Kunst, ihr Entstehen und ihre Bewertung.	188
12.	Veranlagung und erworbene Kenntnisse. Ihr Erkennen und ihre Förderung. Die Überzeugung vom Fortschritt zum Guten.	191
13.	Wissen um die Zusammenhänge mit dem Jenseits als Grundlage für eine gesunde Lebensauffassung und Erziehung.	194
14.	Der Weg zu gesunder Lebensauffassung. Die Bewertung der Materie.	198
15.	Wert und Unwert der Materie im Zusammenhang mit der Suche nach dem Lebensweg.	202
16.	Erfordernisse richtiger Erziehung und Lenkung.	206
17.	Ausstrahlung. Verwandtschaft im irdischen und jenseitigen Sinn.	210
18.	Vergleich zwischen dem irdischen Dasein und dem jenseitigen. Der Kreis der Gelehrten.	214

19.	Die Berufung zum Lehrer und Erzieher und ihre Weiterentwicklung im Jenseits.	220
20.	Der Begriff des Fortschritts im geistigen Leben.	224
21.	Die Ausstrahlung der Mitmenschen und die richtige Einstellung zu ihnen.	228
22.	Menschenkenntnis und menschlicher Kontakt im Berufsleben.	232
23.	Die Einflüsse auf das Seelenleben und ihre Erforschung.	235
24.	Positive und negative Besessenheit und deren Behandlung.	239
25.	Der Einfluß des Außerirdischen auf die materielle Welt und die Entwicklung der Menschheit.	243
26.	Dozent Nowotny bietet seine Hilfe an. Das rechte Maß der Lebensaufgaben.	247
27.	Erkennen der Ursachen psychischer Leiden und ihre Bekämpfung.	251

EINLEITUNG

Ich begann im ersten Teil meines Werkes davon zu sprechen, wie der Mensch mit dem Unendlichen in ständigem Zusammenhang steht, wie er diese Tatsache in allen Lebenslagen zu berücksichtigen und in Betracht zu ziehen hat.

Es ist ein so weites Gebiet, daß es unmöglich erscheinen muß, alle Komponenten zu beleuchten und jedem, der es liest, das Gefühl zu vermitteln, es sei auf ihn zugeschnitten, speziell auf sein Leben, seine Aufgaben und sein Schicksal bezogen.

Es ist ein Unterfangen, sagen zu wollen, daß dieser Wunsch erfüllt werden kann und jeder das daraus finden kann, was nur für ihn von Interesse und nur auf ihn ausgerichtet ist.

Der Mensch soll aber lernen, die Gemeinschaft in den Mittelpunkt zu stellen, und daher ist es für jeden wichtig, in möglichst vielen Sparten bewandert zu sein und sich ein Urteil auch über andere bilden zu können, die seinen eigenen Kreis kaum berühren. Nur so kann durch Vergleich und Anschauung ein eigenes, objektives Urteil erreicht, der Abstand in jeder Lebenslage gefunden werden.

Es mag daher manchem auf den ersten Blick weitschweifig erscheinen, er wird aber bald erkennen, wie wertvoll es für jeden ist, die Probleme des irdischen Daseins immer wieder, stets aber von einem veränderten und neuen Standpunkt aus, zu betrachten.

Das, was den Menschen daran in den meisten Fällen neu vor Augen tritt, ist die Betrachtung der Probleme von der höheren Warte der jenseitigen Welt. Und gerade das soll und muß zum Allgemeingut werden, will man die Lebenserfahrungen richtig verstehen und bewerten lernen.

Darum habe ich mit dem zweiten Teil genau dort fortgesetzt, wo der erste Teil endet und werde noch in einem dritten Teil genauso verfahren.

Habt Geduld, wenn nicht gleich die Antwort zu finden ist auf Fragen, die euch bewegen. Ich bin aber überzeugt, daß niemand meine Schriften beiseite legen wird, ohne zugeben zu müssen, daß sie zu Überlegungen angeregt haben, wie denn die eigene Lebensauffassung im Vergleich zu den darin gegebenen Grundlagen zu bewerten ist und ob sie einer kritischen Betrachtung standhält.

Daß das, was ich erkläre und als auf meinem einwandfreien Wissen beruhend aufzeige, eines wissenschaftlichen Beweises nicht bedarf, soweit es eben von eurem Standpunkt aus einer exakten Beweisführung entbehrt, wird kaum einer leugnen, der im Studium der medialen Wissenschaften bewandert, Beweise erhalten hat vom Leben nach dem Tode und der ewigen, unauslöschbaren Existenz von Geistwesen und Seele.

Nehmt also diesen Abschnitt mit dem gleichen Wohlwollen und der Anerkennung meiner stets gut gemeinten Bemühungen auf und werdet nicht müde, den Weg zu suchen und zu gehen mit allen euch zu Gebote stehenden Mitteln, die euch zu einer normalen und gesunden Lebensauffassung führen können.

1. KAPITEL
Vom Schicksal und vom Schicksalhaften.

Wir sprachen zuletzt von "Verstehen" und "Verzeihen" und daß Kinder schon in frühen Lebensjahren dazu erzogen werden müssen. Manche Mutter wird fragen, wie man das anstellen soll. Das ist gar nicht so schwer. Freilich wird das Kind die Ausdrücke "Verstehen" und "Verzeihen" nicht so schnell erfassen, wenngleich es den Sinn sehr bald erfaßt, wenn nur bei passender Gelegenheit bemerkt wird, daß man versteht, was es gerade wünscht, aber warum es nicht sein darf oder weshalb man den Wunsch erfüllen könne. Ein Verstehen in positivem Sinn ist natürlich immer besser als in Verbindung mit einer Absage. Statt verzeihen wird man eben nicht böse sein und das auch betonen. So viele Möglichkeiten sind im täglichen Leben geboten, bewußt diese Einstellung zu pflegen.

Immer aber ist der beste Lehrmeister das Vorbild. Ein Vater, der von seinem Kind verlangt, daß es stets verzeiht, ohne zu zürnen, selbst aber bei jeder Gelegenheit in Zorn gerät und mit Prügeln droht oder sie gar verabreicht, wird niemals einen erzieherischen Einfluß in dieser guten Richtung ausüben können, weil das Kind mehr dem Vorbild nachstrebt als gesprochenen Worten. So viel von der Erziehung des Kindes. Auch hier muß beobachtet werden, wieweit die eigene Veranlagung das richtige Verhalten bietet, und ob das Kind nicht ohnedies alle Voraussetzungen in sich birgt.

Schwerer ist es schon für den Erwachsenen, der in seiner Kindheit kein gutes Vorbild hatte und jede kleine Verfehlung schwer büßen mußte. Bei solchen Menschen kommt es darauf an, ob die Anlagen und Erfahrungen aus früheren Leben dazu angetan sind, den richtigen Weg durch eine gütige Einstellung finden zu lassen, oder ob der Mensch, noch minder entwickelt in seiner seelischen Verfassung, für die ihm widerfahrene Unbill Rache nehmen will. Wie viele böse Taten und Verbrechen sind darauf zurückzuführen. Ich möchte sagen, fast alle.

Ich empfehle das Studium des Milieus, aus dem so ein Verbrecher kommt, und man wird diese Behauptung bestätigt finden. Wie schon betont, ist es die Schwäche der Seele, die nicht imstande ist, mit den negativen Einflüssen - und nur um solche handelt es sich - fertig zu werden und sich von dem ungesunden Milieu innerlich oder auch äußerlich frei zu machen. Es ist aber in keinem Fall mit Willkür zu solchen Konstellationen gekommen.

Es ist eben in den unendlichen Gesetzen begründet, daß alle Schwierigkeiten erst besiegt und gemeistert werden müssen, ehe ein wahrer Fortschritt möglich ist. Das bedeutet aber nicht, daß jeder Mensch ganz auf sich allein gestellt den richtigen Weg finden muß. Diejenigen, die ihm voraus sind in der Entwicklung, haben die Pflicht, ihre Hand zu reichen und zu helfen. Freilich kann man keinen Menschen zwingen, sich helfen zu lassen. Sein freier Wille muß bereit sein, die Hilfe zu erbitten oder anzunehmen, wenn sie ihm angeboten wird.

Es gibt kein Schicksal, das unumstößlich mit den Menschen machen kann, was es will. Schicksal ist nur das, was an Schönem oder Gutem oder auch an Schwierigkeiten auf Grund der von der göttlichen Allmacht vorgezeichneten Gesetze zur Grundlage den Menschen ins irdische Dasein mitgegeben wird. Sein freier Wille gibt ihm die Möglichkeit, sie nach eigenem Gutdünken zu gebrauchen und zu genießen oder damit fertig zu werden und im Sinne des geistigen Fortschritts zu ertragen und zu meistern.

"Der Mensch entgeht seinem Schicksal nicht", ist eine vielbeliebte Phrase. Es ist aber nur eine Phrase und keineswegs richtig. Es wäre ein recht uninteressantes und gleichgültiges Leben, wollten wir uns darauf verlassen, daß wir eben soundsoviele Leben zu absolvieren haben, ohne daß wir auf den Ablauf und seine Entwicklung einen Einfluß hätten. Freilich sind die markanten Grundzüge nicht wegzudenken oder zu umgehen. Ein Mensch, der im irdischen Dasein die materiellen Güter überschätzt, wird eben in einem späteren Leben vielleicht in notdürftigen Verhältnissen leben müssen, um zu lernen, wieviel er für sich beanspruchen darf. Die notdürftigen Verhältnisse sind ebenso das schicksalhaft Bedingte wie in einem früheren Leben der übermäßige Reichtum. Beide Grundlagen geben nur das Fundament zum Aufbau, zum Beweis und zur Nutzung für den Fortschritt im Geiste.

Darum mag einer noch so reich in diesem Erdendasein sein, es bringt ihm nichts ein, wenn er es nicht richtig zu nutzen weiß. Im Gegenteil, er wird seinen Fortschritt eher mehr hemmen als derjenige, der sein Leben in Not und Elend oder Krankheit mit menschlicher Würde und Gleichmut - um nicht zu sagen: in Dankbarkeit - trägt.

Manch einer ist unglücklich über sein armseliges Schicksal und erkennt den Wert erst, nachdem er - am Ziel angelangt - einsieht, daß es die wunderbare Grundlage für seinen geistigen Fortschritt gewesen ist. Wenn die Menschen erst erkannt haben werden, daß materielle Güter nur dann Segen bringen, wenn sie eine bescheidene Grenze nicht überschreiten , oder - falls sie im Übermaß vorhanden sind - der Allgemeinheit dienstbar gemacht werden müssen, dann können Neid und Habgier sich nicht mehr im Denken verankern und so viel Unruhe und Unsicherheit verursachen, wie es jetzt noch der Fall ist.

Mit großen Irrtümern muß da noch aufgeräumt werden. Warum glauben - nach irdischer Auffassung - große Männer, die an der Spitze eines Volkes oder Staates stehen, daß sie ein riesiges Vermögen besitzen müssen, mehr als irgendeiner ihrer Untertanen? Es liegt kein Grund dafür vor. Es ist genug, daß sie auf Staatskosten erhalten werden und für ihren Lebensunterhalt nicht sorgen müssen. Materielle Güter anzuhäufen, wodurch dem Volk wertvolle Lebensgrundlagen oft entzogen werden, ist unsinnig und wertlos. Freilich ist heute die Auffassung noch zu sehr verbreitet, daß eben Reichtum, - und nur dieser - Glück bedeutet.

Langsam aber erkennen die Menschen, daß das eine verkehrte Auffassung ist. Nicht zuletzt wird dieses klar nach großen Katastrophen, durch die materielle Güter zerstört und vernichtet werden. Manch einer hat solchen Verlust schon als eine Befreiung betrachtet und erkannt, daß in materiellem Besitz das Lebensglück nicht zu finden ist.

Solange man aber den wohlhabenden Mann höher schätzt als den in bescheidenen Verhältnissen lebenden, so lange zwingt man die Menschheit, dem Mammon zu frönen und ideelle Werte in den Hintergrund zu schieben.

Wieder sind es die Ärzte, auf die diese Überlegung in erster Linie anzuwenden ist. Macht kein Geschäft aus eurer Berufung oder auch nur aus diesem Beruf! Nehmt die Menschen, wie sie sind, entkleidet aller materiellen Unterschiede! Erkennt endlich, daß jeder Mensch das gleiche Recht auf eure Hilfe hat, ob arm, ob reich; daß aber gerade die Armen, Mittellosen eurer Zuneigung mehr bedürfen als alle anderen. Das soll nicht heißen, daß ein reicher Mann weniger Hilfe braucht. Es ist eben - wie schon so oft festgestellt - die materielle Lage kein Maßstab für die geistige Reife und den Fortschritt eines Menschen. Auch irdische Würden und einflußreiche Stellungen bedeuten noch lange nicht einen bestimmten Grad oder eine bestimmte geistige Entwicklungsstufe.

Auch hier sei noch einmal festgehalten: Geistige Entwicklungsstufe ist nicht gleichbedeutend mit geistiger Entwicklung im irdischen Sinn, also Entwicklung im Bereich des Wissens. Sie ist und bleibt die Entwicklung des Geistwesens, also Wissen und Weisheit in Verbindung mit allumfassender Liebe.

Betrachtet einmal die großen Gelehrten oder Künstler oder auch die großen Politiker und Staatsmänner und prüft genau, wieweit sie diesen Erfordernissen gerecht werden. Nur sehr wenige sind es. Die meisten sind zufrieden, in ihrer materiellen Tätigkeit ihren ganzen Mann zu stellen, ihre Seele wird vernachlässigt und hat an ihrem Beruf keinen oder doch nur geringen Anteil.

Sobald die Grundsätze für die Bewertung eines Menschen einmal richtig erkannt sein werden, wird man in der Lage sein, auch diese Menschen richtig zu beurteilen. Sie werden dadurch verpflichtet und angeregt sein, ihr Leben mehr unter Kontrolle zu nehmen und sich nicht im Vertrauen auf ihr höheres und reicheres Wissen über andere stellen wollen.

Viel Bescheidenheit gehört dazu und Selbstkritik, und soweit ein Mensch aus Überheblichkeit eine solche nicht findet, ist es wieder in erster Linie der Seelenarzt, der ihn auf den richtigen und einzig wertvollen und Erfolg verheißenden Weg bringen muß.

Warum ich das dem Arzt auftrage? Weil ein einseitiges Lebensbild etwas Krankhaftes an sich hat und die Seele eines Tages ihren Dienst versagen wird bei solch unrichtigem Verhalten.

Große Künstler, Staatsmänner und Gelehrte sind ein großer Teil der Gesamtzahl von Patienten bei einem Nervenarzt. Nicht die Überbeanspruchung durch ihre Arbeit ist es, die sie ihm zuführt, sondern nur die unrichtige Einstellung zum Leben überhaupt und die meist unrichtige Bewertung ihrer eigenen Persönlichkeit.

Es ist das, was ich schon an früherer Stelle hervorhob, die einseitige Entwicklung des Geistes, beziehungsweise der geistigen Betätigung und die damit verbundene mangelhafte Pflege der Seele. So entsteht eine Unausgeglichenheit, weil der Geist und das Geistwesen eine raschere Entwicklung nimmt als die Seele. Soll so ein irrender Mensch geheilt werden, so muß er diese Tatsache erkennen lernen, sie seinem Gefühlsleben näher bringen und auf dieses lenken. Es ist nicht immer leicht, weil gerade rein geistig orientierte Menschen sehr eigenwillig sind und sich schwer einem fremden Einfluß öffnen. Wir wollen für heute schließen und morgen fortsetzen mit Gedanken über die Erziehung, nicht nur des Kindes sondern auch Erwachsener, die in ihrer Kindheit eine gesunde Erziehung entbehren mußten. Es ist ein weites Gebiet und erlaubt eine vielseitige Betrachtung.

2.KAPITEL
Der Wert des geistigen Fortschritts.
Selbsterziehung und geistiger Führer.

Heute will ich davon sprechen, was die Menschen tun sollen, wenn sie im Zweifel sind, ob ihre Auffassung von den Dingen und Menschen, die sie umgeben, richtig ist.

Es ist eine sehr wichtige Frage, denn der Irrtum in der Lebensauffassung kann ja böse Folgen zeitigen und den Fortschritt aufhalten. Nicht jeder - oder nur wenige - halten es für notwendig und wertvoll, überhaupt an einen geistigen Fortschritt zu denken, weil sie der Meinung sind, die Erde nur einmal zu erleben; und für ein ungewisses und unbekanntes Leben im Jenseits sich schon auf der materiellen Welt zu mühen und zu plagen, halten sie für unnötig und hinderlich, da sie ja die Güter des materiellen Lebens ungehemmt genießen wollen. So die Materialisten, die es noch im wahrsten Sinn des Wortes sind, weil sie die Wiederkehr in das irdische Dasein nur deshalb gewünscht haben, weil sie es für das Schönste und den Höhepunkt des Daseins überhaupt halten.

Ich sagte schon an anderer Stelle, daß sie so lange bittere Enttäuschungen erleben müssen, bis sie auf den rechten Weg zum geistigen Fortschritt gefunden haben.

Anders ist es für Menschen, die mit einem fortschrittlichen Programm auf diese Erde kommen und durch ihr materiell eingestelltes Milieu den richtigen Weg nicht gleich erkennen können. Sie leiden unter dem Widerstreit in ihrer Seele, und es kommt auf die Stärke des freien Willens an, auf den Zustand der Seele, ihre Kraft, sich aus eigenem durchzuringen und an das gesteckte

Ziel zu gelangen. Ein Mensch, der mit guten Absichten und dem Bestreben nach geistigem Fortschritt in die materielle Welt zurückkehrt, empfindet sehr bald - oder besser gesagt - kommt in Zweifel, ob die materielle Lebenseinstellung, die ihm von seiner Umgebung aufgezwungen und vorgelebt wird, seinen Vorstellungen entspricht. Er wird die Dinge von allen Seiten betrachten, die Erfolge und den wahren Nutzen abwägen und sich einen Weg suchen, der seinem mitgebrachten Programm zusagt und entspricht.

Man muß aber bedenken, daß der Mensch keine Möglichkeit hat, seinen bereits erreichten geistigen Standard zu erkennen, und daß er deshalb nach Vorbildern sucht, in der Meinung, daß Menschen, die schon länger als er selbst dem irdischen Dasein angehören, ein größeres Wissen, die bessere Erfahrung haben müßten. Das sollte wohl so sein, aber es ist nicht möglich, da die Menschen ja nicht in gleicher Entwicklungsstufe stehen, sondern ganz ungleiche Grade der geistigen Reife aufzuweisen haben.

Es ist daher für viele sehr schwer zu wissen, ob sie den richtigen Lebensweg beschreiten, welcher überhaupt der richtige ist und wo sie Aufklärung darüber erhalten und finden können.

Und nun bin ich bei dem Thema Selbsterziehung. Nur Menschen, die ernstlich den Fortschritt wünschen, nicht den rein materiellen, sondern - ich möchte sagen - eine höhere Entwicklung ihrer Persönlichkeit anstreben, nehmen sich selbst unter die Lupe und üben Kritik an ihrer Lebensweise und ihrem Verhalten der Umwelt gegenüber.

Aber auch da ergeben sich Fragen, die nicht immer leicht, manchmal gar nicht beantwortet werden können. Es ist ein sehr ernstes Problem, ich sagte schon, daß man auch sich selbst verstehen und verzeihen können muß. Ist es erst so weit, daß der Mensch bemüht ist, seine Handlungsweise zu verstehen, dann wird er auch bald erkennen können, ob das Urteil, das er über sich selbst abgibt, ehrlich und unvoreingenommen ist. Denn nur dann ist es von Wert.

Sich selbst zu belügen ist sinnlos, aber ebenso unrichtig ist auch die unberechtigte Kritik. Ja, wie kann der Mensch wissen, ob er über sich die richtige Meinung hat, ob er seine Handlungsweise korrekt beurteilt? Dazu hat jeder sein Gewissen, seine innere Stimme und damit seinen geistigen Führer, dem er vertrauen soll und in jeder Lebenslage auch vertrauen kann. Mehr und mehr muß dieses Wissen seinen wichtigen Platz im Leben jedes einzelnen erhalten. Es ist keine leere Phrase, wenn man vom guten Gewissen als sanftem Ruhekissen spricht. Es ist genau so, nur daß das, was man das Gewissen

nennt, der Führergeist ist, den jeder Mensch an seiner Seite hat und der, aufrichtig und mit gutem Willen befragt, immer die richtige Antwort erteilt.
Im Jenseits ist das wesentlich leichter, denn da sieht der Mensch - natürlich nicht als materielles Wesen gemeint - seinen oder seine Führer und Helfer, und es ist nur seinem freien Willen anheimgestellt, sich ihrer Führung anzuvertrauen und ihre guten Ratschläge zu befolgen.
Da aber im irdischen Leben schon so viel darüber geschrieben und gesprochen wird, die Kirche ebenso von den Menschen die Erforschung des Gewissens fordert und von einem Schutzengel spricht, bin ich veranlaßt, dieses Thema der Wahrheit entsprechend darzustellen und zu erklären, damit der richtige Weg leicht und selbstverständlich gefunden werden kann.
In irdischer Auslegung ist das Gewissen nichts anderes als die Selbstkritik, also ein rein geistiger Vorgang, eine Betätigung des Gehirns. In Wahrheit ist es die Seele, die sich dem Einfluß und Rat ihres Führers öffnet und mit gutem Willen auch die erteilten Urteile und Ratschläge empfängt.
Der gute Wille kommt vom Geistwesen und gibt den Impuls zur Aufnahmebereitschaft, die schönste geistige Leistung im Leben der materiellen Menschen.
Bei uns ist diese Leistung eben deshalb nicht so hoch zu werten, weil wir unsere guten, wohlwollenden, wenn auch oft sehr gestrengen Führer erkennen und uns mit ihnen leicht und für uns erkennbar verständigen können.
Das ist aber die weise göttliche Fügung, daß der irdische Mensch gezwungen ist, sich solche Verbindung erst zu erarbeiten und seine ihm gestellten Aufgaben nicht unter sichtbarer Leitung oder gar unter Zwang zu erfüllen und zu meistern. Es ist eine sehr ernste und schwierige Aufgabe, besonders dann, wenn man sich der wirklichen Zusammenhänge nicht bewußt ist. Wieviel leichter wird es einem Menschen fallen, bewußt die Antwort aus dem All zu empfangen, als sich auf ein Urteil oder eine Schlußfolgerung zu verlassen, die vermutlich oder infolge der irrtümlichen Auffassung aus dem eigenen Gedankenreich, dem eigenen Gehirn stammt.
Sich selbst erziehen, heißt also in erster Linie, sich seinem geistigen Führer anvertrauen und seinen Rat und seine Mahnungen zu befolgen.
Ich möchte dies aber nicht zu primitiv ausgelegt wissen; zum Beispiel in der Art, daß der Mensch auf diesem Weg erfahren möchte, ob ein Vorhaben rein materieller Art erfolgversprechend sein wird, oder ob es eine Einbuße an materiellen Gütern zur Folge haben kann. Rein geistige Fragen sollen da gestellt werden, wenn es um die Beurteilung einer Einstellung zu den

Mitmenschen geht, wenn der Charakter geprüft werden soll und die Berechtigung zu eigener Wertschätzung. Letztere ist wohl die wichtigste Frage, die jeder Mensch immer wieder an seinen Führer richten soll. Sie ist die wertvollste und schließt alles ein, was den Charakter, die Persönlichkeit, also das Geistwesen als solches berührt. Da kann kein Zweifel darüber entstehen, ob eine Tat gut war oder nur aus Berechnung gesetzt wurde, ob das Urteil über einen Menschen gerecht oder ungerecht war. In seinem Innersten findet jeder die Antwort, die ihm sein Führer gegeben hat.

Ist zu solcher Befragung die nötige Ruhestellung nicht zu finden, weil Störungen von außen oder große Erregung von innen her einen geistigen Kontakt mit dem Führer verhindern, dann mag man - wie die Menschen sagen - ruhig einmal darüber schlafen. Nach einer guten Nacht liegt die gewünschte Antwort klar vor Augen.

"Den Seinen gibt's der Herr im Schlaf", ist ein beliebter Spruch, nur ist es etwas zu weit gegangen, will man annehmen, daß Gott selbst zu den kleinen Menschlein kommt, um ihnen Antwort auf ihre - wenn auch wohlgemeinten - Fragen zu geben. Ich brauche die Übertreibung dieser Auffassung nicht mehr erläutern, sie ist in früheren Abschnitten genügend erklärt.

Es ist der gute geistige Führer, der solcherart wohltätig wirkt und den armen, irrenden Schäflein Sicherheit, Ruhe und Entschlußkraft gibt. Mag jeder ihn als seinen Herrn ansprechen, er verdient jedenfalls sein vollstes Vertrauen und seinen Dank.

Selbsterziehung ist Vertrauen zu allen guten Kräften und der gute Wille, alle negativen abzuweisen. Wozu, zu welchem Ende sich der Mensch erziehen soll, ist für jeden anders. Er fühlt es im Innersten, wieweit er es nötig hat, sein Denken und Trachten umzustellen.

Selbsterziehung setzt aber absolutes Wollen voraus, den Wunsch, ein Idealbild zu erreichen, wenn auch vielleicht nicht in jeder Richtung und in allen Eigenschaften, so doch besonders in solchen, von denen der Verkehr mit der Umwelt berührt wird oder umgekehrt.

Geduld zu üben, ist eine der Hauptaufgaben im irdischen Dasein. Geduld mit sich selbst und mit seinen Mitmenschen, und das aus dem Grund, weil wir wissen, daß jeder von uns unter Irrtümern leidet, denn ein Leiden ist es so lange, bis die Erkenntnis reift. Wir fordern Geduld von unserer Umgebung und müssen in gleichem Maße solche üben, wie wir sie empfangen wollen.

Geduld üben, heißt aber auch gleichzeitig, Hilfe gewähren und empfangen im Bestreben, der Wahrheit näherzukommen. Der Wahrheit heißt: dem Göttlichen, denn alles, was wahr ist, ist unumstößlich richtig und gut. Das Unwahre ist das Böse, und wenn nicht in der letzten Konsequenz, so doch der Irrtum, der den Fortschritt aufhält.

Übung zur Geduld gegen oder besser gesagt - mit sich selbst - ist das zweite Erfordernis in der Selbsterziehung, denn beim besten Willen ist der irrende, unwissende Mensch oft nicht in der Lage, sein Denken und seine Handlungen so zu ändern, wie er es gerne möchte und wie er erkennt, daß es notwendig wäre.

Geduld mit den Menschen seiner Umgebung erzeugt eine Grundlage zu Güte und guten Taten; und ist man erst dort angelangt, dann ist der gute Aufstieg nicht mehr aufzuhalten.

Ich bin noch eine Erklärung schuldig; ich sprach vorhin davon, daß wir Geduld üben müssen. Das "Wir" ist richtig, denn es gilt der Grundsatz der Selbsterziehung für uns im Jenseits genauso wie für die irdische Menschheit. Jedoch sind die Vorgänge im Jenseits andere und lassen sich schwer mit irdischen vergleichen. Es fehlen eben der materielle Körper und die Organe, die das Denken und die Ausführung von Handlungen bewerkstelligen. Es ist aber besser, dieses Gebiet nicht zu weitgehend zu betrachten, da - wie schon oft erwähnt - im Irdischen die Bezeichnungen und Begriffe nicht gefunden werden können, um irreführende Vergleiche zu vermeiden.

Im Geistigen aber, soweit es das Geistwesen allein betrifft, sind dort und da die Erfordernisse und Grundlagen dieselben. Es spielt sich nur ganz anders ab, aber das Ziel, dem wir zustreben, ist immer dasselbe.

Wir wollen es dabei belassen und mit dem Gefühl und der Überlegung schließen, daß alles im Fluß, in einem gemeinsamen Strom, dem Ziel, dem friedlichen, göttlichen Hafen zustrebt.

Seid überzeugt davon, daß keiner ausgeschlossen ist von dieser wunderbaren Bewegung nach vorwärts; und sind noch so große und schwierige Hindernisse zu bewältigen! Das mag den Zweck einer guten Selbsterziehung ein wenig ins richtige Licht setzen und den Wert eines Daseins beleuchten, das nur dem Fortschritt dienen soll.

Die Aufgaben sind ernst und schwer, aber - wie schon verschiedentlich gesagt - die Mühe wird belohnt. Ich darf es sagen, ich spreche ein wenig aus Erfahrung.

3. KAPITEL
Suggestion und Autosuggestion.
Unterordnung aus freiem Willen und Opposition.

Gestern haben wir davon geschrieben, wie die Menschen sich selbst erziehen können und welche Gedanken dazu erforderlich sind.

Nur die Gedanken, die Macht der Gedanken, von der wir schon an anderer Stelle gesprochen haben, kann einen guten oder schlechten Einfluß auf die Entwicklung des Charakters, der Persönlichkeit ausüben. Gedanken sind es auch, die durch Einflüsse von außen - durch falsches Vorbild etc. - erzeugt werden oder durch Gedanken anderer, die eine entsprechende Reaktion im eigenen Denkapparat auslösen.

Ich sagte schon, daß böse Gedanken die Mitmenschen treffen und ihnen an ihrer Seele Schaden zufügen können.

Wie oft ist ein Kind verschüchtert und unsicher, weil es die Gedanken der Eltern fühlt, die so oft völlig unnötigerweise besorgt sind, daß die Kinder ein richtiges - natürlich nach ihrer Meinung richtiges - Benehmen an den Tag legen. Sie warten geradezu darauf, daß das Kind sich schlecht benimmt und sie mit ihm keine Ehre einlegen können. Prompt wird das Kind versagen und womöglich Schande machen. Wir werden über dieses Kapitel auch noch manches zu sagen haben.

Ich sprach auch davon, daß die eigenen Gedanken eine noch viel größere Kraft besitzen in ihrer Wirkung auf den Menschen, der sie erzeugt. Man lächelt über die Begriffe Suggestion und Autosuggestion ein wenig, allerdings nur in Kreisen, die sich nicht ganz im Klaren sind, was sie bedeuten und wie diese Kräfte genutzt werden können.

Autosuggestion ist leichter als die Übertragung von Gedanken auf andere. Selbst ist man immer empfangsbereit für eigene Gedanken. Bei Fremdsuggestion muß der Empfänger aufnahmebereit sein, wenn durch die Übertragung von Gedanken zum Beispiel eine bestimmte Handlung erzielt werden soll.

Die Wirkung der Gedanken auf andere ist noch nicht Suggestion, wenn auch - möchte ich sagen - der Anfang davon. Suggestion ist Gedankenübertragung in Verbindung mit Übertragung von Willen. Es ist die Beeinflussung, und zwar bewußte Beeinflussung des freien Willens eines anderen, mit bestimmten Absichten angesprochenen Menschen.

Sind zwei Menschen in Harmonie verbunden, so wird der Wille des einen sich immer auch dem Willen des anderen anpassen oder sogar unterordnen. Er ist dann ein willenloses Werkzeug, wie man zu sagen pflegt, wenn er nicht die Kraft hat, sich dem Willen - und zwar dem bösen Willen - des anderen zu widersetzen. Das ist aber weit entfernt von Harmonie, denn solche Unterordnung erfolgt nicht ohne eigenen Willen, sondern im Gegenteil nur mit sehr viel gutem Willen.

Ich will aber vor allem über die Autosuggestion sprechen, weil sie eine wichtige Grundlage in der Selbsterziehung der Menschen bilden soll. Es ist die Fähigkeit, sich von negativen Einflüssen und Gedanken zu befreien, einen Zustand herbeizuführen, der einen, wenn auch oft nur kleinen Schritt dem Idealbild entgegen bedeutet.

Menschen, die sich der Kraft und Macht ihrer Gedanken bewußt sind, können diese in ungeahnter Weise nutzen zu ihrem Fortschritt auf allen Gebieten des geistigen und materiellen Lebens.

Freilich soll die Macht der Gedanken nur zu ihrem Aufstieg, zur Steigerung der Lebenskraft und - wenn diese durch widrige Einflüsse vermindert und geschädigt wurde - zu ihrer Genesung verwendet und angewandt werden.

In konkreter Weise gesprochen: Wenn ein Mensch zum Beispiel durch schwere Krankheit geschwächt ist und keine Medizin imstande ist, die verlorene Kraft zu ersetzen, dann kann durch richtiges Denken, durch Bejahung der guten Einflüsse und Verneinung aller negativen Erscheinungen eine Erneuerung der Kräfte herbeigeführt werden, die manchen Arzt in Erstaunen versetzen muß. Deshalb spricht man oft von dem starken Lebenswillen eines Kranken, der dadurch imstande ist, ein vorzeitiges Lebensende zu verhindern.

Es ist die Autosuggestion, ganz unbewußt durch Gedanken wie: Ich werde bestimmt noch nicht sterben, ich will noch nicht, ich muß genesen, ich will noch diese oder jene Aufgabe erfüllen und so weiter. Nicht nur in solch krassen Fällen geschehen dadurch nach menschlicher Ansicht oft geradezu Wunder. Im täglichen Leben kann dadurch so viel Gutes erreicht werden. Das kleine Wörtchen "ich muß" und "ich will" und "es gibt kein Hindernis für mich, das ich nicht bezwingen könnte", wirkt voraus zum Gelingen jeder Leistung, mag sie noch so unerfüllbar scheinen. Freilich darf dabei nicht vom gesunden Menschenverstand abgegangen werden. Daß ein Mensch allein nicht tausend Kilo heben kann, ist so sicher, daß der beste Vorsatz und die stärkste Autosuggestion nichts daran ändern werden.

Die Leistungen, die gewollt sind, dürfen nicht den ewigen Naturgesetzen widersprechend sein. Vor allem kann durch eine vernünftige Lenkung der Gedanken erreicht werden, daß vor ungewöhnlichen Leistungen, zum Beispiel eines Künstlers, der vor einer großen Anzahl von Menschen sein Können zeigen muß - alle Hemmungen und Lampenfieber, wie man es zu nennen pflegt - ein für allemal wegfallen. Das ist schon ein großer Fortschritt, denn Angst vor dem menschlichen Urteil ist es, das solche negativen Gefühle erzeugt.

Nur dann ist voller Erfolg möglich, wenn ein Vertrauen - in sich selbst erzeugt - die Sicherheit des Auftretens eine Selbstverständlichkeit wird und damit den eigenen Kräften, dem Wissen und Können freie Bahn geschaffen wird. Wie oft versagt ein Prüfling nur deshalb, weil er anstatt des großen Wissens, das er schon erworben hat, nur das sieht, was er seiner Meinung nach nicht ausreichend beherrscht.

Ich habe in meiner ärztlichen Praxis viele solch arme, zitternde Seelen befreit von ihrer Angst und ihnen dadurch zum Erfolg verholfen. Wie viel leichter wird es gelingen, wenn die Menschen einmal restlos überzeugt sein werden, daß das materielle Leben in solcher Richtung unwichtig und unbedeutend ist, daß der Wert und die Reife des menschlichen Wesens sich anders manifestieren als in Prüfungen über auswendig gelernte, wissenschaftliche Erkenntnisse.

Ich wollte aber nicht so sehr davon sprechen als von der Art der Selbsterziehung, die nicht nur einen Fortschritt im geistigen, sondern auch im materiellen Sinn - also die Meisterung von Aufgaben, die mit geistigem Fortschritt nichts zu tun haben - bringen kann.

Ich muß aber dazu auch vor allem herausheben, daß es die Aufgabe der Eltern ist, die Kinder zur Selbsterziehung anzuregen. Allein das Vertrauen, daß man ihnen die Entscheidung über ihre Handlungsweise selbst überläßt, erzeugt großes Selbstvertrauen, und das allein bedeutet schon einen großen Fortschritt im Werdegang eines jungen Menschen. Ganz besonders aber erzeugt es ein gesteigertes Vertrauen zu den Eltern, die nicht nur mit Befehl und Strafe die richtige Einstellung des Kindes zum Leben und seinen Aufgaben erzwingen. Sie werden auf diese Weise am besten zu den Vertrauten und Freunden der Kinder, und diese werden den Weg zu den Eltern finden, wenn sie aus eigenem Urteil und Denkvermögen nicht die richtige Entscheidung in ihren Lebensfragen finden können.

Damit sind wir - möchte ich sagen - bei einem neuen Kapitel angelangt, bei der Opposition. Sie ist das Bestreben, seinen eigenen Willen zur Geltung zu bringen, wenn Zwang von außen die Durchführung einer Leistung unmöglich machen will. Opposition ist kein unerlaubtes oder sträfliches Verhalten. Es ist die normale Reaktion auf einen Angriff, möchte ich sagen. Sie tritt dann in Erscheinung, wenn das Geistwesen - und vor allem die Seele - nicht bereit ist, einem Befehl zu gehorchen, sich einem fremden Willen unterzuordnen.

Ich sagte schon, daß in Harmonie vereinte oder abgestimmte Seelen sich gerne gegenseitig unterordnen, daß aber Geistwesen mit sehr verschiedener Ausstrahlung und unterschiedlicher Entwicklungsstufe schwerer Übereinstimmung in ihrer Handlungsweise finden werden. Natürlich gibt es sehr unterschiedliche Grade von Opposition und ihre Auswirkung. Nicht zwei Menschen werden in der gleichen Weise und mit gleicher Intensität opponieren, mag es noch so den Anschein haben.

Es muß dabei vor allem unterschieden werden zwischen Opposition gegen einen Angriff schädlicher Art und einer solchen, die gegen wohlgemeinte Aktionen gerichtet ist. Der Mensch, der bestrebt ist, nur im guten Sinn seine Entwicklung zu fördern, wird wohl oft einen Widerstand in seinem Innern, in seinem Denken gegen einen guten Rat zum Beispiel empfinden oder gegen einen nach der menschlichen Gesellschaftsordnung zwangsweise gegebenen Eingriff in die persönliche Freiheit. Sein aufwärts strebender Geist wird aber den Nutzen solchen Zwangs oder solcher vielleicht unbequemer Ordnung erkennen und sich aus freiem Willen alsbald fügen. Solches Verhalten ist richtig und fördernd.

Anders ist es, wenn zwar die Opposition dazu zwingt, das Gegenteil von dem zu tun, was gefordert wird, wenn aber nur deshalb nicht oder nicht mehr opponiert wird, weil man einsieht, daß man gegen den Fordernden nicht aufkommen, mit seiner Opposition keinen Erfolg erzielen kann. Ein solches Sichfügen ist ohne freien Willen zustande gekommen, aus reinen Vernunftgründen, die zwar die Forderung nicht anerkennen, aber zum bequemeren Nachgeben verleiten.

Solcherart erzwungener Gehorsam, wie er in jedem Lebensalter gefordert wird, ist ungesund. Er ist unaufrichtig und erzeugt eine Aufspeicherung von Gedanken und Gefühlen, die zur Opposition drängen und meist dann zum Durchbruch und zur Auswirkung gelangen, wenn die Gelegenheit zwar gegeben, aber keineswegs geeignet ist, den eigenen Willen zum eigenen Nutzen wirksam werden zu lassen.

Menschen, die in ihrer Kindheit als brave, folgsame Kinder galten - zur größten Zufriedenheit ihrer Eltern - werden sich oft plötzlich ihres eigenen freien Willens bewußt. Sie erkennen, daß sie ja auch selbst das Recht und die Fähigkeit haben, zu entscheiden und kommen nun in die Lage, überall und stets nur ihren eigenen Willen zu betätigen, der aber - durch die dauernde Unterdrückung ungeübt - meist weit über das Ziel hinausschießt. Arm sind die Menschen in diesem Zustand, und mannigfache Verfehlungen und Irrtümer sind die Folge solcher Erziehung.

Es muß endlich dazu kommen, daß die Eltern lernen, den freien Willen des Kindes in Güte zu lenken, anstatt sie durch Strafen, Verbote und Befehle ihrem eigenen Willen unterzuordnen. Es ist ein schwerer Fehler.

Nicht nur in der Erziehung des Kindes können wir die Folgen des Zwangs - also die Opposition - beobachten. In jeder menschlichen Gesellschaftsordnung sind Vorschriften und Einschränkungen, Verbote und Strafandrohungen gegeben, die in den Mitgliedern der jeweiligen Gesellschaft des Volkes oder Staates Widerspruch in allen Graden hervorrufen. Auch hier muß es so weit kommen, daß die Menschen aus eigenem, freien Willen nur das Gute, das für die Gesellschaft Nützliche und Zweckmäßige denken und tun wollen. Ich sprach schon in dem Kapitel über das Strafrecht davon, daß durch Zwang und Strafen keine Besserung eines verfehlten oder verirrten Geistes erzielt werden kann, daß der Wille zum Guten auf andere Weise geweckt werden muß.

Es ist der höchste Grad von Opposition, der durch Bestrafung hervorgerufen wird und statt einer Besserung nur - und in jedem Fall - eine viel tiefere Abneigung gegen die menschliche Gesellschaft erzeugt. Es gibt keinen Verbrecher, der eine Strafe als gerecht empfindet, nicht nach seinem innersten Gefühl; denn er erkennt, daß sie es nicht ist, die ihm die Schlechtigkeit oder Abwegigkeit seines Tuns zum Bewußtsein bringt. Das ist nur seine innere Stimme, sein Gewissen, sein guter Führer, dem er nicht gehorcht. Er fühlt bei diesem Erkennen aber auch schon seinen geistigen Fortschritt, möchte gerne seinen Irrtum gutmachen und wünschte ihn ungeschehen und die böse Tat nie begangen zu haben. Durch die Strafe wird er in die Opposition gedrängt, ob er will oder nicht, und daraus entsteht der Haß gegen die Gerichtsbarkeit, ja gegen die ganze menschliche Gesellschaftsordnung. Erkennt doch endlich, daß auf diese Weise kein Erfolg für die Menschheit erzielt werden kann und habt den Mut, restlos aufzuräumen mit dieser unrichtigen Auffassung von Strafe und Sühne und ihren vermeintlichen Erfolgen!

Von einer anderen Seite erscheint die Opposition in der Politik. Sie ist meist nur aus einem bösen Willen oder dem Bedürfnis nach persönlicher Geltung entstanden und ist immer ungesund. Auch auf diesem Gebiet müssen die Menschen erkennen lernen, daß nur einmütige, selbstlose Zusammenarbeit wahren Erfolg bringen kann; daß der Einzelne so unbedeutend ist im ganzen, großen Weltall und seinen gesetzmäßigen Zeitläufen, und daß die Gemeinschaft nicht durch Gegnerschaft gefördert werden kann, sondern nur durch Leistungen auf einer Ebene.

Heute liegen die Gegensätze noch in der Überbewertung der materiellen Güter; denn nur dadurch entstehen die Klassen und Gesellschaftsschichten im menschlichen Leben statt einer Ordnung nach geistiger Reife im wahrsten Sinn des Wortes.

Ich habe in meiner beruflichen Tätigkeit oft Gelegenheit gehabt, diese unrichtige Einteilung in den menschlichen Bewertungsfragen zu studieren und habe für meine Tätigkeit einen anderen Maßstab gesucht und - wie ich glaube sagen zu dürfen - auch gefunden.

Warum soll solche Einstellung, die - wie ich heute erkennen darf - die unbedingt Richtige ist, nicht Allgemeingut werden können? Sie wird es in gar nicht allzufern liegender Zeit sein und zwar dann, wenn die Menschen erkennen, daß das Geistige nicht nach materiellem Segen - möchte ich sagen - verteilt ist sondern ganz unabhängig davon.

Entkleidet die Menschen bei der Betrachtung ihrer Persönlichkeit all ihres materiellen Reichtums und sichtbaren Rahmens, schaut ihnen ins Innere und erforscht nur die Reife von Seele und Geist, dann werdet ihr sie in die gerechte Ordnung bringen, und Menschenkenntnis wird einen anderen Sinn bekommen, als sie ihn heute noch besitzt. Über Menschenkenntnis wollen wir das nächste Mal nachdenken.

4. KAPITEL
Menschenkenntnis und ihre praktische Anwendung.

Ich muß wohl nicht nachdenken über das, was ich schreiben will, weil ich mit geistigem Auge ganz anders sehe als die materiellen Menschen. Ich sehe aber auch, was sie unrichtig machen und verkehrt denken, und darauf will ich zu sprechen komme, weil ich dann sicher meine Betrachtungen auf das irdische Denkvermögen abstelle und nicht in Versuchung komme, geistiges Sehen mit materiellem zu vermengen und zu vertauschen. Es würde ein großes Wirrwarr geben.

Menschenkenntnis heißt: Wissen vom Charakter der Mitmenschen. Es setzt in seiner Bezeichnung schon voraus, daß ein Erkennen gegeben ist. Wir wollen aber nicht von hinten anfangen sondern aufzeigen, was notwendig ist, um richtige Menschenkenntnis - also Kenntnis vom Menschen - zu erlangen.

Wie sollen wir einen anderen Menschen erkennen, seinen Wert zu schätzen wissen, wenn wir uns nicht erforscht und in allen Einzelheiten erkannt haben? Damit beginnt schon der erste große Irrtum.

Menschenkenntnis - welche Bezeichnung ich nun auch im irdischen Sinn gebrauche - als das Streben nach Erkennen der menschlichen Verhaltensweisen und Charaktereigenschaften und nicht als die bereits erworbene Kenntnis setzt voraus, daß man sich selbst sehr genau kennt und prüft und im Zusammenhang damit erst feststellt, ob man ein Idealbild darstellt, von dem man zur Prüfung anderer ausgehen, das man zum Vergleich heranziehen kann.

Was will man damit überhaupt erreichen? Man sagt sehr oft - und diese Ansicht ist weit verbreitet - Menschenkenntnis sei das Wichtigste im Umgang mit seinen Mitmenschen. Das trifft wohl vielfach zu, ist aber bestimmt nicht in dem Grade und in der Weise wichtig, wie es meist aufgefaßt wird.

Um die Handlungen, Taten und den Charakter eines Menschen richtig beurteilen zu können - um jeden Irrtum daher auszuschalten - müßte jeder mit geistigen Augen sehen können. Der materielle Körper verhindert die Durchsicht - möchte ich sagen - in das Innere der Mitmenschen und läßt daher niemals ein einwandfreies Urteil zu.

Da wir aber nur nach ganz unumstößlichem Wissen und Beweisen urteilen sollen, müßten wir auf die Forderung nach Menschenkenntnis in diesem Sinn verzichten.

Es kann im irdischen Leben jeder nur das Bild vom Mitmenschen bekommen, das er sich nach seiner eigenen geistigen Reife ausmalen oder zeichnen kann. Es wird also jeder ein anderes Bild von ein und demselben Menschen haben, wenn auch in Grundzügen und sehr markant ausgeprägten Eigenschaften vielleicht in der gleichen Richtung.

Trotzdem ist es im menschlichen Leben notwendig, sich von der Umwelt ein möglichst genaues Bild zu machen. Es kann der Wahrheit mehr oder weniger

nahekommen. Es kann in bestimmter Richtung - abgestellt auf besondere Fähigkeiten und Eigenschaften - richtig sein und zu menschlicher Verbindung und Zusammenarbeit den Weg weisen; ein einwandfreies Gesamtbild wird man niemals erhalten können.
Auch kommt es dabei darauf an, welche Ausstrahlungen sich bei dieser Erforschung treffen mögen, ob ein Gefühl der Harmonie entsteht oder das Bedürfnis nach Trennung und Abstand.
Ein objektives Bild gibt es nicht dafür, weil jede Forschung in dieser Hinsicht subjektiv beeinflußt ist. Was aber der Arzt als Menschenkenntnis braucht und zu erlangen sucht, ist ein einwandfrei objektives Bild. Er versucht deshalb, nach einem Schema, das die Wissenschaft dazu geschaffen hat, die Regungen und Verhaltensweisen zu analysieren, zu abstrahieren und mit allgemeinen Erkenntnissen zu vergleichen.
Es sind gewiß der gute Wille und die löbliche Absicht zu begrüßen. Ein bescheidener Anfang ist es zudem, was ich dazufügen will, um diesen noch so bescheidenen Grundlagen ein entsprechendes Gewicht zu verleihen und sie zu einem Fundament zu machen für eine fortgeschrittene und erfolgreiche Forschung. Ich sagte schon an anderer Stelle, daß der Mensch ein Einzelindividuum ist, daß es nicht zwei gleiche Geistwesen im Weltall gibt, jedenfalls nicht in den Sphären, die wir imstande sind zu überblicken.
Es kann kein Idealbild für das irdische Leben aufgestellt und gefunden werden, dem jeder versuchen oder bestrebt sein müßte, nachzueifern.
Es gibt aber Merkmale im irdischen Dasein, Lebenslagen und Zustände, die für alle Menschen im gleichen Maß gelten und geboten sind. Es darf aber nicht deshalb, weil der eine oder andere nur auf einem Teil solcher gemeinsamen Verhältnisse Erfolg zeigt - oder überhaupt menschliche Beziehungen - der Schluß gezogen werden, daß er einer Forderung im Leben der menschlichen Gesellschaft nicht gerecht wird, also in dieser Hinsicht einen Mangel aufzuweisen hat.
Es gibt wohl solche Forderungen, die ich hier nicht eingeschlossen habe, und das sind die selbstverständlichen Forderungen der Zivilisation und Kultur, nicht aber Lebensbereiche, die jeder selbst zu wählen hat, Taten solcher Art, wie sie nur den eigenen Charakter zeichnen und bilden und die in der menschlichen Gesellschaft von der Allgemeinheit unabhängig, nur dem freien Willen jedes Einzelnen überlassen sind.
Die Individualpsychologie stellt drei Bereiche als richtungsweisend für die Menschenkenntnis auf: Ehe, Beruf und Freundschaft. Nach dem, was ich in

vorhergehenden Abschnitten schon ausgeführt habe, muß ich nur wiederholen, daß diese Rahmengebung auf dem großen Irrtum beruht, der heute noch in der Wissenschaft so hemmend wirkt, nämlich die Ansicht oder der Glaube, der Mensch sei nur einmal im materiellen Bereich und habe daher alle Voraussetzungen zur Erfüllung des Idealbildes eines Menschen, wie es eben die materielle Lebensauffassung verlangt, anzustreben.

Wie oft mag es nun bei genauester Betrachtung gelungen sein, ein solches Idealbild zu finden. Vielleicht öfter als wir zugeben werden, aber wir haben oft daneben gegriffen.

Es ist für uns nicht leicht, ein richtiges, objektives Urteil über einen Menschen zu finden. Der Wert oder Unwert des Charakters ist von so vielen Komponenten abhängig. Bedenken wir doch, wie viele Menschen nur deshalb gut erscheinen, weil sie einfach nicht in die Gelegenheit kommen, ihre vielleicht bösen Charakterzüge zur Geltung zu bringen. Wie oft erleben wir, daß Menschen, die in ihrer Kindheit behütet waren auf Schritt und Tritt und die von allen vermutlich schlechten Einflüssen ferngehalten wurden, in ihrem späteren Leben, wenn jeder Schutz wegfällt und sie plötzlich mit dem Ernst des Lebens konfrontiert sind, restlos versagen, allen ihren niederen Instinkten und Trieben freien Lauf lassen und nicht im geringsten den Wunsch haben, zu einem geordneten Lebenswandel zurückzukehren.

Solange also der Mensch unter fremdem Einfluß steht oder die Schranken, die ihm das Milieu auferlegte, noch nicht durchbrochen hat, so lange wird es schwer sein, die in ihm schlummernden Charaktereigenschaften zu ergründen. Es ist natürlich richtig, daß die Individualpsychologie ihre Untersuchungen auf die Bereiche des menschlichen Lebens abstellt, die in der menschlichen Gesellschaftsordnung die größte Rolle spielen oder eben aus der menschlichen Gemeinschaft in ihrem Zusammenwirken nicht wegzudenken sind.

Die Ehe ist die notwendige Verbindung zur Erhaltung der irdischen Menschheit, zu ihrer Fortpflanzung oder Vermehrung. Das ist nicht zu leugnen und in bezug auf die Forderungen der Zivilisation sicher in ihrer gesetzmäßigen Regelung anzuerkennen. Warum soll aber ein Mensch, der nicht den Bund der Ehe eingeht und an der Fortpflanzung und Erhaltung der Menschheit in diesem Leben gerade keinen Anteil hat, weniger wert sein als der, der zwar der Forderung nach der Ehe gerecht wird, der Menschheit damit aber trotzdem keinen großen Dienst erweist. Ich habe ja schon dargelegt, daß das Idealbild eines Menschen nicht in seinem augenblicklichen Dasein gefordert und erreicht werden kann und daß ein solches im irdischen Sinn überhaupt nicht aufgestellt werden kann.

Wenn wir aber davon ausgehen wollen, daß die Menschheit eines Tages eine so große Reife erreicht haben wird, daß alles Böse und Häßliche verschwindet, dann können wir von einem Bild sprechen, das einem Idealbild im irdischen Sinn gleichkommt.

Die heute aufgestellten Forderungen zielen in der Hauptsache auf materiellen Erfolg, und der Mensch weiß noch nicht, wie das wahre Ziel seiner verschiedenen Dasein aussieht.

Nun ist es aber notwendig, die Grenzen kennen und feststellen zu lernen, die jedem einzelnen gezogen sind für sein Erdenleben, und das Gebiet zu erkennen, auf dem er seinen Fortschritt suchen muß.

Menschenkenntnis ist alles andere als die Untersuchung, ob ein Mensch den allgemeinen Forderungen der Zivilisation und des Gemeinschaftslebens entspricht. Wenn er nicht geneigt oder gewillt ist, zum Beispiel den Bund der Ehe einzugehen, so mag es oft für die Menschheit ein Vorteil, ja manchmal sogar ein Segen sein. Ihn aber dazu erziehen zu wollen, ist ganz verkehrt. Gerade auf diesem Gebiet ist die Einmischung Außenstehender sicher nicht gut und erforderlich, denn es ist kein Schaden und kein Mangel und tut der Persönlichkeit keinen Abbruch, wenn die irdische Ehe nicht zustande gebracht wird. In dieser Hinsicht ist Zwang ein großer Fehler.

Die Mütter müssen erkennen lernen, daß nicht jede Frau bestimmt und auserkoren ist, Kinder zu gebären oder nur einem Manne zu dienen. Das Leben bietet so viele Möglichkeiten, mütterliche Fähigkeiten zu entfalten. Es sind oft gerade unverheiratete Frauen, die eine Begabung in dieser Richtung an den Tag legen, die manche Mutter glücklich wäre, zu besitzen.

Erzeugt deshalb in den Menschen nicht durch unrichtige Auffassung ein Gefühl der Minderwertigkeit dadurch, daß ihr die Mutter über die allein gebliebene Frau stellt. Sucht lieber danach zu ergründen, worin ihre Aufgabe für dieses Leben in der materiellen Welt besteht und ihr die Hindernisse aus dem Weg zu räumen, die sie hindern, Pflichten zu erfüllen, die sie auf sich genommen hat.

Es muß also ein Weg gefunden werden, den Lebensweg jedes Menschen zu erkennen, die gegebenen Fähigkeiten, die bereits vorhandene geistige Reife. Dann wird man erkennen, welche Hindernisse der freien Entfaltung im Wege stehen, inwieweit noch eine höhere Reife des Geistes erforderlich ist, um

bestehen zu können, oder wie das Milieu beeinflußt oder erst geschaffen werden muß, das die äußere Grundlage dafür bieten soll.
Ein Mensch, mit einem Beruf, der ihm von seiner Umgebung aufgezwungen wurde, der seinen mitgebrachten Fähigkeiten völlig oder weitgehend widerspricht, wird so lange unbefriedigt und unglücklich sein, bis man ihm aus der Sackgasse heraushilft oder er eine seiner wahren Berufung entsprechende Nebenbeschäftigung gefunden hat.
Vielfach fehlt es den Menschen an Mut, den einmal eingeschlagenen Weg aufzugeben und sich gegen den Willen seiner Umgebung abzuwenden. Da muß die ärztliche oder seelsorgerische Tätigkeit einsetzen. Nicht blinder Gehorsam ist es, der verlangt werden darf, sondern mutiges Beschreiten des selbst gewählten Lebensweges. Kein Mensch darf für sich das Recht in Anspruch nehmen, für einen anderen Wegbereiter zu sein, oder besser gesagt, das Recht, einem anderen einen Lebensweg vorzuschreiben oder zu wählen, ohne ihn genau erforscht zu haben. Das aber kann kein irdischer Mensch.
Man darf den von einem Menschen gewählten Weg bereiten helfen und, wie gesagt, behilflich sein, Hindernisse zu beseitigen, welcher Art immer sie auch sein mögen. Aber gegen den freien Willen eines Menschen Zwang ausüben darf man in so wichtigen und für den Fortschritt bedeutenden Dingen niemals. Auch dann nicht, wenn nach Ansicht "Gescheiterer" der Weg verfehlt ist oder keinen materiellen Nutzen bringt.
Das sind die Grundgedanken zur Menschenkenntnis, die nicht nur eine theoretische Phrase und ein bloßes Erkennen sein sollen, sondern praktische Hilfe auf dem Weg nach oben, eine Mithilfe zur Meisterung aller menschlichen Probleme.
Es ist jedermanns eigene Sache, welchen Weg er einschlagen will, die Sache der Mitmenschen, vor allem der Ärzte und Seelsorger ist es, materielle Hindernisse zu erkennen und zu entfernen. Welche Hindernisse es sind, werden wir im einzelnen besprechen und erkennen, daß die Auffindung derselben eben praktische Menschenkenntnis bedeutet.
Und damit sind wir an dem Punkt angelangt, von dem ausgegangen werden muß, will man ein geeignetes Schema erstellen, das gewissermaßen der Rahmen für die Praxis sein soll.
Wie gesagt, ist die Menschheit in bezug auf eine richtige, gesunde Lebensauffassung noch sehr in den Kinderschuhen, und sie wird so lange nicht darüber hinauswachsen, als sie über den begrenzten Horizont der materiellen Welt nicht hinausblicken will oder darf. Nicht wollen deshalb, weil die

materiellen Genüsse davon abhalten und die Befürchtung naheliegt, daß man darauf verzichten müßte; nicht dürfen deshalb, weil es die Kirche verbietet und nur in den seltensten Fällen der richtige Weg gefunden wird.

Man kann sich leicht vorstellen, wie groß die Schwierigkeiten sind, die daraus entstehen, daß entgegen allen Erwartungen und logischen, aber materiellen Schlußfolgerungen ein Kind andere Eigenschaften und Fähigkeiten zeigt, als in der ganzen Umgebung festgestellt werden können. Ist es ein über seine Umgebung hinausragender Geist, so kann die größte Verwirrung daraus entstehen, weil man einfach keine Begründung dafür finden kann, oder aber die bitterste Enttäuschung, weil trotz aller Bemühungen keine Anpassung an die Umgebung erzielt wird.

Grundsätzlich muß also davon eben ausgegangen werden, daß es im Geistigen keine Vererbung gibt, sondern nur einen Einfluß von außen, vom Milieu, den Eltern, dem Beruf, den Freunden und so weiter. Diese Einflüsse sind es, die man betrachten und erkennen muß, wobei es auf die Kraft der Seele ankommt, die den Einflüssen ausgesetzt ist und damit auf die Kraft, sie abzuweisen oder aufzunehmen und sich zu eigen zu machen.

Man mag daraus schon die Schwierigkeiten erkennen, die sich dem forschenden Psychologen entgegenstellen. Wie oft wird man geneigt sein, eine Eigenschaft als eine der Persönlichkeit eigene anzusehen, obwohl sie nur anerzogen und in der Persönlichkeit selbst gar nicht verankert ist. Da klar zu unterscheiden, was Merkmal der Persönlichkeit und was anerzogene Eigenschaften sind, ist sehr schwer und in vielen Fällen fast unmöglich.

Erst in höherem Alter ist es leichter, die wahre Persönlichkeit zu erfassen, da der Einfluß oder die Erziehung und so weiter nicht mehr so nachhaltig wirken können und das eigene Urteil aus der Erfahrung gereift ist. Darum ist Sicherheit im Auftreten, im Unternehmen und in der Ausführung aller Handlungen in der Jugend so selten zu finden, weil die fremden Einflüsse, die Kritik und die oft zu hoch gespannte Erwartung der Umgebung hemmend auf den freien Willen wirken.

Wird man erst so weit sein, daß man der Überzeugung vom fertigen Programm, das in jedem Neugeborenen ruht, einen größeren Raum läßt und damit die Überlegenheit der Erwachsenen den Kindern gegenüber wie Schnee in der Sonne schmelzen wird, dann wird man als Forscher an der Wiege des Kindes stehen und bemüht sein, seinem freien Willen ungehindert Ausdrucksmöglichkeit zu bieten.

Die richtige Lebensauffassung allein schon würde auf dem Weg zu richtiger Menschenkenntnis einen Markstein bedeuten und eine hohe und höhere Verpflichtung erkennen lassen, die in der Erziehung der Menschen ihren ehernen Platz einnimmt.
Das nächste Mal will ich aber noch darauf eingehen, welche Fehler oder besser gesagt Irrtümer heute noch in Anbetracht der einseitig materiellen Lebensauffassung begangen werden und wie man ihnen, auch ohne den Glauben an das ewige und immer wiederkehrende Leben auf der Erde, begegnen müßte.

5. KAPITEL
Irrtümer bei der Erforschung menschlicher Anlagen.
Vom Einfluß vorangegangener Leben auf die Entwicklung im Irdischen.

Irrtümer, die bei materieller Lebensauffassung in der Menschenkenntnis und Erforschung der menschlichen Anlagen und Fähigkeiten begangen werden, stehen heute zur Debatte.
Das Bemühen, dem Menschen im Kampf und Streben nach Erfolg zu helfen, ist sicher vorhanden und mit viel gutem Willen zu einer Wissenschaft entwickelt worden, die - wenn auch noch in ihren Anfängen - eine geeignete Grundlage darstellt, darauf weiterzubauen und wissenschaftliche Fortschritte zu erzielen. Der große Irrtum besteht, wie bereits dargetan, darin, daß man gewissermaßen oder bis zu einem gewissen Grad alle Menschen über einen Leisten biegen will.
Nun ist aber, wie wir gehört haben, das Lebensziel nicht von zwei Menschen das gleiche und der Weg zu einem gemeinsamen oder anscheinend gleichen Ziel für jeden ein anderer. Für den einen ist es notwendig, daß Hemmungen und Schwierigkeiten bereitet sind, für den anderen soll ein geebneter Weg zum Aufstieg bereitet sein.
Wer kann das entscheiden und erkennen? Wohl sicher nicht der materielle Mensch mit seinem begrenzten Horizont, mit der Unfähigkeit, weiter zurück zu blicken als höchstens bis zur Geburt.
Im materiellen Bereich muß aber mit größter Vorsicht vorgegangen werden, um für jeden hilfesuchenden Menschen die richtige und geeignete Methode zu finden.

Die Seele, das zarte Instrument, auf dem zu spielen in erster Linie dem Geistwesen vorbehalten ist, verlangt größte Schonung von außen und eine Pflege, die - nicht zu vergleichen mit Körperpflege - die bedeutendste und schönste Aufgabe der Psychologen ist. Es ist nicht sinnvoll, dort stehenbleiben zu wollen, wohin in ihren Erkenntnissen unsere Vorfahren und Lehrer gekommen sind. Ich darf verraten, daß sie heute alle ihre Irrtümer einsehen und gerne auf dem Weg, den ich beschreiten durfte, die Menschen darüber aufklären möchten. Nehmt mich als ihren Vertreter und glaubt mir, daß wir alle in Übereinstimmung erkannt haben, was von unseren Lehrern gut und was unrichtig und voll von Irrtum war.

Immer wieder muß ich sagen, daß der Hauptgrund für diese Irrtümer in der materiellen Lebensauffassung liegt und in dem Glauben, es gäbe nur ein Leben auf dieser Erde für jeden Menschen. Mit dieser Auffassung kann man niemals zu einer richtigen Beurteilung von Seele und Geist gelangen. Man kann bestenfalls feststellen - durch Vergleich mit anderen - welche gemeinsamen Fähigkeiten und Grundlagen vorhanden sind, wie die Einflüsse der Außenwelt auf die Menschen wirken, welche gemeinsamen Merkmale da festzustellen sind und welche Einflüsse schädlich und welche im allgemeinen von Nutzen sind.

Ich sagte schon, daß manche Einwirkungen, die dem Außenstehenden als unbedingt negativ erscheinen müssen, zum Lebensbild eines Menschen gehören können und daß die Meisterung und Überwindung eben die Aufgabe für das Erdendasein darstellt. Jeder sollte dazu aus eigener Kraft in der Lage sein, ohne fremde Hilfe. Und sie wäre auch sicher nicht erforderlich, wenn nicht rein materielle Störungen, also ererbte körperliche Minderwertigkeit oder Schwäche die eigene Kraft nicht in genügendem Maß zur Geltung kommen ließen.

Und da allein müssen der Arzt und die menschliche Gesellschaft einsetzen, erkennen, welche Schwierigkeiten zu bewältigen sind, nicht nur materielle, die aus der Umgebung resultieren, sondern seelische und geistige, die nur auf der noch unvollkommenen Entwicklung des Geistwesens und der Seele beruhen.

Es ist für mich nicht leicht, mich ganz in die irdische Auffassungsgabe der Gelehrten zu versetzen und nur das als Basis für die wissenschaftliche Forschung zu akzeptieren, was durch die rein materielle Sehkraft als gegeben angenommen werden kann. Um eine einwandfreie und wahrhaft erfolgbringende Menschenkenntnis zu betreiben, ist nun einmal der Einblick in die

Vergangenheit, in die bereits absolvierten Lebensabschnitte nötig - oder, umgekehrt ausgedrückt - für den materiellen Menschen ist Menschenkenntnis immer nur Stückwerk und es bedarf einer besonderen Fähigkeit, die Regungen eines Menschen zu teilen, möchte ich sagen, in eigene und fremde, anerzogene.

Gute Regungen, auch anerzogene und erst im irdischen Dasein erworbene, müssen nicht untersucht werden. Anders bei den Irrtümern und Fehlern, gegen die die Seele nur nicht die Kraft hat anzukämpfen.

Die Erfolge in der Erziehung der Menschen müssen daher sehr verschieden und problematisch sein. Es kommt ja in der Hauptsache darauf an, das Einzelindividuum zu erfassen und dazu können schon gemeinsame Richtlinien aufgestellt und genutzt werden.

Das Urteil aber bei Gegenüberstellung von zwei Menschen ist nicht vergleichbar. Wie gesagt, ist es kein Nachteil, wenn ein Geistwesen einseitige Fähigkeiten aufweist, weil der Mensch und Psychologe nicht wissen kann, wieweit andere Gebiete schon in einem verflossenen Dasein bewältigt wurden.

Aber noch ganz andere Irrtümer spielen da eine Rolle. Die Ehe zum Beispiel, die in der materiellen Welt als das unbedingt und für jeden gesunden und normalen Menschen erstrebenswerte Ziel betrachtet wird, ist sicher nicht die große Erfüllung, die in ihr gesucht, aber sehr selten gefunden wird. Erfüllung im wahrsten Sinn des Wortes ist sie nur dann, wenn sie die im Himmel geschlossene Ehe ist, das heißt, das Zusammentreffen der sich ergänzenden Geistwesen des Duals. Ich habe schon einmal darauf hingewiesen, daß kein Geistwesen aus sich allein zur Vollkommenheit gelangen kann, daß es dazu seiner Ergänzung bedarf, die von vornherein für ihn bestimmt ist. Wann eine Vereinigung stattfindet, wann die zueinander bestimmten Geistwesen sich vereinigen dürfen, das steht - möchte ich sage - in den Sternen. Es ist nicht für zwei Paare gleich, ist aber nach den unendlichen Naturgesetzen geregelt und festgesetzt.

Die materielle Ehe ist aber deshalb auch nicht der Willkür der Menschen anheimgestellt, sie ist eine Vereinigung, die eben dazu bestimmt ist, die Fortpflanzung und Erhaltung der Menschheit zu sichern. Erhaltung der Menschheit bedeutet Erhaltung der Grundlagen, die dem Geistwesen, das den Wunsch hat, in die materielle Welt zurückzukehren, die notwendigen und geeigneten Grundlagen für seine irdische Existenz geben. Eine Ehe, die nicht der Fortpflanzung dient, ist keine Ehe in höherem Sinn, sondern bestenfalls eine kameradschaftliche oder freundschaftliche Vereinigung nach jenseitiger Auffassung. Nach irdischer Auffassung ist Ehe gleich Befriedigung triebhafter Liebe oder nur Begierde, die mit Harmonie der Seelen nicht viel oder oft gar nichts zu tun hat. Die Kirche hat daraus eine himmlische Institution gemacht, das ist schon deshalb abwegig, weil es im Jenseits keine Geschlechter gibt, es fehlt dazu der materielle Körper. Trotzdem ist es auch im irdischen Dasein eine Einrichtung, die eine Verpflichtung zwischen den Partnern bedeutet, und Verpflichtungen, die man mit einem Eid auf Treue und Ergebenheit eingegangen hat, müssen auch gehalten werden. Das ist natürlich leicht gesagt: Auch darin gibt es Irrtümer und nicht immer sind die Menschen stark genug und meinen sie es so ernst mit der Beschwörung, daß sie sich ihrer großen Aufgabe auch bewußt und in der Lage wären, auf Biegen oder Brechen den einmal eingeschlagenen Weg zu Ende zu gehen. Auch auf diesem Gebiet irrt die Menschheit noch in weitem Maße.

Wie schon angedeutet, gelingt es nur selten, den wahren Charakter eines Menschen zu erkennen und nach Wegfall der Schranken, die das Milieu oft dem jungen Menschen setzt, findet man oft erst das wahre Gesicht. Dann aber meint man aus Furcht vor dem bösen Urteil der Mitmenschen oder weil einfach der Mut und die Kraft fehlen, alles auf sich nehmen zu müssen, ohne nur den Gedanken an eine Trennung zu erwägen. So unendlich viele Auffassungen und Überlegungen sind in dieser Hinsicht berechtigt, weil nicht zwei Ehen restlos übereinstimmen.

Man kann zum Beispiel noch lange nicht die Norm aufstellen, daß eine Ehe, in der die Harmonie der Seelen fehlt, getrennt werden soll. Niemand sollte sich in dieser Frage zum Schiedsrichter machen, aber behilflich sein, den Weg, den ein enttäuschter Mensch einzuschlagen gewillt ist, richtig und nach menschlichem Ermessen gerecht und hilfreich zu ebnen. Das ist Aufgabe der Gemeinschaft. Niemals ist Kritik am Platz, denn sie ist ohne genaue Kenntnis der Verhältnisse geübt und kann niemals die Wahrheit treffen. Darum muß auch hier die Menschenkenntnis nicht nach einem feststehenden Schema betrieben werden, sondern mit ganz besonderem Einfühlungsvermögen, abgestellt auf die jeweilige Persönlichkeit.

Die Mannigfaltigkeit der Charaktere und die durch die unendlichen Gesetze bedingten Unterschiede in der geistigen Reife erfordern so viele verschiedene Betrachtungsweisen als es Menschen gibt. Man kann nicht sagen, ein

Mensch erfüllt die Erfordernisse eines Idealbildes, wenn er in Ehe, Freundschaft und Beruf ein angemessenes Gebiet beherrscht. Welches Gebiet ist angemessen? Darauf kann es keine Antwort geben, denn allein die Tatsache, daß zum Beispiel aus einer Ehe soundso viele Kinder kommen und nach Ansicht der Umwelt in der Familie reinste Harmonie herrscht, ist bestimmt noch nicht der richtige Maßstab. Der liegt allein im Geistigen und das zu beurteilen, ist dem materiellen Menschen nur in sehr bescheidenem Maße möglich. Für heute genug.

6. KAPITEL
Einseitige Entwicklung. Beruf und Berufung.

Wir sprachen gestern davon, daß die Menschen nicht imstande sind, wahrhaft Menschenkenntnis zu treiben, wie es wünschenswert wäre. Es muß so lange Stückwerk bleiben und unvollständig, solange man nicht imstande ist, die geistigen Einflüsse aus dem außerirdischen Bereich zu erkennen, zu kontrollieren.

Trotzdem sind die Anfänge zum Teil gut und haben auch gezeigt, daß mit dem bisher auf diesem Gebiet Erreichten schon manche Schädigungen der Seele behoben werden konnten. Menschenkenntnis schließt ja das schon besprochene Verstehen in sich und Verstehen ist die Grundlage für eine erfolgreiche Hilfe.

Menschenkenntnis soll nicht nur der Wissenschaft halber betrieben und gepflegt werden, sie soll in jeder Richtung dem Fortschritt, und zwar dem eigenen und dem der Gemeinschaft dienen. Dem eigenen Fortschritt dadurch, daß der Mensch durch Verstehen des Verhaltens seiner Mitmenschen selbst Gelegenheit findet, die Gemeinschaft zu pflegen, hilfsbereit und gut zu sein, was ja die Haupteigenschaft eines guten, fortschrittlichen Geistes sein muß. Die heute gültigen Lehrsätze über Menschenkenntnis gehen - wie bereits gesagt - davon aus, daß in diesem Leben alles das erreicht werden müsse, was zu einem vollkommenen, in der menschlichen Gesellschaft am höchsten geschätzten Menschen gehört.

Über die Ehe und ihren Sinn haben wir schon einiges gesagt, vor allem aber in diesem Zusammenhang festgestellt, daß es keineswegs erforderlich ist, daß jeder gute, fortschrittliche Geist die Naturgesetze in dieser Hinsicht erfüllt und daß es unbekannt ist, ob nicht schon in einem früheren Leben eine besondere Reife in dieser Beziehung erreicht war, so daß in dem augenblicklichen Leben das Schwergewicht auf einer anderen, den Fortschritt fördernden Betätigung liegt.

Denn ich wiederhole nochmals: Es ist eine irrige Auffassung, daß der Mensch in diesem einen Leben auf der irdischen Welt alles verkörpern können soll, was möglich und für die Gesellschaft wünschenswert ist. Kein einziger ist dazu imstande.

Freilich ist in der Individualpsychologie die Erkenntnis in dieser Richtung auch schon gereift und man hat erkannt, daß die Menschen eben einem der drei Erfordernisse gerecht werden oder zweien davon und in welchem Grad. Es ist ein Maßstab für die Einschätzung und die notwendigen Behandlungen und den Unterricht, den jeder eben vermeintlich nötig hat, um dem sogenannten "Idealbild" näherzukommen. Man ist schon zufrieden, wenn ein Mensch in jeder Sparte mit mittelmäßigem Erfolg abschneidet, aber man verurteilt die Einseitigkeit und das ist unrichtig.

Wie oft werden Frauen als abnormal veranlagt oder unterentwickelt bezeichnet, weil sie nicht für die Ehe geschaffen und dem Manne gegenüber ohne triebhafte Empfindung und ohne das Bedürfnis danach sind. Sie sind oft im Gegenteil die höherentwickelten und reiferen Geistwesen, weil sie die triebhafte Liebe schon in einem früheren Leben überwunden und ihren Unwert erkannt haben. Ihre Mütterlichkeit muß deshalb nicht verlorengegangen sein, sie hat mit triebhafter Begierde nicht das Geringste zu tun.

Materielle Schwierigkeiten sind wohl oft die Ursache dafür, daß Menschen es sich versagen wollen, Kinder in die Welt zu setzen. Sie wissen und ahnen nicht, daß die unendlichen Gesetze auch in dieser Hinsicht größte Ordnung geschaffen haben.

Gegen die Naturgesetze zu verstoßen und Geburten zu unterbinden ist ein Fehler, ja oft ein Verbrechen, wenn es nicht nur in Vorbedacht für das zu gebärende, vielleicht arme, kranke Kind, sondern aus Bequemlichkeit und womöglich aus materiell-finanziellen Gründen und Habgier geschieht. Darüber komme ich noch an anderer Stelle zu schreiben.

Zwingt also eine Tochter nicht unbedingt zur Heirat - sie ist nicht immer zum Segen der Menschheit geschlossen - und verurteilt nicht gleich ein unbemanntes Mädchen oder einen unbeweibten Mann als abnormal und unnatürlich.

Und nun zum Beruf. Das ist ein großes und sehr heikles Kapitel. Für mich deshalb, weil ich von hier aus als Beruf nur sehe und anerkennen soll, was zugleich Berufung bedeutet.

Im menschlichen Dasein gibt es aber viele Berufe und Betätigungen - möchte ich sagen - die mit Berufung nichts zu tun haben und nur der Erhaltung der Existenz in rein materiellem Sinn dienen. Diesen Unterschied genau zu erkennen, ist sehr wichtig und notwendig zur Beurteilung des menschlichen Charakters, der geistigen Reife und eben der Persönlichkeit schlechthin.

Daß ein Mensch in seinem von ihm gewählten oder ihm aufgezwungenen Beruf Erfolge erzielt und große Fortschritte macht, ist noch lange nicht der Beweis dafür, daß er seinen Beruf richtig gewählt hat. Wohl glauben die Menschen, dies sei der Fall, wenn sie materielle Güter anhäufen, reich und materiell unabhängig sind. Ich habe meinen Beruf richtig gefunden, denkt jeder, der so in der Lage ist, sorgenfrei durchs Leben zu gehen. Ist er aber alt und nicht mehr imstande, weitere Reichtümer hinzu zu erwerben, dann ist er unbefriedigt, weil sein ganzes Glück nur in der Anhäufung der Güter und des Reichtums bestand, nicht aber - und das ist in den meisten Fällen so - in der richtigen gottgewollten Nutzung. Dann erscheint ihm aller Erfolg seines Lebens klein und unbedeutend und der erkennt, daß das, was er seinen Beruf genannt hat, eine ganz unwichtige, wertlose Betätigung gewesen ist. Dann ist es aber zu spät. Ein Beruf, in dem der Mensch nicht die Möglichkeit hat, zum Wohl der Gemeinschaft zu arbeiten und Leistungen zu vollbringen, ist keine Berufung und daher höchstens als Nebenbeschäftigung im Sinne des geistigen Fortschritts zu bezeichnen.

Die Berufung ist das schönste Geschenk des Himmels, eine Gnade, der sich jeder in großer Dankbarkeit bewußt sein soll, der sie in sich fühlt. Sie kann, wie ich schon einmal ausgeführt habe, nicht erlernt oder erzwungen werden, sie muß verdient sein durch gute Taten.

Ich will davon später noch etwas schreiben, jetzt aber noch zum Thema Beruf ergänzen, was ich für wichtig halte. Ein Beruf, der dem menschlichen - oder besser gesagt - geistigen Fortschritt nicht dienen kann, weil er in jeder Hinsicht nur auf Materie abgestellt ist, kann keinen Menschen befriedigen. Es gibt aber nur wenige solche Berufe. Es sind die, die zum Schaden der menschlichen Gesellschaft geschaffen wurden, die nur materiellen Genüssen dienen, ohne Schönheit oder Wohllaut zu vermitteln. Fast alle übrigen Berufe ermöglichen das Gefühl der Zweckmäßigkeit und Notwendigkeit der

Betätigung und - mit der rechten Lebensauffassung erfüllt - geben sie dem Menschen Befriedigung und innere Ruhe. Jede Arbeit, die nur der materiellen Vorteile, des Verdienstes und Einkommens wegen geleistet wird, ist für den geistigen Fortschritt wertlos und mag sie noch so fortschrittlich erscheinen. Ich will damit für den Einzelnen herausstellen, daß es notwendig ist, klar zu erkennen, ob der Beruf Freude und Befriedigung bietet. Muß das verneint werden, dann ist es an der Zeit, eine Beschäftigung nebenbei zu wählen, die diesem Erfordernis gerecht wird. Das hat man schon weitgehend erkannt. Denn die Unzufriedenheit der Massen ist darauf zurückzuführen, daß die Menschen in ihrer Arbeit keine innere Befriedigung finden und mangels einer geeigneten Betätigung auf einem anderen Gebiet beginnen, sie mit anderen zu vergleichen und alle Nachteile ihres eigenen Lebens dem so sehr belastenden Berufsleben zuschreiben. Daß die Ursache in ihnen allein liegt, das wollen sie nicht erkennen.

Deshalb ist es Aufgabe derjenigen, die sich mit der Erforschung der Persönlichkeit, also mit Menschenkenntnis befassen, solchen irrenden Schäflein auf den rechten Weg zu helfen, sie darin zu unterstützen, eine Betätigung zu finden, die von irgendeinem Wert für seine Umgebung oder die Gemeinschaft in größerem Rahmen ist, oft aber auch nur seinem eigenen Fortschritt, der Entwicklung der Intelligenz, der Bereicherung des Wissens dienen soll. Denn auch der Fortschritt für den Einzelnen ohne Auswirkung auf die Gesellschaft ist von großem Wert. Er ist die Grundlage für ein späteres Leben und oft die Voraussetzung für eine Berufung, ein Amt - möchte ich sagen - von Gottes Gnaden.

Ob also ein Mensch im Beruf seinen Mann stellt und nach Ansicht der Individualpsychologen den Erfordernissen für ein Idealbild gerecht wird, ist nicht so leicht zu erkennen, wie man bisher dachte. Man war bisher geneigt, nur den materiellen Erfolg als Maßstab zu nehmen und mußte oft feststellen und recht verwundert erkennen, daß trotzdem solche erfolgreiche Menschen höchst unzufrieden und unbefriedigt waren. Man war geneigt, diesen Mangel auf einem anderen Gebiet zu suchen und zu sagen, daran könne nicht der Beruf schuld sein, sondern vielleicht die nicht ganz geordnete Ehe oder die Freundschaft, die vernachlässigt war wegen der beruflichen Überbelastung. Das ist meist verkehrt. Die Ursache liegt einfach darin, daß der Beruf, beim Mann als das Wichtigste betrachtet, nicht richtig gewählt war und der nötige

Ausgleich in einer besseren, erfolgreicheren Betätigung - natürlich erfolgreich nur in geistiger Betrachtung - gefehlt hat.
Bei der Beurteilung der Persönlichkeit muß also erst erkannt werden, ob der Beruf die Erfüllung und in welchem Grad er eine solche bringt. Nach dem Grad der Befriedigung, nicht der ausgesprochenen, sondern der einwandfrei vorgelebten, mag man dann die Persönlichkeit bewerten. So viel heute, wir wollen morgen von Freundschaft sprechen.

7. KAPITEL
Die wahre Freundschaft und ihre Grundlagen.

Wir wollen heute von Freundschaft sprechen, wie die Individualpsychologie sie fordert und was sie wirklich ist.
Die Menschen sind in der Bezeichnung "Freund" nicht sehr wählerisch. Sehr schnell bezeichnen sie einen Menschen, der ihnen gut gesinnt scheint, als Freund und wenn er ihnen noch dazu eine Gefälligkeit tut, dann ist die Freundschaft - möchte ich sagen - besiegelt.
So einfach ist das aber doch nicht, wenn man in der Wissenschaft mit solchen Begriffen operiert. Man kann zu einem Menschen Vertrauen haben, man kann ihn schätzen und achten und nur die besten Erfahrungen im Umgang mit ihm gemacht haben, er ist deshalb noch nicht als Freund zu bezeichnen.
Freundschaft setzt vor allem Gegenseitigkeit voraus in den Gefühlen und im Urteil voneinander. Freundschaft bedeutet einen hohen Grad von Harmonie, vielleicht noch mehr als die Ehe, denn diese kann auch bestehen, wenn Harmonie fehlt oder nur in sehr bescheidenem Maße vorhanden ist.
Fehlt zwischen Freunden die Harmonie, der Gleichklang der Seelen, dann ist es eben keine Freundschaft oder sie ist es gewesen. Auch das ist aber kaum möglich, denn eine echte Freundschaft reicht bis übers Grab hinaus und kann durch nichts und niemand zerstört werden. Eine gewesene Freundschaft ist daher eben eine Täuschung, ein Irrtum gewesen, mehr oder weniger tragisch, je nach dem Grad der Abkühlung. Denn eine Enttäuschung muß nicht gleich zum Bruch führen.
Menschen, die die Fähigkeit besitzen, Freund zu sein, gibt es nur sehr wenige. Was die Individualpsychologie bisher darunter versteht ist das Verhalten zur Gemeinschaft, die mehr oder weniger ausgeprägte Fähigkeit, Geselligkeit

zu üben und sich an Menschen anzuschliessen, ihnen hilfreich zur Seite zu stehen oder doch den Wunsch zu haben, ihnen Freude zu bereiten. Das reicht für den wahren Begriff Freundschaft keineswegs aus.

Ich habe deshalb auch in meiner ärztlichen Praxis auf die Frage, ob der Patient einen Freund oder eine Freundin habe, meist die Antwort erhalten, man könne keinen finden, es sind wohl gute Bekannte, aber von Freundschaft würde man sich mehr erwarten. Und so ist es auch.

Daß die wahre Freundschaft so selten ist, soll aber nicht zu dem Schluß verleiten, daß es keinen Sinn habe, einen Freund zu suchen oder überhaupt einem Menschen zu vertrauen. Es soll im Gegenteil dazu anregen, wohl unter Beweis zu stellen, daß man fähig ist, ein wahrer Freund zu sein, mit einem Anderen in allen Dingen zu harmonieren, das heißt vor allem, den zum Freund Gewählten in allen seinen Handlungen zu verstehen, für ihn in allen Lebenslagen einzustehen, bereit zu sein, für ihn jedes Opfer zu bringen. Natürlich ist damit nicht gemeint, Hilfe zu leisten in unkorrekten Handlungen und in objektiv unvertretbaren Lebenslagen. Da gilt es, mehr mit Rat als mit Tat einzuspringen, den irrenden Freund zu belehren und ihm in selbstloser Weise auf den rechten Weg zu helfen, ohne ihn zu verurteilen. Das ist sicher nicht immer leicht; es gehört zu dem Thema über die allumfassende Liebe.

Freundschaft erfordert den Einsatz der ganzen Persönlichkeit ohne egoistische Hintergründe. Geselligkeit ist etwas sehr Gutes für die Menschen, nicht alle sind dazu geboren - möchte ich sagen - und wenn auch im Grunde die Eigenschaften vorhanden sind, die der Umgang mit Menschen erfordert, so sind doch die Einflüsse des Milieus meist die Ursache dafür, daß ein Mensch sich abschließt oder nicht den Mut hat, an geselligen Zusammenkünften teilzunehmen. Aber es ist auch nicht leicht, die Gesellschaft zu finden, die das bietet, was der Geist sich zu seinem Ergötzen und zu seiner Erholung wünschen mag.

Schalheit, Plattheit und Geistlosigkeit sind oft die Grundlagen geselliger Zusammenkünfte und kaum einer geht von einem solchen Treffen bereichert nach Hause, es sei denn, er habe einen materiellen Erfolg davon buchen können. Gleichgestimmte Seelen und in der geistigen Reife in nicht zu großem Abstand sollten die Menschen sein, die sich zu einer Gemeinschaft vereinigen. Es ist ganz gleichgültig, ob sie einer hohen oder niedrigen Klasse im Sinne der materiellen Gesellschaftsordnung angehören.

Die Harmonie zwischen den Seelen und Geistwesen erkennt man an der Haltung und fühlt sie im irdischen Bereich an der Ausstrahlung, die wir hier sehr genau und untrüglich erkennen können.
Die Materie ist einzig und allein dazu bestimmt, den Menschen die Möglichkeit zu geben, aus freiem Willen, ohne Einfluß und sichtbare Lenkung das Richtige zu tun und den Erfolg im irdischen Leben anzustreben, um das Maß kennenzulernen, das im Genuß der erzielten Früchte eingehalten werden muß.
Nun aber zurück zu unserem Thema Freundschaft. Nennt nicht wahllos jeden einen guten Freund, der euch auf den ersten Blick gefällt! Es schadet der Auffassung von dieser hohen und höchsten Einrichtung in der menschlichen Gesellschaft. Habt gute Bekannte, so viele ihr wollt, aber Freund nur einen einzigen, wenn überhaupt das große Glück beschieden ist, ihn in diesem Erdenleben zu finden.
Welche Eigenschaften und welches Verhalten zwischen zwei Menschen Freundschaft begründen können, das muß genau festgelegt und überprüft werden. Die Grundbedingung ist unbedingte Aufrichtigkeit. Zwischen Freunden darf es keine Lüge, kein Verschweigen geben, das einer Lüge oft gleichkommt. Ein Verschweigen nur ist gestattet, es ist das Stillschweigen über Dinge, vielleicht Mängel des Körpers oder der Umgebung, die dem Freund Schmerz verursachen könnten. Aufrichtigkeit darf nicht so weit gehen, daß man um jeden Preis die Wahrheit sagen muß. Ein bedachtes, rücksichtsvolles Schweigen kann oft heilsam und beglückend sein. Es schließt ein Verstehen und Verzeihen in sich, das oft Wunder wirkt und Kraft verleiht, die kein gesprochenes Wort so machtvoll erzeugen könnte. Schweigen können zur rechten Zeit ist in der Freundschaft oft sehr wichtig, denn wir haben schon gehört, daß nicht zwei Menschen gleich sind und daher auch in mancher Auffassung Unterschiede bestehen können.
Ein großes Einfühlen ist notwendig, um richtig zu verstehen, denn jeder Mensch ist geneigt, die Dinge nach seinem eigenen Niveau zu beurteilen, nach eigenen Erfahrungen und mit eigener Sehkraft.
Wie oft erkennt man erst im nachhinein, daß eine Situation, die zu einer bestimmten Handlungsweise veranlaßt hat, ganz anders war, als man sie verstanden hat, weil die eigenen Gedanken in dem Augenblick zu formen und zu malen beginnen, da der andere zu sprechen beginnt. Wie verschieden sind dann die Bilder, die daraus entstehen.

Einfühlen in die Gedanken des anderen ist Erfordernis in jeder Lebenslage, wenn man nicht auf Schritt und Tritt Irrtümer begehen will und unrichtige Urteile fällen über seine Umgebung. Dazu kommt die Anpassung an das Wesen, an den Willen und Wunsch des anderen. Einfühlen ist das Bestreben, zu verstehen, richtig zu erkennen und demgemäß seine Handlungsweise einzurichten.
Anpassung ist die Unterordnung des eigenen Willens unter den des Freundes. Dabei muß aber sehr genau unterschieden werden zwischen Anpassung und Unterwürfigkeit. Geht die Anpassung so weit, daß der eigene Wille völlig ausgeschaltet wird, dann unterwirft man sich ganz dem Willen des anderen und ist somit ein willenloses Werkzeug. Das kann nicht Sinn und Zweck der Freundschaft sein.
Anpassung ist Entsprechung dem Willen des anderen. Einfach auf Grund der Überlegung, daß sein Wille richtig geäußert ist und kein Grund zum Widerspruch vorliegt.
Zwischen Freunden darf es keine Überlegenheit des einen über den anderen geben. Einmütigkeit, also Übereinstimmung im Wollen muß immer leicht erzielt werden können. Es ist nicht leicht, das Thema erschöpfend zu beschreiben, da es so mannigfache Regungen und Neigungen gibt, die in ihrem Zusammenwirken geprüft werden müssen, daß es nicht möglich ist, alle aufzuzählen.
In der Freundschaft darf es auch keinen Zwang geben. Niemals darf eine Handlung gegen besseres Wissen nur deshalb unternommen werden, weil der Freund es wünscht. Nur nach einmütiger Prüfung darf der Entschluß reifen.
Freundschaft im wahrsten Sinne des Wortes kann es nur zwischen guten Menschen geben. Sie setzt also eine hohe geistige Reife voraus und eine seelische Entwicklung zu reiner Harmonie. Es kann daher zwischen Freunden auch niemals ein Zweifel darüber aufkommen, ob eine beabsichtigte Handlung gut oder verwerflich ist, denn minder entwickelte Seelen sind nicht reif für die Freundschaft.
Nach dem, was ich im Vorstehenden erklärt habe, kann also die Individualpsychologie kaum den Begriff Freundschaft in dem geschilderten Sinn meinen. Sie wäre kaum auf einen Menschen anzuwenden, der im irdischen Dasein danach gefragt wird.
Wahre Freundschaft ist auch nicht so, daß man viel darüber reden kann. Sie ruht im tiefsten Inneren und ist für die materielle Umgebung tabu.

Lassen wir also für den landläufigen Begriff Freundschaft lieber die Geselligkeit bestehen und untersuchen wir nur, ob ein Mensch gezwungen ist, durch seine Umgebung oder durch die Aufgaben, die er zu erfüllen hat, allein zu sein, abgesondert von der menschlichen Gesellschaft oder ob er etwa über das Ziel hinausschießt und sein ganzes Können und seine Fähigkeiten nur darauf gerichtet sind, sogenannte Freunde zu erfreuen, sie teilhaben zu lassen am Reichtum oder an höherem Wissen etc. Das ist genauso unrichtig wie die totale Abgeschiedenheit.

Ich habe schon an anderer Stelle davon gesprochen, daß gute Taten nur im Interesse der Gemeinschaft bestehen und überhaupt nur dort mit Erfolg für den eigenen Fortschritt gesetzt werden können.

Gemeinschaft ist alles im Leben und noch viel mehr nach dem Abgang aus dem irdischen Dasein. Das erkennt man erst so richtig, wenn man hier angekommen ist und erkannt hat, wohin die unendlichen Gesetze uns lenken und welches Ziel im großen göttlichen Reich vorschwebt.

Aus all den einzelnen Geistwesen wird eines schönen Tages, das allerdings nach vielen Millionen von Jahren, eine einzige strahlende Kraft. Es ist nicht zu schildern mit irdischen Worten, deshalb will ich nicht mehr davon sprechen. Eines nur soll daraus hervorgehen, und zwar, daß alles, was jetzt nach Auffassung der Menschen einzeln, allein und oft wie verlassen im All umherirrt, in einer Gemeinschaft von gleicher Kraft, Schönheit und Weisheit zusammenfließen wird.

In diesem Sinne ist die Freundschaft im irdischen Leben ein kleiner, bescheidener Anfang. Damit genug für heute.

8. KAPITEL
Wege zur Erforschung des menschlichen Idealbildes.

Heute wollen wir ein neues Kapitel beginnen, obwohl über Freundschaft noch manches zu sagen wäre. Es folgt noch an anderer Stelle.

Ich will heute davon sprechen, wie die Wissenschaft die richtigen Zusammenhänge im Leben des Menschen ergründen muß, wie sie durch richtige Beobachtung zu einem einigermaßen brauchbaren Urteil kommen kann.

Wir haben schon gesehen, daß kein Mensch imstande sein kann, in diesem Leben ein Idealbild zu verkörpern, weil der derzeitige Zustand oder besser der Stand der Entwicklung der gesamten Menschheit noch nicht dazu ausreicht. Es wird noch lange nicht dazu kommen, daß auf der Welt des materiellen Bereichs Idealbilder zu finden sein werden. Ja, nach menschlichem Ermessen vielleicht, weil der Blick nach oben fehlt und die Vorstellung vom idealen Wesen daher eine sehr bescheidene sein muß. Ich will aber mit meiner aufklärenden Schrift ein wenig dazu beitragen, daß die Menschheit erkennt, welchem viel höheren Ziel sie zustreben muß, als welches ihr heute als das Erstrebenswerte erscheint.

Bekanntlich wird ein großer Erfolg nur dann erzielt, wenn man ein hohes Ziel vor Augen hat und dem mit aller Kraft des Geistes und der Seele zustrebt. Hat man ein einmal gestecktes Ziel erreicht, dann wissen wir aus Erfahrung, daß es meist klein und nichtig erscheint, daß man sich im Wert des Erreichten getäuscht hat oder daß es überhaupt nicht erstrebenswert gewesen ist.

Am meisten trifft dies auf die Anhäufung von Reichtum und Wohlstand zu, der niemals einen Menschen glücklicher macht als einen anderen, der in bescheidenen Verhältnissen lebt, wenn er seinen Reichtum nicht richtig, und zwar nach den unendlichen Naturgesetzen bewertet und nutzt. Das bedeutet aber immer eine Aufgabe, oft eine hohe Verpflichtung und mitunter eine schwere Prüfung, nicht weniger als bei einem anderen Not und Elend.

So verschieden sind die Begriffe hier und dort, daß man vielleicht manchmal sagen wird, was ich schreibe ist Unsinn, denn nur eine materiell gesicherte Existenz könne glücklich machen. Ich sagte schon an anderer Stelle, daß es nur wenige geben wird, die schon in der Lage sind, dem zu folgen, was ich sage und es richtig zu verstehen.

Es kann im materiellen Bereich noch nicht zu einem Auffassungsvermögen von so hoher Warte kommen, wie wir sie von hier aus vermitteln können. Deshalb ist es schon ein großer Erfolg zu nennen, wenn die Menschen den goldenen Mittelweg in allen Dingen zu finden bestrebt sind. Das Erkennen aber, daß es einen solchen gibt und ihn zu finden, setzt voraus, daß man die beiden Enden des Gebietes - geistig gesehen natürlich - erkennt, denn nur dann kann man von einer Mitte sprechen. Je höher man das obere Ende setzt, um so höher wird der Mittelweg sein, den man zu beschreiten bereit und bestrebt ist.

Immer ist es noch die Materie, die die Menschen hindert, über diese ideale Mitte hinauszugehen in jeder Richtung, gleichgültig, an welchen Bereich des irdischen Daseins wir denken mögen.

Die Wissenschaft müßte demnach zuerst bestrebt sein, den goldenen Mittelweg zu erforschen und an Hand dieses Leitbildes die Erziehung zur Menschlichkeit in die Wege zu leiten.
Nicht aber etwa davon ausgehen, daß in allen Bereichen des irdischen Daseins jeder Mensch das Idealbild verkörpern könne; wie schon gesagt, hängt das von der Aufgabe ab, die sich das Geistwesen für das irdische Dasein gestellt hat. Ich sagte jetzt auch Idealbild, es ist ein solches vom irdischen Menschen aus gesehen, nicht aber das, das ich als höchstes Ziel vorgestellt habe. Ein solches zu ersinnen oder zu zeichnen, ist kein irdischer Mensch in der Lage, weil derjenige, der es aufstellt, von solcher Entwicklung sein müßte, daß er es nicht mehr nötig hätte, Prüfungen auf der materiellen Welt auf sich zu nehmen. Man kann in jedem Bereich des menschlichen Lebens erforschen und erkennen, welches Verhalten, welche Taten für den Fortschritt der Menschheit dienlich sind, man muß nur alle Taten und Gedanken vom Gesichtspunkt der Gemeinschaft betrachten und jeder Beurteilung die Grundgesetze der allumfassenden Liebe, der Weisheit und ewigen Ordnung zugrunde legen. Wer bemüht ist, so zu forschen, kann überhaupt nicht irregehen.
Der zweite Schritt ist nun, zu erkennen, ob und wie die Menschen, sowohl in der Gesamtheit als auch im einzelnen, gegen die auf diese Weise aufgestellten Normen verstoßen. Es ist eine große Aufgabe, die nur Wenige zu lösen imstande sein werden. Diese Wenigen werden sich aber finden, und sie werden die Grundlagen geben können für den Aufbau einer gesunden, natürlichen und gemäßigten Lebensauffassung.
Vieles muß aus Extremen zurückgeführt werden auf ein tragbares normales Maß. Manches muß mehr ins Licht gerückt und Vielem mehr Bedeutung beigemessen werden als bisher.
Ich gebe im Augenblick nur einen groben Überblick, werde aber noch auf viele Einzelheiten zu sprechen kommen und behilflich sein bei der Schaffung der Grundlagen für ein gesundes Leben und einen wünschenswerten Fortschritt. Man muß nur den Mut haben, damit zu beginnen.
Die Wissenschaft wird sehr bald erkennen, daß die Bearbeitung dieses Stoffes eine Aufteilung in viele Sparten erfordert. Es ist nicht möglich, das in einem kurzen Vortrag überhaupt zu überblicken. Die großen Lebensbereiche müssen sehr unter die Lupe genommen werden.
Wer da meint, daß er nur nachsehen muß, wie die Mehrzahl der Menschen sich in bestimmten Lebenslagen verhält, der geht leicht irre. In manchen

Dingen können davon Hinweise genommen werden, aber sehr oft muß man feststellen, daß nicht nur Einzelne, sondern die ganze Menschheit noch irrt und auf ungeeigneten Wegen wandelt.

Ich will nur ein Beispiel herausgreifen, die Technik. Die Menschheit stellt im allgemeinen den Fortschritt der Technik gleich dem Fortschritt der Menschheit. Das ist ein sehr böser Irrtum. Die Technik ist den Menschen auch nur gegeben, damit sie ihr Leben angenehmer und leichter, gesünder und natürlicher gestalten können sollen. Wo ist das noch der Fall? Alle Technik wird leider übertrieben.

Die Erkenntnisse unendlicher Naturgesetze, die von wenigen Eingeweihten und Gelehrten der Menschheit zugänglich gemacht werden, werden mißbraucht von reinen Materialisten, die noch immer der Meinung sind, daß alles das nur der Erlangung von großem Vermögen, von Reichtum und materieller Unabhängigkeit gegeben ist.

Unabhängigkeit von anderen Menschen ist ein armseliger Erfolg im Großen gesehen, wenn ich auch nicht leugnen will, daß das materielle Dasein in der Gegenwart noch zu solcher Auffassung veranlaßt. Die Menschen müssen die innere Unabhängigkeit erkennen lernen, die Freiheit des Willens, die natürlich im materiellen Dasein durch die Zivilisation einige Einschränkungen erfährt. Diese Einschränkungen dürfen aber auch nicht dazu führen, daß es im Menschen zum Gefühl der Unterwürfigkeit kommen kann.

Eine Anpassung aus freiem Willen muß die Grundlage für die Förderung der Zivilisation sein, nicht strafbedrohender Befehl. Wie weit sind die Menschen noch entfernt von solcher Auffassung! An allen Ecken und Enden steht zu lesen: "es ist verboten". Wie selten liest man: "die Menschen, Einwohner oder Besucher werden gebeten"; ein solches Wort spricht den eigenen freien Willen mehr an als alle Verbote und Drohungen. Auch das müssen die Menschen erkennen. Es müßte sich ein Mann in einer Stadt finden, der alle solche - ich möchte sagen - brutale Schilder wegnehmen und sie durch höfliche Bitten ersetzen läßt. Man würde staunen über den Erfolg. Die erzieherische Wirkung würde nicht ausbleiben, sie würde Vorbild sein für das Verhalten im Beruf, in der Familie, im ganzen menschlichen Verkehr. Macht einmal den Versuch, es kann bestimmt nicht schaden! Wenn man zum Beispiel anstatt der Feststellung "Eintritt für Fremde verboten" schreiben würde "Hier dürfen nur Beschäftigte eintreten", würde mancher eine Freude empfinden und es genau so gut verstehen, wie das Verbot in strengen Worten.

Wir sind damit bei der zweiten Komponente der Grundlagen für die Erforschung des menschlichen Idealbildes.
Es ist der freie Wille oder besser gesagt die Freiheit des Willens. Nicht der ist das Idealbild in dieser Hinsicht, der sich seiner Willensfreiheit bewußt ist und demgemäß handelt, sondern der, der die Freiheit des Anderen respektiert und gelten läßt, der sich nicht über den Willen des Anderen rücksichtslos und egoistisch hinwegsetzt. Da sind wir wieder beim Verstehen und Verzeihen, worüber wir schon einmal gesprochen haben. Es gibt also im menschlichen Dasein kaum eine Sparte, in der es ohne Verstehen und Verzeihen geht. Verzeihen muß nicht immer gleich Nachsicht großer Fehler und Mängel bedeuten. Auch da gibt es mannigfache Abwandlungen.
Wir sprachen von den Erfordernissen der Zivilisation, und ich möchte sagen, daß es das Hauptkapitel oder der erste Abschnitt aller Untersuchungen sein muß, zu erforschen, wie weit diese der Menschheit dient und ihren Erfordernissen für ein materiell und geistig gesundes Leben Rechnung trägt. Sie ist die Grundlage für die Gemeinschaft, ihr Zusammenwirken und ihren Bestand. So wie der Körper die Heimstatt für den einzelnen Geist oder das Geistwesen ist, so sind die Errungenschaften der Zivilisation die Grundlage und Heimstatt für die Gemeinschaft. Die Gemeinschaft, ein Begriff, der - wie ich schon sagte - ein wahrhaft göttlicher ist. Nichts kann allein im Weltall existieren, alles braucht eine Ergänzung, die Hilfe und Unterstützung, um sich zu entwickeln. Wer sich ausschließt, verdirbt wohl deshalb nicht, er verkümmert höchstens im materiellen Sinn. In Wirklichkeit, nach höherer Betrachtungsweise, hält er nur seinen Fortschritt auf.
Die Leiden und Schwierigkeiten im Materiellen sind aber so unbedeutend gegenüber einer solchen Hemmung des geistigen Fortschritts. Man mag sich nur überlegen, daß das irdische Dasein eine winzige Zeitspanne einnimmt im Vergleich zum Leben im außerirdischen Bereich.
Hier im Dunkeln zu leben ist viel härter als sich ein Mensch vorstellen kann. Eine Prüfung und Läuterung, die so lange dauert, bis die Einsicht reift, daß Egoismus, Mißachtung der Gemeinschaft ein Irrtum ist, der mit allen Mitteln bekämpft werden muß.
Wir wollen damit schließen und das nächste Mal von den gesunden Grundlagen des Gemeinschaftslebens schreiben, das für die irdische Menschheit die Voraussetzung für ein erfolgreiches und fortschrittliches Dasein ist.

9. KAPITEL
Die Gemeinschaft und die notwendige und richtige Einstellung zu ihr.

Gemeinschaft ist heute das Thema, das wir besprechen wollen.

Ausgehend von dem Grundsatz, daß kein Wesen allein zur Vollendung und zu wahrem Erfolg gelangen kann, wollen wir untersuchen, nach welchen Gesichtspunkten der Mensch die Gemeinschaft zu wählen hat, der er angehören, der er seine Dienste, seine Kräfte weihen will.

Das Wollen steht da wieder an der Spitze. Gemeinschaft ist nicht zu verwechseln mit der Gesellschaft, in die das Geistwesen inkarniert und durch seine Geburt materiell gebunden ist.

Gemeinschaft ist in erster Linie abhängig von der Lebensauffassung überhaupt. Eine richtige Vorstellung davon ist Grundbedingung. Nicht das Milieu an sich, in dem der Mensch lebt, kennzeichnet die Gesellschaft, sondern die Auffassung vom Sinn und Zweck des Lebens, von dem Wunsch, dem ganz unbewußt im Innersten ruhenden, seine Aufgaben im Interesse der Gemeinschaft zu erfüllen, die man im Jenseits auf sich genommen hat. Natürlich spreche ich hier von solchen Geistwesen, die schon ein Vorbild für weniger Reife vorstellen können und daher gewissermaßen als Musterbeispiel gelten können.

Die Menschen wissen ja nicht von vornherein, was ihre Aufgabe ist und nur wenige erfühlen es frühzeitig. Durch richtige Leitung in jungen Jahren kann da viel geholfen und mancher Fehlgriff vermieden werden. Es ist also notwendig, zu entscheiden, welchen Beruf man ergreifen oder welcher Berufung man folgen will, um der Menschheit dienlich zu sein.

Steht kein Beruf zur Wahl, der die Absichten in dieser Hinsicht befriedigen könnte, wenigstens anscheinend und nach kurzem Hinsehen, so mag man ruhig einen banalen, gleichgültigen, nur die Existenz erhaltenden Beruf wählen und warten, bis die richtigen Aufgaben zugebracht werden, die mit dem Beruf gar nicht verbunden sein müssen.

Jeder hat ja seinen guten und oft großen Führer, dem er nur zu gehorchen braucht. "Gehorchen" hier nicht im Sinne der widerspruchslosen Unterwürfigkeit, sondern im Sinne von Gehör schenken. Das ist der eigentliche Sinn dieses Wortes; im menschlichen Gebrauch zu einem willenlosen Sicherben herabgezogen. Gehör schenken, also aus freiem Willen auf die innere Stimme hören und sie aus freiem Willen auch befolgen.

Es ist nötig, das genau herauszustellen, damit nicht der Eindruck entstehen kann, daß der Mensch gar nichts zu tun hat, um den rechten Weg zu finden. Im Gegenteil, er allein muß entscheiden, wie er sein Leben zu formen und zu gestalten denkt. Die Gelegenheit dazu wird ihm in den Schoß gelegt, er muß nur zuzugreifen wissen.

Mancher geht nach seinem Erdendasein ins Jenseits ein und muß erkennen, daß er die Aufgaben, die er auf sich genommen hat, nicht so erfüllt hat, wie es wünschenswert und für den Fortschritt notwendig gewesen wäre. Er muß nachholen.

Ich sagte schon an anderer Stelle, daß es mir ebenso erging, weil ich nicht den Mut hatte, richtig zuzugreifen und gegen alle Vorurteile anzukämpfen. Nur sehr wenigen gelingt es, ihre Aufgaben ganz zu erfüllen. Das materielle Leben und die damit verbundene materielle Lebensauffassung ist das Hindernis, das uns dabei nach ewigen, unabänderlichen Naturgesetzen in den Weg gelegt wird. Durch den Kampf gegen diese unrichtige Lebenseinstellung im irdischen Dasein muß die Reife gewonnen werden, die uns allmählich befreien soll von den Fesseln der Materie.

Wie aber sollen wir dazu gelangen? Durch die gute Einstellung zur Gemeinschaft im Bewußtsein, daß alle das gleiche Ziel anstreben und anstreben müssen und in der Überzeugung, daß es auch für uns keinen endgültigen Aufstieg geben kann, solange noch hilfebedürftige Seelen im Dunkeln leben. Wir haben unsere Aufgaben erst dann restlos erfüllt, wenn wir allen zum Licht verholfen haben. Wie soll das aber dem Einzelnen gelingen? Niemals, werdet ihr sagen, und das ist richtig. Darum ist Hilfeleisten nicht schon damit erfüllt, daß man einem Armen Geld gibt, Nahrung und ein Heim, in dem er wohnen soll. Man muß ihn auf den Weg der Gemeinschaft führen und von ihm erwarten können, daß er ebenso durch Hilfsbereitschaft sich der Gemeinschaft würdig zeigt, denn im Empfang von Wohltaten allein liegt nicht das Glück und die Zufriedenheit. "Geben ist besser denn nehmen" ist ein alter Spruch; er muß nur richtig verstanden werden.

Geben muß nicht nur in materiellen Gütern bestehen, das am allerwenigsten. Man sieht es deutlich dort, wo Wohltaten an unterentwickelte Völker geradezu verschwendet werden, die sie durch nichts verdient haben und verdienen konnten. Gebt ihnen die Möglichkeit, sich solches selbst zu erarbeiten, dann werdet ihr echte Dankbarkeit dafür empfangen! Solche Hilfe im Geistigen ist eine Saat, die tausendfache Ernte sichert. Nicht die Güter, die nur verbraucht und damit verloren sind, die nur den Wunsch nach mehr erwecken und kein Urteil darüber aufkommen lassen, welchen Wert sie darstellen und wieviel Liebe und Pflichtbewußtsein aufgewendet werden müssen um sie zu erzeugen.

Lenken und leiten, geistige Führung ist die Aufgabe der Menschen, die in der Gemeinschaft wirken und für sie leben wollen. Nicht mit Befehl und Verbot, sondern mit allumfassender Liebe, mit Verstehen und Verzeihen, auch auf die Gefahr hin, daß Mißerfolg im materiellen Bereich die Folge ist.

Im Augenblick ist die irdische Welt in einem erschreckenden Gärungsprozeß gefangen und große Umwälzungen werden nur langsam zu einer Klärung führen. Sie sind die Folgen der unrichtigen sozialen Hilfswerke, die nicht aus reinem Herzen oder nur sehr selten in so idealer Einstellung geschaffen werden, sondern in der Hauptsache das Werk von Habgierigen, mehr oder weniger sogenannten geschäftstüchtigen Leuten sind. Das kann keine guten Folgen haben. Man kann völlig unreife, unterentwickelte Völker, die noch dazu unter ganz besonderen klimatischen Bedingungen leben, nicht von heute auf morgen zu zivilisierten Gemeinschaften erziehen. Sie werden es immer als fremd und störend empfinden und so lange in ihre ureigenen Instinkte und Eigenschaften zurückfallen, bis nach vielen Generationen endlich ein tragbares Maß erreicht wird.

Es darf im materiellen und geistigen Leben keinen Zwang geben, das muß der oberste Grundsatz sein. Man sehe nur die Frage der schwarzen Bevölkerung in den Vereinigten Staaten. Sie sind als Sklaven importierte, unterentwickelte Massen gewesen, die wie Tiere nur zu schwerer Arbeit herangezogen waren. Ihre Entwicklung im geistigen Bereich geht aber nicht schneller, weil sie in den fremden Erdteilen arbeiten müssen; sie brauchen dazu genauso lange wie in ihren Heimatgebieten. Sie sind aber dauernd mit dem Wohlstand des Westens konfrontiert und erheben nun in den nachgeborenen Generationen als eingesessene und nach den Naturgesetzen gleichberechtigte Bürger ihr volles Recht. Sie werden zur Landplage wegen ihrer im allgemeinen niedrigeren Entwicklungsstufe und es ist eine schwere Aufgabe, nun die richtige Form der Eingliederung dieser Menschen in die menschliche Gesellschaft und Gemeinschaft zu finden.

Alles, was an großen Auseinandersetzungen im Gange ist, ist die Folge großer Irrtümer und Fehler, die vor langer Zeit schon begangen worden sind. Die Zeit wird aber kommen, da man das sehr genau erkennen wird und dann erst wird die Möglichkeit gegeben sein, Ruhe und Frieden in der materiellen Welt zu begründen.

Das Erkennen der grundlegenden Fehler und Mängel ist die erste Forderung, die da erfüllt werden muß. Immer wieder ist es die unrichtige Auffassung von der Gemeinschaft und dem Dienst an ihr vor allem. Das darf kein Geschäft bedeuten oder nur vom Gesichtspunkt des materiellen Nutzens aus betrieben werden. Es sind schon gute Anfänge gemacht worden, aber sie sind noch ein Tropfen auf den heißen Stein.

Die Kirche hat sich sehr um die Erziehung der Völker zum christlichen Glauben angenommen in der wohlgemeinten Auffassung, daß sie die allein seligmachende sei. Das war ein großer Irrtum und mußte ein Fehlschlag werden, ebenso wie sie in den kultivierten Ländern langsam einer Umstellung entgegenstreben muß, will sie nicht eines Tages von der Menschheit restlos verachtet werden.

Die Kirche ist aber sehr wohl eine nützliche und gottgewollte Einrichtung. Sie hat aber ihre Aufgabe verkannt und den richtigen Weg noch nicht gefunden, um sie zu einem gottgewollten Werkzeug werden zu lassen. Alles braucht seine Zeit. Es wird auch da langsam die Dämmerung hereinbrechen und die Aufgabe, der Gemeinschaft zu dienen im göttlichen Sinn, den richtigen Klang - ich will sagen - die richtige Einsicht bei den damit Betrauten und Berufenen finden.

Daß ich von Klang sprach hängt damit zusammen, daß göttliche Aufträge und Dienst im wahrhaft göttlichen Sinn in eine Musik gekleidet sind, die im Irdischen nicht zu erfassen und zu beschreiben sind. Die gute Kirchenmusik ist ein zarter, aber sehr gut erfaßter Abglanz, ein bescheidener Anfang der hohen und unfaßbar schönen Sphärenmusik. Dies zur Erklärung für mein Versprechen.

Gemeinschaft pflegen, ihr dienen heißt also, nicht nur im materiellen Leben für Grundlagen der Existenz zu sorgen, sondern vor allem die Hilfe angedeihen zu lassen, die dazu geeignet ist, den Menschen zu selbständiger Entwicklung auf den Weg zum Fortschritt zu führen. Das geschieht aber viel weniger durch gute Lehren und aufgezwungene Konfessionen als durch ein vorbildliches Leben.

Nur der freie Wille muß zur Nachahmung veranlassen, niemals darf durch Zwang ein Fortschritt erzwungen werden. Er ist kein echter Fortschritt, mag er auch im materiellen Bereich als das erscheinen.

Wie viele Gelehrte haben große Entdeckungen gemacht, nicht in der Absicht, daß sie dem Krieg und der Vernichtung dienen sollen. Menschen, die durch falsche Erziehung zum Gebrauch dieser Errungenschaften geleitet

wurden, ohne dazu berufen zu sein haben sie mißbraucht und tun das auch heute noch, weil sie die geistige Reife noch nicht erlangt haben, die die Voraussetzung für eine gottgewollte Nutzung der Naturgewalten ist.
Der freie Wille ist zuwenig beachtet. Die Menschen sind noch zu sehr von Machtgier und Geltungstrieb geleitet und daher der Meinung, daß sie ihre eigenen Ansichten, ihren eigenen Willen auch den ihnen anvertrauten oder unterstehenden Seelen aufzwingen müssen. Oft sicher in sehr guter Absicht, aber in Verkennung oder mangels eines besseren Wissens.

Man kann der Gemeinschaft nur dienen, wenn man diese Grundregel in allen Handlungen befolgt, immer darauf Rücksicht nimmt. Vorleben, was der Gemeinschaft dient und förderlich ist, ein Beispiel geistiger Reife und gesunder Lebensauffassung vorstellen und anstreben und ihr werdet bald den Erfolg erkennen. Nicht gleich im Einfluß auf die große Masse, aber im einzelnen, im täglichen Leben.

Das Beispiel erzieht und Erziehung ist Hilfe und Dienst an der Gemeinschaft. Diesen Dienst kann jeder leisten ohne eine besondere Berufung, und er wird sich dadurch für eine solche verdient machen. Es ist die für alle Menschen gegebene Möglichkeit; sie führt zur Selbsterziehung und über diese zu einer gesunden und frohen Lebensgemeinschaft.

Das nächste Mal will ich von den Beziehungen zwischen Berufung und Gemeinschaft sprechen.

10. KAPITEL
Der göttliche Sinn der Berufung.

Ich habe schon einmal den Unterschied zwischen Beruf und Berufung klargestellt und will nun versuchen, den Sinn einer Berufung zu charakterisieren.

Berufung ist Auftrag, gegeben von einer geistigen Höhe, die wir nicht einmal hier noch imstande sind zu erschauen. Besondere Fähigkeiten auf einem Gebiet sind Voraussetzung, aber nur Fähigkeiten, die dem Nutzen der ganzen Menschheit dienen können.

Keineswegs gehören dazu solche, die nur der Habgier oder Machtgier dienen, die rein körperlichen Ursprungs und nur auf Genuß in materiellem Sinn gerichtet sind. Sie sind wertlos, da sie für niemand, weder für den Ausübenden noch für die Genießenden, einen geistigen Fortschritt bedeuten können.

Berufung setzt noch nicht eine wesentlich höhere Reife in der Entwicklung voraus. Auch darin gibt es Anfänger, die erst langsam in wiederholten Inkarnationen eine Höhe erreichen, die sie über die Allgemeinheit hinaushebt. Ich will in erster Linie von der Berufung zum Arzt und Helfer der Menschheit sprechen und da besonders von meinen eigenen Erfahrungen ausgehen, die ich zwar im irdischen Dasein nicht gegenwärtig hatte, zumindest nicht bewußt, die ich aber heute, auf einer höheren und freieren Warte stehend, viel besser und richtig überblicken kann. Ich will damit Dinge - ich möchte sagen - verraten, wenn auch mit Erlaubnis, die zur guten Einstellung in Beruf und Berufung beitragen können.

Aus freiem Willen hatte ich mir den Beruf des Arztes vor vielen hundert Jahren gewählt und sehr bald erkannt, daß er einer der wichtigsten für die leidende Menschheit ist. Als Alchimist habe ich Forschungen angestellt in dem Bewußtsein, daß um uns Kräfte am Werk sind, die wir nicht kennen und deren wir uns doch nach göttlichem Ratschluß bedienen sollen. Heute gibt es keine Alchimisten mehr, sondern nur die Technik, die ohne eine Bindung zu den unendlichen Naturgesetzen rein logisch auf den Grundlagen weiter baut, die gottbegnadete Eingeweihte ihr hinterlassen haben. Auch heute gibt es solche Eingeweihte, aber die Verbindung mit den außerirdischen Kräften ist in den Hintergrund getreten.

Die Eitelkeit und Selbstsucht, der Ehrgeiz und das Streben nach Macht verbieten es dem Menschen, andere Einflüsse anzuerkennen als die materiell erfaßbaren, das sind Intelligenz und Wissen. Ein großer Egoismus, denn in Wirklichkeit kommen alle großen Erfindungen aus dem außerirdischen Bereich. Keiner wäre imstande, etwas Neues zu entdecken, hätte er nicht seine guten, selbstlosen Führer, die ihn darauf hinweisen, die ihn zu all dem leiten und führen. Nicht ganz ohne eigenes Verdienst, immer ist es ein guter, starker Wille, der imstande sein muß, zuzugreifen.

Die wahren Erfinder und Entdecker sind aber auch selten zu materieller Geltung und Reichtum gekommen, sie haben sehr wohl gefühlt, daß es nicht ihre Leistung allein war, und ihre hohe Lebensauffassung hat es ihnen verboten, ein Geschäft daraus zu machen. Die Menschen bedauern einen solchen oft in ärmlichen Verhältnissen abgeschiedenen Geist, daß ihm der richtige Lohn versagt geblieben sei. Dem ist nicht so. Der Fortschritt liegt auf einer höheren Ebene, das wird man schon aus meinen vorhergehenden Erklärungen erfaßt haben.

Abgesehen davon aber sind die Menschen oft nicht einverstanden und widersetzen sich den Lehren und der aufklärenden Rede solcher Eingeweihter und Berufener, weil es gegen ihre von ihnen so geliebte materielle Lebensauffassung gerichtet ist. Sie wollen nur genießen und sind der Meinung, daß es dazu keiner höheren Werte bedarf in geistiger Hinsicht. Die Erkenntnis ist dann bitter und ist damit nicht nur der eigene, sondern der Fortschritt der gesamten Menschheit gehemmt.

Ich will wiederholen, was ich schon an anderer Stelle ausgeführt habe, daß die Gemeinschaft allein den Fortschritt im Geiste erreichen kann, eine sowohl materiell als auch seelisch und geistig gesunde Gemeinschaft. Darum werden immer wieder Kräfte berufen, die auf dieses Ziel hinarbeiten sollen, selbstlos und unabhängig von materiellen Belastungen.

Ein Berufener, der so hoch über der Materie steht, daß er ohne sie leben und wirken kann, ist ein Messias. Er hat eine geistige Reife und Reinheit der Seele erlangt durch Betätigung des freien Willens, daß er Vorbild und Helfer in reinstem Sinne des Wortes Berufung darstellen kann. Ein solcher Messias war Jesus Christus. Nicht der erste und sicher nicht der letzte, der den Menschen zur Erlangung des Zieles zu Hilfe geschickt wurde und wird, das jeder einmal erreichen muß.

Wir können aus all den unrichtigen Auslegungen, die seine Lehren erfahren haben leider ersehen, wie weit entfernt die Menschheit noch von dem erreichbaren und ihr gesteckten Ziel ist. Trotzdem bedeutet das Erscheinen eines großen Eingeweihten auf der materiellen Welt immer einen Fortschritt, wenn auch nicht für die Gesamtheit, so doch für eine mehr oder weniger große Zahl von Menschen.

Der Kampf gegen die neuen Lehren, die von solchen Geistwesen in die Welt der Materie gebracht werden belebt die Geister, regt sie an zu Nachforschung und Denken, und nach Zeiten großer Irrtümer und Fehlschlüsse muß eines Tages die wahre Erkenntnis reifen.

Die Menschheit ist noch wie ein kleines Kind, in dem zwar die Erfahrungen und das Wissen aus früheren Existenzen ruht, das aber erst nach einem mehr oder weniger harten Kampf zur Erkenntnis und zu weiterem Fortschritt gelangen kann. Es wäre nur wünschenswert, daß die zur Verbreitung guter Lehren Berufenen, die Priester, endlich einsehen, daß sie auf Sand bauen, wenn sie die Mitteilungen aus vergangener Zeit zu unumstößlichen Regeln erheben, anstatt selbst nach der Wahrheit zu forschen. Darin liegt nämlich der große Irrtum der Kirche. Es ist nicht gut und nicht richtig, daß sie sich gebunden fühlt an Dogmen und Lehrsätze und glaubt, davon nicht abgehen zu dürfen, anstatt darauf weiter aufzubauen. Es ist die Furcht vor der Kritik der Massen, die gerne ohne viel nachdenken zu müssen, an althergebrachten Glaubenslehren und Sitten festhält, anstatt die Entwicklung der Menschheit in Rechnung zu stellen und davon auszugehen, daß alles im Fluß ist und ständiger Erneuerung bedarf. Es scheint wohl langsam in kirchlichen Kreisen die Erkenntnis dieser großen Wahrheit zu reifen und mit fortschreitender geistiger Entwicklung und zunehmender Reife der Wunsch nach Neuerung und Belebung wach zu werden. Es ist an der Zeit, daß große Kirchenfürsten sich ganz und rückhaltslos auf den Boden dieser Wahrheit stellen und danach streben, radikale Änderungen herbeizuführen. Sonst kann es leicht zu spät werden und die Zeit vergeudet sein. Bis dann ein neuer Messias die Möglichkeit haben wird, Wahrheit und gute Lehren in die Welt des Irdischen zu bringen, kann sehr lange dauern.

Ich wollte aber von der Berufung des Arztes in erster Linie schreiben; wir müssen dabei wieder davon ausgehen und uns daran erinnern, daß jede Krankheit ihren Sitz in der Seele hat, daß also abgesehen von der körperlichen Behandlung die Pflege der Seele, ihre Betreuung und Heilung zur großen Aufgabe des Arztes gehören.

Wir haben gehört, daß die Seele als Kleid des Geistwesens, als Verbindung des Geistwesens zum Körper ein äußerst feines und empfindliches Instrument darstellt, das eine dementsprechende zarte und vorsichtige Pflege erfordert. Um eine solche bieten zu können, muß der Arzt einen hohen Grad an Wissen und seelischer Reife erreicht haben. Es genügt nicht die Bücherweisheit der heute gültigen medizinischen Wissenschaft. Hauptgrundlage ist die reife, hochstehende Persönlichkeit.

Man bedenke doch, daß der Patient zu niemand ein größeres Vertrauen hat und haben soll als zu seinem Arzt. Kaum seinem Priester wird er so offenherzig und rückhaltslos sein Innerstes öffnen wie seinem Arzt und Helfer.

Bücherweisheit kann jeder sich erwerben, wenn er nur die nötige Ausdauer und den guten Willen hat. Die Reife der Persönlichkeit erfordert mehr.

Darum müssen wir heute noch sehr unterscheiden zwischen sogenannten Medizinern, das sind diejenigen, die ärztliche Tätigkeit wie ein Handwerk erlernen und ausüben, denen der Mensch - wie schon gesagt - als Fall gilt und nicht wie eine höchst eigenartige Persönlichkeit, die aller Einfühlung und Vorsicht in der Behandlung bedarf und wahren Helfern der Menschheit, die sich der hohen Berufung bewußt sind, der zu dienen für sie eine Gnade bedeutet. Auch da sind Unterschiede in der persönlichen Reife nicht zu vermeiden, denn auch sie sind in der Entwicklung begriffen, sicher noch nicht vollkommen und unantastbar. Ihr Bestreben geht aber danach, unantastbar in ihrem Lebenswandel, in ihrer beruflichen Tätigkeit sein zu können.

Berufene haben meist nach Ansicht der materiell denkenden Menschen ein schweres Leben, weil sie nur an ihrer Arbeit Freude und Befriedigung finden. Die Menschen können nicht ermessen, wie sehr beglückend solche Einstellung zum Leben ist. Natürlich gilt das nicht nur für den Arzt, wenn dieser auch vielleicht die größten Möglichkeiten hat, dem Fortschritt der Menschheit zu dienen.

Nicht nur Gesundheit an Leib und Seele ist es, was die Menschen zum Aufstieg und zu ihrer Weiterentwicklung brauchen. Die Pflege der Seele kann nur mit guten Hilfsmitteln erfolgreich bewirkt werden.

Ich sprach schon davon, daß die Musik eine große Rolle spielt als Hauptelement der außerirdischen Naturkräfte. Auch auf diesem Gebiet gibt es mehr oder weniger große Berufene. Nicht zu allen Zeiten sind solche unter den lebenden Menschen. Es wäre zuviel des Guten und würde zu einer Selbstverständlichkeit und - ich möchte sagen - zum Alltäglichen herabsinken, wäre der Genuß in so reichem Maße gestattet.

So wie große Eingeweihte und Messiase nicht ständig unter den Menschen wandeln, sondern erst dann in die materielle Welt entsandt werden, wenn die Zeit nach göttlichem Ermessen reif ist, so sind auch große musikalische Geister nur selten und in großen Abständen der irdischen Welt beschieden.

So wie Messiase mit den jenseitigen großen Führern in Verbindung stehen, sie bewußt benutzen und sich ihrer bedienen, so stehen auch große Komponisten mit den außerirdischen Kräften des Alls in Verbindung und empfangen die Musik, die sie aus eigenem freiem Willen den Menschen schaffen wollen aus hohen Sphären. Nicht räumlich ist das zu denken, wie ich schon einmal sagte. Sie sind die geeigneten Empfänger für Strahlen aus großer geistiger Höhe. Die Kraft der ihnen gesandten Strahlen ist es, die die wunderbaren Werke entstehen läßt. Sie sind im wahrsten Sinne des Wortes Medien und je nach der Entwicklung ihrer Seele Empfänger schöner und schönster Sphärenklänge.

Menschen, die eine starke Empfindung beim Anhören von guter Musik haben, können langsam auch zu hoher seelischer Reife gelangen, so daß sie Empfänger und Schöpfer solch ewig gültiger Musik werden.

Die Pflege der Musik, das Erlernen eines Instruments, sind die Wege, die zu seelischer Bereitschaft führen und Lebenskraft auf diese Weise erzeugen oder eine kranke Seele heilen können.
Damit genug für heute, wir wollen das nächste Mal von anderen Kunstarten und ihren Berufenen sprechen.

11. KAPITEL
Die Kunst, ihr Entstehen und ihre Bewertung.

"Was ist überhaupt Kunst?" müßte man fragen. Es ist das höchste für menschliche Begriffe erreichbare Maß von Fertigkeit und Begabung, von Inspiration und Eigenwilligkeit, je nach dem, um welche Kunst es sich handelt. In der Musik ist Eigenwilligkeit nicht immer von Vorteil. Inspiration ist da wohl die Hauptsache. Musik ist Kunst aus dem Grunde, weil man die Höhe der Leistung nicht langsam erlernen kann wie bei einem Handwerk, sondern von Anbeginn im Genuß bestimmter Inspiration steht und diese nur mit gut erlernter Technik verarbeiten muß.
Anders ist es bei handwerklichen Künstlern, bei denen die Technik, die Geschicklichkeit im Vordergrund steht, die sie mit Ideen zu verbinden haben, die wohl auch meist aus anderer Sphäre stammen. Auch zur handwerklichen Kunst kann Hilfe von außen kommen, wenn eben die Öffnung diesen Kräften geboten wird und damit Ruhe und Beschaulichkeit im wahrsten Sinne des Wortes die Grundlagen geben.
Beschaulichkeit ist die Einstellung auf das Gewollte im tiefsten Inneren unter Ausschaltung aller Einflüsse aus dem materiellen Bereich und somit Konzentration in großer Ruhe ohne Anstrengung mit ganz positivem Denken.
Beschaulichkeit ist immer dann gegeben, wenn die Menschen sich mit geistigen Dingen befassen; denn das können sie nur in Abgeschiedenheit von materiellen Einflüssen.
Künstlerische Betätigung im wahrsten Sinne des Wortes kann nur im Zustand der Beschaulichkeit entwickelt und zur Vollkommenheit - natürlich nur nach menschlicher Auffassung - gebracht werden.
Was heute als Kunst bezeichnet, dafür ausgegeben und gehalten wird, ist oft elendes Handwerk oder nicht einmal das, denn Handwerk setzt voraus, daß etwas in einer bestimmten Vollendung fertiggestellt wird.

Malerei sollte nur dann als künstlerisch wertvoll anerkannt werden, wenn sie eine Vollendung in einer bestimmten Richtung darstellt. Es gibt dafür sehr gute Richtlinien, die den Wert eines Gemäldes erkennen lassen. Nicht das Urteil von Freunden oder Laien ist maßgebend. Kunst kann nur von echten großen Künstlern wirklich und richtig beurteilt werden.

Kunst kann sich aber auch aus reiner Geschicklichkeit entwickeln, und das ist ein Werk des Menschen selbst, aus seinem eigenen freien Willen mit Ausdauer und Geduld geübt und bis zu einer Höchstleistung entwickelt, die ein Mensch im allgemeinen nicht imstande ist zu erreichen.

Nicht deshalb schon ist es Kunst, weil ein anderer die Tätigkeit und außergewöhnliche Leistung nicht vollbringen kann; sie muß das allgemeine Niveau übersteigen und so überragend wirken, daß sie dem Menschen ein Wegweiser in mancher Richtung sein oder ihm zur Erbauung und geistigen Bildung dienen kann.

Erbauung und geistige Bildung fließen aus der Kunst des Gesanges in Verbindung mit Musik und aus gesprochenen Worten in Verbindung mit der Dichtung.

Der Dichter ist, wenn er imstande ist, bleibende Kunst zu schaffen in den meisten Fällen medial veranlagt, er bringt die Voraussetzungen für die Betätigung auf diesem Gebiet schon aus einem früheren Leben mit und erhält Hilfe und Unterstützung aus dem Jenseits. Je nach seiner Bereitschaft und geistigen Höhe sind die beeinflussenden und helfenden Strahlen aus der entsprechenden Höhe des Jenseits.

Je mehr der Mensch sich den Kräften aus dem All zu öffnen in der Lage und gewillt ist, um so größere Geister werden sich seiner und seiner Kunst annehmen. Immer soll diese Kunst nicht nur der Erbauung, sondern auch der Belehrung dienen, für die Menschheit einen Fingerzeig zum Fortschritt geben. Das Theater ist nicht nur eine Stätte der Erbauung, sondern soll eben - und das haben die Menschen schon weitgehend erkannt, - bildend und belehrend wirken, immer einen Hinweis auf das Unendliche, auf die unumstößlichen Naturgesetze enthalten oder bieten. Die Schauspieler sind es, die diese so wertvollen Unterrichtsgegenstände zu vermitteln haben. Die Darstellung der Charaktere, die sie zu verkörpern haben muß so eindringlich, so der Wirklichkeit entsprechend sein, daß die Menschen angeregt werden, nachzudenken über die ihnen gebotenen Charakterbilder und zur Entscheidung gedrängt werden, welche abzulehnen und welchen nachzueifern wünschenswert wäre. Es ist eine große, erhabene Aufgabe, wenn der Stoff, der geboten wird, auch ein erhabener und wertvoller ist. Die Zeiten ändern sich und die Menschen in gleichem Maße. Es ändert sich der Geschmack in jeder Kunstrichtung. Das Urteil von Gutem und Wertvollem muß aber deshalb trotzdem auf hoher Warte stehen und es darf nicht deshalb ein Werk als Kunstwerk und wertvoll bezeichnet werden, weil es einer größeren Menge von Menschen gefällt und sie mehr erfreut als ein Kunstwerk, das nur von wenigen anerkannt und geschätzt wird.

Kunst ist eben eine Schöpfung begnadeter Menschen, von denen es jeweils nur wenige im irdischen Dasein gibt. Kein Kunstwerk bedarf unendlich oder besser gesagt langer Zeit zur Fertigstellung. Alles, was vom Jenseits gefördert und bewerkstelligt wird, ist - ich möchte sagen - unter Ausschaltung des Faktors Zeit hervorgebracht.

Man bedenke nur, in welch kurzer Zeit große Komponisten ihre Symphonien und Konzerte geschrieben haben, in welcher geringen Zeitspanne große Denker und Dichter ganze Reihen von Büchern geschrieben und mit großem Wissen und Können ausgestattet haben.

Alles, was auf medialem Wege gebracht wird, ist mehr oder weniger frei von materiellen Hemmungen. Mehr oder weniger deshalb, weil es auf die Aufnahmebereitschaft des Mediums ankommt. Beim Schauspieler liegt das anders. Er muß mit großem Eifer sein Gedächtnis üben, kann aber auch auf medialem Weg die gute Auffassung und den klaren Blick, die geeignete Ausdrucksfähigkeit erhalten, die ihm ermöglicht, die von ihm dargestellten Charaktere richtig und eindrucksvoll zu gestalten. Der Schauspieler, ist er ein wahrhaft begnadeter, braucht deshalb in erster Linie die Beschaulichkeit zu seinem Studium. Begabung und eine gute Ausdrucksweise sind natürlich Voraussetzung für einen Erfolg auf diesem Gebiet.

Unter Begabung verstehe ich die Fähigkeit, sich nach den Erfordernissen in geeigneter Weise zu präsentieren und seine Sprache zu beherrschen in Ausdruck und Klang. Das ist nicht jedem Menschen gegeben und wir können ruhig sagen, daß es nur wenige gibt, die damit begabt sind. Ein wohlklingendes Organ, eine klare Sprache tun dem Hörenden wohl und erregen von selbst Aufmerksamkeit. Die Kunst liegt darin, die Sprache der Darstellung eines Charakters entsprechend anzupassen. Nur Ausdauer und ständige Übung können da zum wahren, bleibenden Erfolg führen.

12. KAPITEL
Veranlagung und erworbene Kenntnisse.
Ihr Erkennen und ihre Förderung.
Die Überzeugung vom Fortschritt zum Guten.

Heute will ich damit beginnen, die Zusammenhänge aufzuzeigen, die sich in der Betrachtung von Veranlagung und durch Fleiß und Eifer erworbener Kenntnisse ergeben. Es ist ein großer Unterschied zwischen diesen Komponenten, die in ihrer Ergänzung eine gewisse Vollkommenheit ergeben und die oft über das übliche und sogenannte normale Maß hinausgehen. Das alles vom Standpunkt des irdischen Beschauers. Denn von hier aus betrachtet ist diese Ergänzung ganz normal und der gewünschte und selbstverständliche Gang der Entwicklung. Im Irdischen aber ist noch unter den herrschenden Zuständen und allgemeinen oder überwiegenden Entwicklungsstadien ein solcher Fortschritt als etwas Außergewöhnliches betrachtet.

Es gibt Berufe und Berufungen, die sowohl eine Grundlage aus dem geistigen Bereich als auch eine - ich möchte sagen - technische Entwicklung aus dem Materiellen erfordert.

Die Musik an sich ist in ihrer Vollkommenheit allein im geistigen Bereich vorhanden. Damit die Menschen aber ihrer teilhaftig werden können bedarf es der Instrumente, der Noten und der Personen, die sie erzeugen oder - besser gesagt - wiedergeben. Man kann sich leicht vorstellen, wie zahlreich die Irrtümer und Mängel sein müssen, wenn bis zur fertigen Musik im Irdischen so viele materielle Hilfsmittel erforderlich sind.

Es gibt auch deshalb im Irdischen noch keine Sphärenmusik in reiner Form. Große Meister dieser Kunst haben durch Ausdauer und Fleiß und natürlich mit entsprechender Hingabe an die hohe Aufgabe alle Kräfte eingesetzt und alle Hilfen aus dem außerirdischen Bereich herangezogen, um das, was sie in reinster Form in ihrem Innersten empfanden und klingen hörten der Menschheit zugänglich zu machen und für alle Ewigkeit zu erhalten.

Der Zusammenhang zwischen den Kräften von Außen und dem Einsatz aus dem materiellen Bereich ist nicht wegzudenken, wenn man die für den Menschen unfaßbare Leistung betrachtet.

Deshalb kann ein Mensch niemals sagen, ich will Komponist werden, wenn auch kein Anzeichen solcher Fähigkeit zu erkennen ist. Er wird trotz größten Fleißes und Einsatzes aller Kräfte nichts oder nur sehr wenig erreichen. Er kann nach großen Vorbildern musikalische Tongebilde konstruieren. Sie werden aber kaum einen bleibenden Wert haben und auf die menschliche Seele keinen Eindruck machen.

Hat aber ein Mensch oder fühlt ein Mensch den Klang der ewigen Töne in sich, so muß er nur von sich aus die richtige Beschaulichkeit suchen, den materiellen Hindernissen aus dem Weg gehen und in Ruhe und Versunkenheit die göttliche Musik auf sich wirken lassen.

Manch einer hat sie gehört und war darin versunken, hat es aber versäumt, sich mit den materiellen Voraussetzungen zu befassen und hat seine Fähigkeit ungenutzt für die Menschheit verkümmern lassen. Das ist eine Unterlassungssünde, denn jeder hat die Verpflichtung, mit allen Fasern seiner Persönlichkeit im Dienst an der Gemeinschaft zu arbeiten und Leistungen zu vollbringen. Es ist Mißachtung einer göttlichen Gnade und bringt Hemmung im Fortschritt für lange Zeit.

Technische Fertigkeit kann jeder erlernen und es gibt viele sogenannte Künstler, die imstande sind, die Werke großer Meister auch meisterhaft zu interpretieren. Sie schaffen schon im irdischen Leben die Voraussetzungen für eine spätere Berufung, die Grundlage für die Verleihung der großen Gnade für die Menschen, Schöpfer der schönsten irdischen Werke zu sein, die es im Weltall überhaupt gibt.

So wie es in der Musik die göttliche Berufung und die materielle technische Bildung aus freiem Willen gibt, so ist es in allen Sparten der schönen Künste. Auch der Maler wird geführt und erhält die Hilfe aus dem Jenseits in der Art, daß er sieht - möchte ich sagen - wo der Komponist hört.

Das Sehen ist ein sehr verschiedenes im Diesseits und Jenseits. Die seelische Reife erlaubt einen Blick in die Tiefe, ein geistiges oder - besser gesagt - seelisches Erfassen, wie es in rein materieller Beziehung unmöglich ist. Fast möchte ich sagen, daß es dem irdischen Sehen nicht vergleichbar ist.

Der wahrhaft begnadete Maler erlebt das Bild, das er malt und seine Hand muß so wie die Hand eines Schreibmediums seinem Erleben folgen und die tief empfundenen Bilder auf die Leinwand zaubern. So sieht es wenigstens für den Laien aus. Auch diese Kunst ist gottgewollt und bedarf der Ergänzung durch gründliche Schulung und Erziehung in der Technik.

Auch auf diesem Gebiet ist vieles versäumt worden durch unrichtige Erziehung, durch die Hemmnisse, die das materielle Leben erzeugt. Manche Begabung als Grundlage aus einem früheren Leben oder aus dem Jenseits, manche von außerirdischen Geistwesen angebotene Hilfe ist nicht erkannt

oder abgelehnt worden und Talente mußten verkümmern, weil die Materie stärker war als die gottgewollte geistige Betätigung.
Es ist aber auf diesem Gebiet ein ganz bescheidener Anfang zu erkennen im Irdischen. Immer mehr erkennen die Menschen, daß die Pflege der Künste und Wissenschaft ungeachtet ihrer materiellen Auswirkung einen höheren Wert im menschlichen Dasein hat als man bisher annahm.
So viel über die Zusammenhänge und die Ergänzung zwischen Geistigem und Irdischem in der Kunst. Ich habe sie in erster Linie von der Kunst beschrieben, weil da die beiden Komponenten am klarsten zu erfassen sind. Es ist eine solche Ergänzung, ein solcher Zusammenhang aber in allen Berufen möglich, die der menschlichen Gemeinschaft dienen. Wie, das wollen wir näher betrachten.
Der Lehrer zum Beispiel ist ein Führer und Erzieher und ihn trifft ein großer Teil der Verantwortung für das Brachliegen von Talenten und Behinderung von Anlagen, die eine hohe Entwicklung nehmen könnten.
Der Lehrer muß mehr sein als nur Vermittler von mehr oder weniger lebensnotwendigen und wissenswerten Dingen. Er muß die Fähigkeit besitzen oder zu erwerben suchen, die Seelen der ihm anvertrauten jungen Menschen zu erforschen und ihre mehr oder weniger prägnanten Fähigkeiten herauszustellen und zu fördern. Soweit er dies nicht selbst kann hat er dafür zu sorgen, daß die jungen Menschen in die richtige Hand kommen und in ihrer ihnen eigenen Anlage gefördert werden.
Wie oft muß ein Lehrer erkennen, daß in kurzer Zeit der Schüler über ihm steht, ihn in der Kunst oder Wissenschaft überholt hat, und so muß es ja auch sein.
Die heute lebende Generation ist der Wegbereiter für die nächste, die in ihrem Können und Wissen, in ihrer geistigen Reife über die erste hinauswachsen muß, sonst gibt es ja keinen Fortschritt.
Darum sollten sich die Menschen auch immer vor Augen halten, daß sie nicht wegen ihres vielleicht höheren Alters von größerer Reife sind. Sie sollen ruhig anerkennen, daß sie von den Nachgeborenen manches lernen können und es auch ruhig annehmen. Wie oft wundern sich Menschen, daß kleine Kinder heutzutage viel reifer und geistig rascher entwickelt sind als sie es in diesen Lebensjahren gewesen sind. Freilich hat das viel mit der materiellen Entwicklung in Technik und so weiter zu tun, weil die Lebensbedingungen im allgemeinen besser sind als sie es in unseren ersten Lebensjahren waren.

Aber auch abgesehen davon sind eben viele Geistwesen, die heute auf die materielle Welt zurückkehren durch ihr Streben im Jenseits und die Erkenntnis, die sie in der Zeit der geistigen Schulung erworben haben fortgeschrittener, und zwar sehr merkbar.

Das ist der große Trost in der augenblicklich so von Wirren erschütterten Welt. Immer wieder muß ich deshalb darauf hinweisen, daß es nur ein Aufwärts gibt, mag es auf der materiellen Welt noch so sehr nach Untergang aussehen. Weil es aber so aussieht, ist die Überzeugung vom Fortschritt zum Guten so wichtig und die Befassung mit den Fragen um den Wert und Unwert der Materie ein Haupterfordernis.

Über die Wege zu einer gesunden Auffassung vom irdischen Leben will ich das nächste Mal schreiben und einen kleinen Leitfaden zu geben versuchen, wie die Menschen den goldenen Mittelweg finden und einhalten könnten, wenn nur einmal die Einsicht reift, daß er der einzig Richtige in diesem Erdendasein ist.

13. KAPITEL
Wissen um die Zusammenhänge mit dem Jenseits als Grundlage für eine gesunde Lebensauffassung und Erziehung.

Heute will ich davon sprechen, wie wichtig es für die Menschen ist, Einsicht in die Zusammenhänge mit dem Jenseits zu erhalten, damit sie in die Lage versetzt sind, sich eine gesunde und richtige Lebensauffassung zu bilden.

Ich möchte noch einmal darauf zurückgreifen, daß erstens jeder Mensch mit einem eigenen fertigen Programm auf die Welt kommt, daß jeder Mensch eine eigene Persönlichkeit darstellt und nicht identisch sein kann mit einem anderen.

Zweitens muß wieder betont werden, daß kein Mensch zu einer bestimmten Leistung gezwungen ist, nicht durch das Schicksal, wie man zu sagen pflegt oder durch fremde Geistwesen, es sei denn, er wäre besessen.

Wir wollen aber hier von Menschen sprechen, die den Weg zum Fortschritt, den Weg nach oben schon eingeschlagen haben und zur weiteren Suche und Entwicklung auf diesem Weg die Prüfungen der materiellen Welt auf sich genommen haben. Sie müssen zuerst besprochen werden, weil sie den anderen, schwächeren und weniger entwickelten Mitmenschen Wegweiser, Erzieher und Führer, ein leuchtendes Vorbild sein müssen.

Wir müssen aber dabei vor allem bedenken, daß der Mensch aus dem außerirdischen Dasein ins irdische Leben übergegangen, nicht weiß und sich nicht bewußt ist, welche Voraussetzungen er aus dem jenseitigen Dasein mitbringt. Wüßten wir beim Eintritt in die materielle Welt, welche Aufgaben und Prüfungen wir uns aus freiem Willen auferlegt haben, es wäre in mancher Hinsicht leichter, aber auch oft eine Katastrophe. Dann nämlich, wenn das Geistwesen in ein Milieu geboren wird, das ihm so große Schwierigkeiten bereitet, daß es kaum in die Lage kommt, sich so zu entfalten, wie es sich vorgenommen hatte. Auch die Gesundheit des Körpers oder - besser gesagt - mangelnde Gesundheit kann - durch das Milieu verursacht - ein bedeutendes Hindernis sein, manchmal nicht unbedingt gewollt, doch von der Allmacht auch nicht berücksichtigt.

Ich will damit sagen, daß nicht alles bis in die letzte Konsequenz vorherbestimmt ist. Es sind die großen Linien, die den Weg vorzeichnen; und nun kommt es darauf an, welche Hilfen, wieviel Kraft ein Geistwesen zur Verfügung hat, um allen Hindernissen und Erschwerungen zu begegnen, sich so durchzusetzen, daß das Wissen um das mitgebrachte Vorhaben klar vor Augen steht und ohne Umschweife auf das Ziel losgesteuert werden kann. Man kann sich leicht vorstellen, wie zahlreich die Hindernisse sein können, die unseren Lebensweg begleiten, sich auf ihm hindernd breit machen. Die wichtigste Komponente zur Erlangung des Lebenszieles ist der eigene freie Wille. Keine Behinderung wird auf die Dauer den guten oder schlechten Fortgang aufhalten können. Mehr oder weniger rasch wird der für das irdische Leben gefaßte Plan zur Reife und zum Bewußtsein kommen. Man muß nicht befürchten, daß man dabei irren kann, wenn man nur den richtigen Weg geht, um zur Klarheit zu gelangen.

Diesen Weg wollen wir nun ein wenig betrachten. In den ersten Lebensjahren ist es die Pflege des Körpers und der Seele, die den Eltern und Erziehern anvertraut ist. Sie müssen sich bewußt sein, welche hohe Aufgabe ihnen zugeteilt ist, die sie doch in gutem Sinn, aus reinem Herzen und mit größter Liebe auf sich genommen haben.

Sie schaffen die wichtigsten Grundlagen für die Entwicklung des Geistes und der Seele des Kindes.

Der größte Fehler, der in dieser Hinsicht heute noch vielfach begangen wird, ist die unrichtige Vorstellung vom Sinn der Erziehung. Ein Kind ist immer bestrebt, die Erwachsenen nachzuahmen, ihre Gewohnheiten zu kopieren, ihre Sprache zu lernen. Es ist so aufnahmefähig wie kein Erwachsener sich

vorstellen kann, und entsprechend der Reife des in ihm wohnenden Geistwesens erzeugt jeder Eindruck eine ganz prägnante Vorstellung. Das ist in gutem Sinn sehr wertvoll, bei schlechter oder nur unbedachter Umgebung auch gefährlich. Gefährlich in bezug auf den Fortgang der Entwicklung; darum sollen Kinder nicht in Gesellschaft von vielen Menschen aufwachsen, sondern hauptsächlich im Kreis der Familie die Möglichkeit haben, sich ihrer Kräfte langsam bewußt zu werden.
In ruhigem Spiel äußern sie schon oft die Grundzüge des mitgebrachten Programms. Wird dieses dauernd gestört, womöglich durch unvernünftige Forderungen der Zivilisation und der Gesellschaft, so kann eine ungewollte Überreizung des Nervensystems herbeigeführt und verursacht werden, die dann zu dem Schluß führt, das Kind sei mißraten und unartig.
Ich habe schon einmal darauf hingewiesen, daß das Kind am besten durch das Vorbild erzogen wird und die Eltern in erster Linie die Aufgabe haben, den Fähigkeiten des Kindes geeignete Betätigungsmöglichkeiten zu bieten.
Ich will also damit sagen, daß das Kleinkind schon zur freien Betätigung des eigenen Willens Gelegenheit finden soll. Es muß sich dadurch seiner Kräfte bewußt werden, sicher und selbstbewußt an alle Aufgaben herangehen können, die es sich aus freiem Willen selbst stellt.
Kinder, die man als brav bezeichnet, die niemals etwas gegen den Willen der Eltern tun, sind meist willensschwach und im späteren Leben vielmehr den Schwierigkeiten unterlegen, die selbstbewußte und im Kindesalter eigenwillige Menschen spielend meistern werden.
Haben die Eltern die richtige Vorstellung und Auffassung vom Sinn und Zweck des Lebens und sind sie sich ihrer hohen Aufgabe voll und ganz bewußt, dann werden sie im ständigen Beobachten des Kindes bald erkennen können, welche Fähigkeiten im Kinde ruhen und der Förderung durch sie bedürfen.
Der Anfang des Lebensweges ist also nicht dem Neugeborenen selbst, sondern in überwiegendem Maße den Eltern und der Umgebung anheimgestellt. Erst mit zunehmender geistiger Reife, womit ich nicht die Reife des Geistwesens meine, das schon in einer ganz bestimmten Entwicklung im Menschen ruht, sondern ich meine die Reife des Denkens, die mit der Entwicklung des Gehirns zusammenhängt, die eigene Urteilskraft nicht nur nach dem Gefühl, wie dies im frühen Kindesalter zutrifft, sondern mit Verstand und Vernunft, die sich erst im Laufe der Zeit zu der im Innersten ruhenden Größe entwickeln.

Das ist so zu verstehen, daß der Verstand, das Wissen und vielleicht auch schon die Weisheit mit dem Geistwesen inkarniert werden, daß sie aber erst nach Entwicklung und nur nach gesunder Entwicklung der Organe, also in diesem Fall vor allem des Gehirns zum Ausdruck und für die Umwelt zur Erkennung kommen können.

Der Mensch hat es sehr bald selbst in der Hand und es ist sehr bald seinem eigenen Willen überlassen, wie er seinen Weg gehen und welches Ziel er erreichen will. Das müßten die Erzieher und Eltern sich genauestens einprägen und vor Augen halten.

Deshalb ist es nicht unrichtig, wenn sie sich bemühen, den freien Willen des Kindes auf gute Bahnen zu lenken. Lenken heißt aber nicht zwingen. Gute Erfahrungen aus dem eigenen Leben können richtunggebend sein, sie dürfen aber nicht aufgezwungen werden als unumstößliche Voraussetzung für den Nachkommen.

Es hat sich schon sehr oft gezeigt, daß die Erfahrungen der Alten auf das fortschrittliche Leben in der sich ewig ändernden Welt nicht mehr Anklang und Wert finden konnten. Hat der Mensch ein Alter erreicht, in dem er sich Gedanken darüber zu machen beginnt, welchen Sinn und Zweck sein Dasein wohl haben soll und nach den Aufgaben sucht, die er sich stellen will, um in materieller und geistiger Beziehung zur Zufriedenheit seines eigenen Ich und im Interesse der Gemeinschaft zu wirken, dann ist es an der Zeit, die Grundwahrheiten über das menschliche Leben, über die Allmacht und die ewigen Naturgesetze klar vor Augen zu führen und so die Möglichkeit zur Selbsterziehung in richtiger Bahn zu begründen.

Jeder, der auf einer schon etwas höheren Warte und Entwicklungsstufe steht, wird freudig danach greifen und bemüht sein, sich die guten Einflüsse aus dem All zunutze zu machen. Die Ruhe und die Sicherheit, die er dadurch erlangen wird, werden ihn rasch auf seinem Lebensweg vorwärts bringen und ihn seinerseits wieder zum Vorbild und Wegweiser für andere machen.

Will der Mensch seinen geistigen Fortschritt fördern, dann darf er vor allem nicht in der Materie verfangen sein, von ihr nicht in Abhängigkeit stehen, das heißt, sie als das erstrebenswerteste Geschenk des Himmels betrachten. Alles Wissen und Können, alle Leistung muß darauf abgestimmt sein, daß der Erfolg daraus der Gemeinschaft oder wenigstens der Gesellschaft in gutem Sinne zu Nutzen ist. Ich habe schon den Unterschied zwischen Gemeinschaft und Gesellschaft berührt. Ich möchte noch einmal davon sprechen.

Die Gesellschaft ist sozusagen das Ergebnis der Zivilisation, sie ist dem Niveau des jeweiligen Entwicklungsgrades angepaßt, der Zusammenschluß möglichst gleichartiger und gleichermaßen interessierter Individuen. Sie müssen durch Zusammenklingen ihrer Seelen, durch Übereinstimmung in ihren geistigen Bestrebungen sich ergänzen und fördern, sei es in erbaulichen, sei es in wissenschaftlichen oder in handwerklichen und rein materiellen Bereichen. Gemeinsam ist beiden Gruppen oder Begriffen das aufeinander abgestimmt, aufeinander eingestellt sein.

Gemeinschaft aber heißt Hilfe an weniger Entwickelte, Bestreben, Armen, Hilfebedürftigen zu dienen, ihnen den Weg nach oben zu zeigen und sie zu lenken und zu leiten.

Gemeinschaft ist nicht durch Gesellschaftsschichten gekennzeichnet. Sie findet sich überall, weil die materielle Auffassung von hoch und niedrig nicht identisch ist mit hoch und niedrig entwickelten Geistwesen. Ich sagte wohl schon einmal, daß die Menschen auch einmal nach diesen Grundsätzen unterscheiden werden, daß nicht der materielle Rahmen, sondern der Wert des Bildes, möchte ich sagen, maßgebend sein wird. Dann werden wir nur noch von Gemeinschaft sprechen und nicht mehr unterscheiden müssen zwischen Gesellschaftsschichten und Gemeinschaft. In dieser gelten alle gleich, nur sind die Aufgaben anders verteilt.

Ich bin nun für heute am Ende, will aber noch einmal auf das Thema "Weg zur gesunden Lebensauffassung" zu sprechen kommen.

14. KAPITEL
Der Weg zu gesunder Lebensauffassung.
Die Bewertung der Materie.

Das Thema, von dem ich sprechen will, ist sehr umfangreich und viele Wege führen zu seiner Vollendung. Ich will sagen, daß jeder einen eigenen Weg hat und nimmt, um zu einer Lebensauffassung zu gelangen. Da nicht zwei Menschen gleich sind, muß auch die Art und Weise, das Denken und Fühlen ein verschiedenes sein.

Trotzdem muß es Grundsätze geben, die für alle Menschen die gleichen sind und die von allen befolgt werden müssen, wollen sie das erreichen, was ihnen im Geiste vorschwebt. Der Unterschied liegt nur in dem "wie" und in der Verschiedenheit der geistigen Reife.

Die gemeinsamen Richtungszeichen wollen wir betrachten, ohne vorerst ein Urteil darüber abzugeben, wie sie beschritten und erfüllt werden müssen oder sollen.

Wir müssen uns dazu einen Menschen vorstellen, der ganz auf sich allein gestellt seinen Lebensweg zu gehen hat, wollen davon absehen, daß in der Kindheit Hemmungen und Hindernisse vorhanden gewesen sein können und nehmen an, daß der Mensch eine geistige Reife mitgebracht hat, die ihn zu sehr selbständigem Denken befähigt. So also ist der Weg ganz klar und eindeutig festzustellen als gerade Linie, dem Ziel entgegen, ohne nach links und rechts zu schauen.

In der Kindheit ist es die ganz unbeeinflußte Anschauung, ein reines S-chauen - möchte ich sagen - ohne Überlegung und Mißtrauen. Jeder Eindruck wird aufgenommen im Geist und in der Seele, noch ohne Anwendung von Erfahrungen, die erst im späteren Leben den reinen Blick trüben können und das eigene Urteil beeinflussen. Das Kind läßt ein Bild, ein Tier, einen Menschen auf sich wirken - ich möchte sagen - es fühlt ohne Überlegung nur mit der Kraft der Seele die Ausstrahlung und damit den Wert des ihm Entgegentretenden. Daher sind Kinder in ihrer Zuneigung oder Abneigung viel ehrlicher als Erwachsene, solange sie in ihrem Gefühlsleben nicht unter Kontrolle oder Zwang stehen.

Ist ein Mensch imstande, sich die Freiheit des Seelenlebens zu erhalten und kann er seine Gefühle zum Erkennen und Beurteilen uneingeschränkt wirken lassen, dann wird er in der Beurteilung der ihn umgebenden Dinge und Menschen kaum zu einem unrichtigen Urteil gelangen. Das ist aber ein Idealzustand, den kaum ein Mensch im irdischen Dasein erreichen kann. Die Materie, das Milieu, die Zivilisation stören sein Gefühlsleben und drängen ihn von dem ureigenen Weg weit ab.

Könnte aber ein Mensch seine Urteilskraft ungehindert und unbeeinflußt zur Auswirkung bringen, dann wäre überhaupt von einer unrichtigen Lebensauffassung niemals die Rede. Es könnte nur eine gute Einstellung zum Leben gefunden und genommen werden, da in jedem Menschen das Gute die Grundlage bildet und nur böse Einflüsse in der Vergangenheit oder in der Gegenwart es verdunkelt und verschüttet haben.

Der Mensch müßte nicht erst lernen, wozu er auf dieser materiellen Welt lebt, sein Gefühl - das heißt in diesem Fall auch sein guter Kontakt mit dem geistigen Führer - würde ihn den rechten Weg erkennen lassen.

Zur richtigen Lebensauffassung gehört ja vor allem das Wissen um den Sinn des irdischen Daseins, die Überzeugung, daß es nur eine Vorbereitung für ein höheres Leben darstellt und daß diese Vorbereitung in der Leistung von guten Taten, im Streben nach geistiger Reife besteht.

Diese Auffassung schließt die Geringschätzung der Materie und der irdischen Güter überhaupt in sich, was aber nicht bedeutet, daß man sie verachten und mißachten oder gar vollkommen ablehnen darf.

So lange der Mensch an Materie gebunden ist, ist er von ihr abhängig. Abhängigkeit erfordert aber richtige Einschätzung und Bewertung, soll man ihr nicht unterliegen, von ihr erdrückt werden. Wie schon so oft zum Ausdruck gebracht soll Materie nur dienen, aber nicht beherrschen. Zur richtigen Lebenssauffassung gehört also die Fähigkeit, in der Bewertung der Materie das rechte Maß zu finden und nicht unter- oder überzubewerten. Das eine ist so schädlich wie das andere.

Menschen zum Beispiel, die die Materie verachten, sich nur der Entwicklung ihres geistigen Lebens widmen, vernachlässigen oft die Pflege ihres Körpers, ihrer Gesundheit, weil sie es geradezu als störend in ihrer geistigen Betätigung empfinden, die Zeit dafür zu vergeuden. Erst wenn sie erkennen müssen, daß der Geist ohne einen gesunden Körper auch nicht das leisten kann, was sie sich vorgenommen haben, möchten sie das Versäumte nachholen. Wie oft ist es dann aber schon zu spät und schwere Störungen im Nervensystem machen dem wohlgemeinten Streben vorzeitig ein Ende.

Es muß immer wieder betont werden, daß die materielle Welt die Grundlage für eine gesunde Lebensauffassung zuläßt, wenn der Mensch den Weg überblicken kann, der ihm für sein ewiges Leben vorgezeichnet ist. Überblicken ist aber nicht etwa genaue Kenntnis von den Ereignissen im irdischen Dasein. Nein, es ist die große Linie, die für jeden Menschen dieselbe ist: Das Streben nach Vollkommenheit im Geist, nach Ausgeglichenheit und Harmonie mit dem Unendlichen.

Winzig klein sind die Aufgaben im materiellen Leben - und das muß erkannt werden - denn Harmonie mit dem Unendlichen setzt mehr voraus als nur gut sein im irdischen Sinn. Die Materie gibt die Möglichkeit, das richtige Maß zu finden und zu suchen, das Ruhe und Ausgeglichenheit zur Grundlage des geistigen Fortschritts bedeutet. Mittel zum Zweck soll und muß sie sein, aber nicht mehr; davon haben wir schon öfter geschrieben.

In allen Dingen und Lebenslagen gibt es einen goldenen Mittelweg, er ist der geradeste zum Ziel führende Weg und der einzige, der wahrhaft glückliche Menschen werden läßt.
Wir haben also schon einige Komponenten, die zu einer guten und richtigen Lebensauffassung führen können. Es sind solche, die jedem Menschen zugänglich und von jedem zu beschreiben sind. Wer im Leben auf der irdischen Welt zuviel mit materiellen Gütern gesegnet ist, wird bald erkennen können, daß sie für ihn kein Glück, sondern eine Belastung bedeuten. Natürlich vorausgesetzt, daß er im Bestreben nach wahrhaft guter Lebensauffassung die Dinge richtig betrachtet und ehrlich mit sich zu Gericht geht. Das sind meist die Menschen, die bestrebt sind, an ihrem Reichtum andere teilhaben zu lassen, die nicht in der ständigen Angst leben, selbst verhungern zu müssen, wenn sie von ihrer Habe etwas abgeben. Es ist ja auch nicht richtig und von niemand gefordert, daß er alle seine Besitztümer verschenken soll. Wie gesagt, der goldene Mittelweg ist der einzig richtige.
Es kommt dabei auch nicht auf das Urteil der Mitmenschen an, die in dem reichen Nachbarn von vornherein einen bösen eher sehen als einen guten Menschen. Nicht alle reichen Menschen sind es aus Habgier und Gewinnsucht oder aus Neid und Egoismus. Es ist in dieser Hinsicht wie mit allen Grundlagen des irdischen Daseins.
Sie sind nach den unendlichen Gesetzen geregelt und dem Menschen zugeteilt mit ganz bestimmten Weisungen und Voraussetzungen zu seiner Prüfung und Vollendung.
Man muß sich auch immer wieder vor Augen halten, daß das Leben auf der irdischen Welt so unbedeutend und unwichtig in bezug auf Glück und Unglück nach irdischer Auffassung ist. Was dem wahren Fortschritt dient, ist ganz anders zu beurteilen und zu bewerten. Aber das sieht der Mensch erst richtig, wenn er die materielle Welt verlassen hat und mit geistiger Sehkraft zurückblicken kann auf das verflossene irdische Dasein. Darum sollten sich die Menschen klar sein darüber, daß alle Sorgen und Kümmernisse im irdischen Dasein so winzig klein sind im Vergleich zu den gewaltigen Aufgaben, die vor ihm liegen und die mit seinem guten Willen und seiner geistigen Reife stets zu seiner Freude und zu seinem wahren Glück beitragen. Darum rufe ich allen strebsamen Menschen, die guten Willens sind zu: Laßt euch von den Sorgen und Schwierigkeiten des täglichen Lebens nicht bedrücken und unterkriegen, sie sind so unbedeutend und nebensächlich im Vergleich zu dem herrlichen Aufstieg, der euch erwartet im Jenseits!

Mit solch positiver Einstellung, mit der Fähigkeit, dieser Forderung oder Aufforderung gerecht zu werden, muß es ein Leichtes sein, die richtige Auffassung in jeder Lebenslage zu finden. Freude und Zuversicht muß der Leitgedanke sein bei allen Unternehmungen, dann kann da kein Mißerfolg eintreten und neue Kraft erwächst aus dem Erfolg.
Auch in der Beurteilung von Leiden und Schmerzen muß ein gesundes Urteil gefunden werden. Nicht übersehen kann man sie, sie sind im irdischen Leben die Prüfsteine, sie geben aber die größte Reife, den sichersten Wegweiser dem zweifelnden und irrenden Menschen.
Körperliche Leiden und Schmerzen sind im Jenseits nicht erforderlich, denn um Irrtum und Zweifel zu besiegen gibt es hier andere Hilfen und Methoden. Freilich spreche ich von solchen, die über die Dunkelheit schon hinausgewachsen sind und denen die schon erlangte geistige Reife einen Blick nach oben gestattet hat.
Ich habe schon einmal gesagt, es lohnt sich, die Schmerzen und Leiden des irdischen Daseins zu ertragen. Der Lohn für große Geduld ist ein wunderbares Dasein im Jenseits.
Ich möchte noch manches zu diesem Thema berichten und erklären, will aber für heute damit schließen, da ich hoffe, es hat ein wenig zum Nachdenken in gutem Sinne angeregt und manchen dazu veranlaßt, sein eigenes Leben, seine Auffassung von den materiellen Dingen ein wenig zu betrachten und zu prüfen.

15. KAPITEL
Wert und Unwert der Materie im Zusammenhang mit der Suche nach dem Lebensweg.

Heute will ich davon sprechen, wie jeder Mensch die für ihn angemessene und richtige Lebensauffassung finden kann.
Wir haben ja schon gehört, daß es nicht eine feststehende und für alle Menschen gleicherart gültige Anschauung gibt, weil jeder Mensch ein eigenes einmaliges Individuum ist und seine Auffassung vom Leben, seinem Sinn und Zweck, seiner geistigen Reife angepaßt sein muß.
Dabei kommt es aber darauf an, ob die geäußerte oder zur Schau getragene Anschauung aus eigenem Denken und Überlegen stammt oder ob der Einfluß, das Vorbild der Umgebung mitgeformt und erzogen hat.

Darum werden wir immer wieder finden, daß die Menschen meistens erst in höherem Alter zu ihrer eigenen Welt- und Lebensauffassung gelangen, wenn sie ein reifes eigenes Urteil gewonnen und durch Erfahrungen geschult und belehrt worden sind.

Wir müssen also davon ausgehen, daß es für den Einzelnen nicht leicht ist, sich seine Lebensauffassung zu bilden ohne die Zuhilfenahme oder Anpassung an andere Vorbilder.

Und nun kommt es in erster Linie wieder auf die Entwicklung von Geistwesen und Seele an, wieweit der Mensch abhängig sein wird von den Anderen oder ob er sich schon frühzeitig seine eigene, aus freiem Willen gebildete Anschauung schaffen kann.

Es ist also wieder die Aufgabe der Eltern und Erzieher, die dem Kind und jungen Menschen einerseits freie Willens- und Gedankenbildung lassen müssen, anderseits nach Feststellung einer abwegigen Anschauung in der Lage sein müssen, gute Führer und Helfer zu sein. Wir müssen also heute in der Zeit des Materialismus und der übermäßigen Abhängigkeit von den irdischen Gütern in erster Linie daran denken, den Reifen, ich meine den im materiellen Sinn Reifen, also den Erwachsenen, den richtigen Weg zu einer guten Lebensauffassung zu weisen, ihre Irrtümer zu bekämpfen suchen und so die Grundlagen für die kommende Generation schaffen helfen, die dann durch das gute Vorbild sicher und unfehlbar auf den rechten Weg kommen muß.

Freilich geht das nicht von heute auf morgen oder, besser gesagt, schon im Rahmen einer einzigen Generation; es gibt noch viele zurückgebliebene Geister und es bedarf großer Geduld, um - wie schon einmal gesagt - Schritt für Schritt vorwärts zu kommen und aufzubauen. Ich will also damit beginnen, wie das zu geschehen hat.

Der erste Unterricht - möchte ich sagen - besteht in der Vermittlung der Grundwahrheiten vom ewigen Leben, von den unsichtbaren Zusammenhängen mit dem Jenseits und der immer wiederkehrenden Inkarnation.

Es muß in dem Menschen der Wunsch geweckt werden, diesem viel höheren Leben im Jenseits zuzustreben, sich darauf vorzubereiten und alle Aufgaben, die ihm gestellt werden mit Mut und Geduld zu erfüllen, also den Fortschritt zu suchen. Die Menschen müssen lernen, die große Linie des Daseins im Irdischen und Jenseitigen zu erkennen und zu verstehen; sie müssen überzeugt sein und überzeugt werden von der wohltuenden Richtigkeit dieser Zusammenhänge. Sie zu überzeugen, ist die Aufgabe der dazu Berufenen. Es ist in erster Linie die Kirche und der Seelenarzt oder Arzt überhaupt, wenn ich von dem Gedanken ausgehe, daß die medizinische Wissenschaft sich die Feststellung meiner ersten Kapitel schon zu eigen gemacht hat und davon ausgeht, daß jede Krankheit ihren Sitz in der Seele hat und jede Krankheit der Seele oder jede Behinderung ihrer Tätigkeit in der unrichtigen Lebensauffassung begründet ist.

Wie man sieht, ist eines vom anderen abhängig. Immer wieder aber ist zu jeder Behandlung und Heilung die Betrachtung der Lebensauffassung wichtig. Die Grundlagen, die für alle Menschen die gleichen sind, habe ich schon aufgezeigt.

Der zweite Schritt ist nun, für den Einzelnen herauszufinden, welche Aufgaben zur Erfüllung im Irdischen gestellt und zu erfüllen möglich oder notwendig sind. Hier ist zum ersten Male von der Reife des Geistes, vom Zustand der Seele auszugehen, denn die Grundwahrheiten muß jeder verstehen und erfassen können.

Es muß nur die richtige allgemeine Aufklärung Platz greifen. Um die Aufgaben und Prüfungen zu erfüllen, die man auf sich genommen hat, aber gar nicht mit Bestimmtheit erkennen kann, worin sie liegen, gehört also die Fähigkeit, sich selbst zu prüfen, seinen Willen in die Tat umzusetzen, immer in dem Bewußtsein, daß die Erfüllung der Aufgaben im materiellen Leben niemals der Anhäufung materieller Güter dienen soll, sondern der geistigen und seelischen Vorbereitung und Entwicklung.

Nicht durch Gleichschaltung aller Menschen in ihrem materiellen Besitz wird das erreicht. Nicht den irdischen Mächten ist es überlassen, festzustellen, wo die Grenze liegt, um eine anscheinende Gerechtigkeit in dieser Richtung walten zu lassen.

Es ist wohl den ewigen Naturgesetzen angepaßt, daß es Schwächere und Stärkere, Ärmere und Reichere, Kranke und Gesunde gibt. Alles hängt ab oder ist begründet im freien Willen und der dadurch ungleichen Entwicklung.

Die Auffassung von den materiellen Gütern und ihrer Bewertung im irdischen Leben ist ein besonderes Kapitel, das hier einen zu breiten Raum erfordern würde. Wichtig ist nur, im Rahmen einer gesunden Lebensauffassung das Erkennen ihres Wertes und das Wissen, wieweit Besitz zum Glück beiträgt, zur Zufriedenheit und einem gesunden Leben. Es wird kaum einen Menschen geben, der, wenn er ehrlich sein Gewissen erforscht bekennen würde, daß er nur deshalb glücklich und zufrieden ist, weil er reich oder wohlhabend ist. Glück und Zufriedenheit ist nicht in der Materie begründet und unzufriedene Menschen werden durch Reichtum niemals zufriedener und glücklicher.

Was ist überhaupt Glück im menschlichen Leben? Es ist die Erfüllung der eigenen Wünsche oder auch das Zufließen oder Erleben von Gutem und Schönem über den eigenen Willen hinaus. Allerdings ist auch das Glücksgefühl sehr problematisch, denn oft zeigt sich erst viel später, daß das, was man als glückliche Fügung betrachtet, die Ursache für schwere Nachteile in jeglicher Richtung war.

Diese Erkenntnis ist aber ein großer Fortschritt, wie auch umgekehrt eben die Erduldung von Schmerzen und Leid, von Armut und Ungerechtigkeit im Zurückblicken den großen Wert für den menschlichen oder geistigen Fortschritt erkennen lassen.

Der Mensch kann sein Ziel nicht hoch genug stecken, das er erreichen will, jedoch nur im geistigen Bereich, in bezug auf Seele und Geist, nicht aber in materiellem Sinne. Alle Übertreibung und Überbeanspruchung der physischen Kräfte zur Erlangung materieller Vorteile hat seine zerstörende oder hemmende Wirkung auf den Geist und in erster Linie auf die Seele, die Lebenskraft. Es ist nichts Neues, was ich da sage, aber es ist notwendig, es immer wieder vor Augen zu halten.

Laßt euch nicht von materiellem Vorteil und Erfolg beirren, er ist es nicht, der für den Fortschritt das Wichtigste ist! Nur Mittel zum Zweck darf er sein und nicht Selbstzweck.

Materieller Erfolg, gepaart mit Reife von Seele und Geist, ist das erstrebenswerte Ziel. Will ein Mensch seine Seele pflegen und seinem geistigen Dasein freien Lauf lassen, dann kann er nicht über die gesunden Grenzen hinaus im Materiellen verfangen sein.

Dieses Thema ist der Mittelpunkt zur Erlangung gesunder Lebensauffassung. Ich möchte sagen, eine gesunde Lebensauffassung erfordert die Fähigkeit, in allem das richtige Maß zu finden, also - wie gesagt - den goldenen Mittelweg.

Es ist für mich gar nicht so leicht, ihn aufzuzeigen, da ich von der Materie unabhängig vielleicht zu sehr dazu neige, sie zu verachten oder sie gering zu schätzen. Das ist aber nicht recht, weil eben das Leben auf der materiellen Welt ohne sie nicht denkbar ist.

Als ein Geschenk der unendlichen Allmacht sollte sie betrachtet werden, ausgehend von dem Grundsatz, daß das Leben ein Leben in Gemeinschaft

sein muß, in der keiner mehr für sich in Anspruch nehmen soll, als zu seinem geistigen Fortschritt erforderlich ist. Nicht zu eng darf das verstanden werden, denn zum geistigen Fortschritt im irdischen Leben ist auch ein gesundes Leben und dementsprechende Pflege und Erhaltung des materiellen Körpers erforderlich.
Damit will ich für heute schließen und das nächste Mal davon schreiben, wie der Mensch erkennen lernen soll, wohin sein Lebensweg im materiellen Bereich führt.

16. KAPITEL
Erfordernisse richtiger Erziehung und Lenkung.

Ich sprach davon, daß man lernen müsse, den richtigen Lebensweg zu finden, um die Aufgaben erfüllen zu können, die man sich für die irdische Laufbahn vorgenommen hat.
Das sieht viel schwerer aus als es in Wirklichkeit ist. Es erfordert nur die rechte Auffassung vom Sinn und Zweck des Lebens und den guten Willen, vorwärts zu kommen und ein höheres Leben zu erreichen. Ein höheres Leben hängt nicht vom materiellen Besitz ab, das haben wir schon erörtert, aber materielle Zufriedenheit kommt mit der Erkenntnis vom Wert des geistigen Fortschritts. Und darin liegt die große Forderung nach richtiger Erziehung und Lenkung in der Kindheit und Jugend.
Wenn aber die Erwachsenen erst so weit sein werden, daß sie dieses Erfordernis erkennen und verstehen, nach diesen Grundsätzen ihre Einstellung zum Leben suchen, dann ist schon sehr viel gewonnen.
Vor allem ist es wieder das Bewußtsein, daß ein Kind ein fertiges Programm für sein Leben in sich birgt und deshalb ihm die Möglichkeit zur freien Entfaltung geboten werden muß. Nicht oft genug kann ich diese Tatsache wiederholen und vor Augen führen, sie ist die oberste Voraussetzung für eine richtige Erziehung und Behandlung des kindlichen Geistwesens. Kindlich - wie schon gesagt - nur in bezug auf das materielle Attribut, nicht aber im Hinblick auf die bereits erworbene geistige Reife.
Ein Kind entwickelt sich in den ersten Jahren seines Lebens fast nur körperlich. Es ist nicht Naturgesetz, daß es im Leben auf der materiellen Welt vom ersten Tag an seelisch und geistig Fortschritte macht. Daß es sprechen lernt, sehen und hören kann, gehört zur materiellen Entwicklung wie eben alles,

was es im irdischen Leben gibt und was wir im Jenseits zu unserer Existenz und Weiterentwicklung nicht benötigen. Es ist also zu unterscheiden zwischen der materiellen Entwicklung, wozu auch die Erziehung zum richtigen Gebrauch der fünf Sinne gehört, und dem Fortschritt im Geiste, der erst viel später beginnt. Damit ist aber nicht etwa gemeint, daß die mitgebrachten Erkenntnisse, die bereits erworbene geistige Reife für den Beschauer oder Erzieher nicht schon in früher Kindheit sichtbar ist. Diese zu erkennen ist ja die Aufgabe der Eltern und Erzieher, wenn sie die Möglichkeit haben, sich wirklich mit dem heranwachsenden Wesen zu befassen; sie ohne Behinderung sich frei entwickeln zu lassen ist die Aufgabe von Menschen, die wegen ihrer materiellen Lebensbedingungen nicht Zeit und Ruhe finden, sich ihren Sprößlingen hinreichend zu widmen. Immer aber müssen auch solche Menschen dafür sorgen und sorgen können, ihren Kindern ein körperlich gesundes und das Wachstum förderndes Milieu zu gewähren. Man wird fragen, wann die Zeit gekommen ist, in der die reine geistige Entwicklung und damit der Fortschritt beginnen kann. Das ist natürlich sehr schwer zu sagen und für die Umgebung nicht immer leicht erkennbar. Nicht bei allen Menschen sind die Voraussetzungen zur gleichen Zeit geschaffen. Wir haben schon an anderer Stelle davon gesprochen, daß jeder Mensch eine eigene Persönlichkeit ist und die Entwicklung sowohl seelisch als auch geistig von verschiedenen Einflüssen abhängt.

Der Idealzustand wird dann erreicht sein, wenn die Eltern und Erzieher eingeweiht und überzeugt von den großen Zusammenhängen im Weltall, ein gutes Vorbild für ihre Nachkommen sind und nicht erst selbst durch Fehler und Irrtümer erkennen müssen, worin die Erfordernisse für eine gute Erziehung zu suchen sind.

Wenn wir also annehmen, daß ein Kind das beste Vorbild hat, das wir uns in der irdischen Region heute vorstellen können, dann darf erwartet werden, daß es sehr selbständig in seiner Entwicklung bald Hinweise geben wird, ob und welche Berufung es auf die Welt mitgebracht hat und es wird nicht schwer sein, die Erziehung und den Unterricht in die erforderliche Richtung zu lenken.

Erziehung und Unterricht gehen zwar nebeneinander her, sind aber sehr verschiedene Elemente im Leben des werdenden Menschen.

Erziehung betrifft wohl in der Hauptsache die Seele, die Lenkung der Lebenskraft und des Willens zu gottgewollten Taten, zum Guten und Schönen.

Ohne diese Lenkung wird der Unterricht - das heißt die technische Schulung im Gebrauch des Gehirns - ein ganz einseitiger sein, sofern nicht die mitgebrachte seelische Reife den erforderlichen Ausgleich herbeiführt.

Das Idealbild ist aber schon im Anfang des Unterrichts vorgezeichnet, wenn das Kind feste Grundsätze zeigt und sich eine Vorstellung macht, zu welchem Ziel ein erfolgreicher Unterricht führen soll.

Und hier muß die Erziehung einsetzen mit aller Macht der Überzeugung, daß der Sinn und Zweck jeder Leistung im materiellen Bereich einen höheren Sinn haben muß als nur materiellen Reichtum, Macht oder auch nur Überlegenheit gegenüber anderen zu erreichen.

Gemeinschaftssinn ist hier bewußt zu lehren, wenn auch schon in früher Kindheit viele Gelegenheiten geboten sind, dem Kind zu zeigen, daß es für eine große Gemeinschaft lebt und leben muß - wie immer aufgezeigt durch ein gutes Vorbild. Es ist nicht notwendig, einem Kind durch viele Worte Belehrungen zu geben und es mit Ermahnungen zu überschütten. Das macht entweder unsicher im Verkehr mit den Menschen oder reizt zum Widerstand und damit zur Ablehnung der so gutgemeinten Worte und Taten.

Sobald ein Kind beginnt, die Pflichten des Lebens kennenzulernen, also - ich möchte sagen - gezwungen wird, zur Schule zu gehen und zu arbeiten, beginnt es schon zu denken, wofür das wohl gut und notwendig sein soll. Sehr unterschiedlich wird das Ergebnis solchen Überlegens sein, und bei einem Kind, das den Sinn und Zweck solchen Tuns nicht erfassen kann oder auch nicht will, wird der Erfolg ausbleiben. Nicht entmutigen darf man dann die sehr empfindsame Seele, sondern behutsam die Früchte und Erfolge vor Augen halten, die seiner warten, wenn mit frohem Mut die Pflichten erfüllt werden, die nun einmal erfüllt werden müssen.

Die Überlegungen in solcher Richtung, von einem ganz unbefangenen Kind vorgebracht, haben sehr viel Wahrheit in sich. Zum Fortschritt in geistigem Sinne ist oft die besondere Schulung des Gehirns wohl nicht erforderlich, und wenn ein Kind nicht über den Ehrgeiz verfügt, große materielle Erfolge zu erzielen und sich mit dem bis dahin Erreichten oder ihm Gebotenen begnügt, dann kann es die Notwendigkeit des geistigen Zwangs nicht einsehen.

Es ist die Zivilisation mit ihren immer höher geschraubten Forderungen, die es notwendig macht, sich auch dem materiellen Fortschritt anzupassen, auch im materiellen Sinn Erfolge zu erzielen und Güter zu erwerben, die zur Erhaltung des gesunden Lebens eben nicht mehr entbehrt werden können. So ist es also Sache der Erzieher, dem Kind diese Gegenbeweise zu erbringen und es von der Notwendigkeit einer geistigen Tätigkeit zu überzeugen. Nach wenigen Jahren wird das Kind, das ein größeres Programm in sich fühlt, ganz von selbst erkennen, wohin sein Weg führen soll und mit allen Mitteln, die ihm zu Gebote stehen, wird es den Weg beschreiten, ungeachtet aller Hindernisse, die ihm in den Weg gelegt werden.

Viele Menschen kommen aber noch ohne den Wunsch nach geistigem Fortschritt auf die materielle Welt, um - wie ich schon einmal sagte - nur die materiellen Güter zu genießen in der Meinung, es sei das Erstrebenswerteste im Weltall, das ihnen geboten werden kann. Diesen Menschen müssen wir viel mehr unsere Fürsorge angedeihen lassen, sie zu Bescheidenheit erziehen; nicht durch Entzug von materiellem Gut und Besitz, sondern durch die Überzeugung von der richtigen Verwertung, die allein das Glück in diesem Bereich bedeutet.

Ich muß mich wieder bemühen, mehr vom Standpunkt des irdischen Menschen die Dinge zu betrachten und da komme ich wohl zu dem Ende, daß auch hier die Forderung nach Hab und Gut ihre Berechtigung hat, denn sie sind die Grundlage für Unabhängigkeit und Freiheit in der gewollten Betätigung.

Darum muß primär die Forderung nach einer existenzerhaltenden Tätigkeit gestellt werden, die also vorerst nur dazu dienen soll, das leibliche Wohl zu erhalten und zu schaffen. Das ist nun der erste Abschnitt des Lebensweges, den ja jeder beschreiten muß, wenn er einmal für den geistigen Fortschritt - ich möchte sagen - gewappnet sein soll.

Wissen und Können oder wenigstens eines von beiden ist notwendig, um auch einen geistigen Fortschritt zu begründen. Niemand kann der Gemeinschaft dienen, wenn er untätig und unwissend nur sich selbst lebt und ohne eigenes Verdienst die Früchte der Anderen genießt. Immer ist es die Gemeinschaft, die zu geistigem Fortschritt verhilft und der jeder seine Leistung und sein Wissen weihen muß, will er wahrhaft glücklich und zufrieden sein Erdendasein bewältigen.

Um aber im Dienst der Gemeinschaft Gutes und Wertvolles leisten zu können, muß man den Wert und die Notwendigkeit der rein materiellen Erfolge richtig abzuschätzen und zu nutzen wissen. Wer in allen Dingen nur an sein eigenes Ich und an sein Wohlergehen denkt, wird sehr bald bittere Enttäuschungen erleben. Der goldene Mittelweg ist es, der hier wieder zu weisen ist.

Jeder Mensch fühlt selbst sehr genau, wo die Grenze des Notwendigen und Übermäßigen liegt. Es bedarf nur seines guten Willens, diese Grenze nicht zu überschreiten. Hat der Mensch aber einmal das richtige Maß in den materiellen Erfordernissen gefunden, dann wird eine gütige Macht ihn zu den schönen geistigen Dingen führen. Keiner wird davon ausgeschlossen, der solcherart sich dafür vorbereitet. Und da beginnt die geistige Entwicklung ganz markante Fortschritte zu zeigen, nicht für die Umgebung sichtbar, aber doch fühlbar durch die größere Ausgeglichenheit im Wesen.

Wohl ist es die unrichtige Erziehung und vor allem die Fehlleitung der Menschen in der herrschenden Auffassung vom Segen des Reichtums in der materiellen Welt, die erst in höherem Lebensalter diese Erkenntnis mehr oder weniger reifen läßt, so daß man lächelnd die gute Einstellung zur Gemeinschaft wie einen Irrtum des Alters auffaßt, anstatt zu erkennen, daß der Weg zu solcher gottergebener Lebensauffassung eben hart und weit ist.

Immer früher aber werden die Menschen zu solcher Reife gelangen, wenn ihnen von Kindesbeinen an gute Vorbilder den Weg bereiten und zeigen.

Damit genug für heute.

17. KAPITEL
Ausstrahlung. Verwandtschaft im irdischen und jenseitigen Sinne.

Ich will heute von anderen Dingen zu sprechen beginnen, die vor allem wichtig sind für das Verständnis der Zusammenhänge mit den jenseitigen Gesetzen und Regeln.

Es kommt im Leben nicht so sehr darauf an, was der Mensch im Ansehen vor anderen voraus hat. Der Schein trügt oft, und sehr ungenau und unsicher sind die Urteile, die von der Umwelt gefällt werden.

Ich habe schon einmal darauf hingewiesen, daß jeder Mensch entsprechend seiner geistigen Reife und schon erreichten Ausgeglichenheit eine Ausstrahlung hat. Das ist so zu verstehen, daß das Geistwesen, das im Jenseits rein aus Lichtstrahlen besteht, auch im irdischen Dasein sich zeigt, allerdings unsichtbar für das materielle Auge. Nur geistiges Sehen erlaubt das Erkennen der Ausstrahlung im Irdischen, und dieses geistige Sehen ist nur ganz wenigen materiellen Wesen eigen und erlaubt. Auch das ist nicht Willkür und Zufall, sondern ganz entsprechend den ewigen Gesetzen. Wenn auch diese Strahlen nicht sichtbar sind im materiellen Bereich - denn ich muß

immer von überwiegend und vorherrschend gegebenen Verhältnissen ausgehen - so steht doch fest, daß diese Strahlen eine Wirkung auf die Umgebung ausüben, die je nach der Reife des Geistwesens eine mehr oder weniger gute ist.
Wirkung ausüben ist aber nicht gleichbedeutend mit Wirkung empfangen und fühlen. Nicht jeder Mensch ist imstande oder fähig, die ihn treffenden Strahlen auf sich wirken zu lassen beziehungsweise davon Kenntnis zu erhalten und diese Wirkung auch geistig oder nur im seelischen Bereich zu verarbeiten. Geistiges Verarbeiten einer solchen Wirkung setzt Gedankenarbeit und Überlegung voraus, seelische Aufnahmebereitschaft, Passivität bis zu einem gewissen Grad. Auch in diesen Dingen geht alles nach feststehenden Regeln vor sich. Es ist aber für die praktische Menschenkenntnis sehr wichtig, daß man hier imstande ist, auf irgend einem Weg festzustellen, ob das Milieu, in dem man sich befindet, ob die Menschen, mit denen man in engere oder engste Beziehungen treten will in ihrer Ausstrahlung konventieren, das heißt der eigenen Ausstrahlung entgegenkommen, ihr ähnlich oder - ich möchte hier sagen - verwandt sind.
Und damit bin ich beim Kernpunkt des heutigen Themas angelangt. Was ist Verwandtschaft? Im irdischen Leben und materiell betrachtet ist es die körperliche Gleichheit, die Abstammung von Vater und Mutter. Mann und Frau müssen keineswegs miteinander verwandt sein, und im materiellen Leben ist es auch nicht wünschenswert, wie die Erkenntnisse im Verlauf von vielen hundert Jahren schon gezeigt haben. Im Irdischen ist die Verwandtschaft durch Fortpflanzung des rein Körperlichen gegeben. Daß zwischen Vater und Mutter auch Verwandtschaftsverhältnis begründet wird, ist verständlich und im Rahmen der Zivilisation unbedingt notwendig. Es ist aber - ich möchte sagen - keine echte, sondern eine Wahlverwandtschaft.
Nur die irdischen Gesetze erfordern die verwandtschaftliche Bindung zwischen Mann und Frau, nicht die unendlichen jenseitigen und die Regeln, die das ewige Leben beherrschen.
Darum ist auch noch bei primitiven Völkern die Vielweiberei eine Selbstverständlichkeit, da nach den Urinstinkten dieser Menschen eine innere wahrhafte Bindung zwischen den Ehepartnern fehlt.
Daß diese Theorie richtig ist, wird wohl erst durch den oder nach dem Abschied von der materiellen Welt bewiesen und erkannt, denn dann erst erkennt der Mensch die Ausstrahlung des mit ihm verbunden gewesenen Partners, sei es, daß er noch auf der materiellen Welt weilt oder auch schon

das jenseitige Reich erreicht hat. Ich selbst mußte feststellen, daß meine mir angetraute Gattin eine von mir sehr verschiedene Ausstrahlung besitzt und daß also eine Verwandtschaft im irdischen Sinn mit dem irdischen Tod auch ihr Ende fand. Da unsere Ehe kinderlos geblieben war, fehlt auch das uns im materiellen Sinn bindende Glied, wenngleich es nur in einer geistigen Verantwortung - möchte ich sagen - gipfeln könnte, da ja auch den Kindern gegenüber der Begriff Verwandtschaft wegfällt, sobald das materielle Band, der Körper, aufgelöst oder verlassen ist.

Ich habe schon einmal darauf hingewiesen, daß Geistwesen und Seele ein unteilbares Ganzes sind und daher nicht vererbt werden können durch die Geburt. Daß bei der Geburt eines Kindes das Geistwesen inkarniert wird, ganz unabhängig von den körperlichen Voraussetzungen, natürlich nur nach materiellen Gesichtspunkten ausgedrückt, habe ich auch erklärt.

Daß aber die Inkarnation nach ewigen göttlichen Gesetzen eingerichtet ist und nicht willkürlich oder zufällig vor sich geht, muß vor allem in Betracht gezogen werden. Daß man so oft von gleichen geistigen Fähigkeiten, von Gleichheit oder Ähnlichkeit im Wesen zwischen Eltern und Kindern spricht und daraus den Schluß zieht, die Veranlagung sei eben vererbt und für alle guten oder schlechten Gewohnheiten seien die Eltern verantwortlich, ist wohl selbstverständlich, aber keineswegs richtig.

Verwandtschaft im wahrsten Sinne des Wortes bedeutet Verbundenheit im Jenseits für immer, Zusammengehörigkeit und Ergänzung zu der gewollten und angestrebten Vollkommenheit.

Sie ist nach ewigen unendlichen Gesetzen für jedes Geistwesen vorausbestimmt und ich habe schon einmal darauf hingewiesen, daß Vollkommenheit von einem Geistwesen allein nicht erreicht werden kann. Es ist zu jeder Vollkommenheit eine Ergänzung, eine Zweiheit, ein Dual erforderlich.

Im irdischen Leben ist dieser Grundsatz ebenfalls gegeben, nur ist die Auffassung davon eine sehr materielle und daher reich an Irrtümern und unrichtigen Auslegungen.

Die Ehe des irdischen Daseins ist selten, sehr selten die im Himmel geschlossene, die wahre Ergänzung im geistigen Sinn. Trotzdem ist sie gottgewollt, wenn gute Vorsätze und reine Gedanken und Wünsche die Vereinigung zweier Menschen begründen. Der Ausspruch, daß Ehen im Himmel geschlossen werden ist wohl richtig, wird aber von den Menschen und insbesondere von der Kirche nicht richtig ausgelegt.

Ich glaube kaum, daß ein guter Priester, dem bekannt ist, daß er zwei Menschen traut, die aus rein materiellen Gründen, aus Habgier und Berechnung eine eheliche Verbindung anstreben oder eingehen auch davon überzeugt sein kann, daß eine solche Ehe des göttlichen Segens wert ist oder einen solchen überhaupt in Anspruch nehmen und fordern kann. Ich kann mir vorstellen, daß mancher ehrliche Geistliche ein Widerstreben in seiner Brust fühlt und lieber sagen würde: "Laßt ab von der Lüge und Heuchelei, ich kann Gottes Segen für eine solche Verbindung nicht geben." Er kann ihn geben mit dem Hinweis, daß zwar diese Ehe aller Voraussicht nach nicht gottgewollt ist oder daß Zweifel darüber im Irdischen bestehen müssen, daß aber die göttliche Allmacht über allen ihre schützende Hand hat, die ehrlich bemüht sind, den rechten Weg zu finden. Es sollte mehr eine Aufforderung sein, sich eines Segens würdig zu erweisen, als damit zu dokumentieren, daß diese Ehe vor Gott ewig Gültigkeit hat.

Nun ist wohl noch die Frage zu beantworten, wann wohl so eine im Himmel geschlossene Ehe Wirklichkeit wird und ob davon auch im irdischen Bereich ein Bewußtsein zu finden sein kann. Diese Fragen sind nicht eindeutig zu beantworten.

Es ist nach ewigen Gesetzen geregelt, zu welchem Zeitpunkt ein Zusammenschluß der Duale erlaubt und festgesetzt ist. Es gibt dafür keinen Gradmesser, ich meine eine bestimmte geistige Reife beider Geistwesen, die füreinander bestimmt sind. Finden sich solche wahrhaft verwandte Seelen im irdischen Dasein, so kann es sein, daß sie als wahrhaft gute Freunde, als Ehepartner oder als Vater und Sohn miteinander verbunden sind. Immer wird eine große Harmonie sie verbinden und die Umwelt, die im guten Sinn und wohlwollend beobachtet, den Gleichklang der Seelen fühlen und feststellen können. Nicht mit vollem Bewußtsein werden es die beiden zusammengehörenden Geistwesen erkennen können, denn das ist das große Geheimnis unseres irdischen Daseins. Auch mit der irdischen Verbindung von Dualen können große Prüfungen und Aufgaben verbunden sein. Der eine Teil kann dem anderen zur Erfüllung seiner Pflichten und zur geistigen Entwicklung beigestellt sein, immer natürlich im guten Sinn. Niemals werden sich Duale hindern im Fortschritt - vom Jenseits her betrachtet - wenn auch im irdischen Sinn Unstimmigkeit und Ungleichheit manchmal den Fortschritt und das Wohlbefinden zu stören scheinen.

Es ist überhaupt - wie ich schon in der Einleitung zu meiner Schrift festgestellt habe - nicht leicht, die Begriffe im Irdischen mit den jenseitigen in

Einklang zu bringen. Auch im Jenseits ist nicht jedes Geistwesen in der Lage festzustellen, wo sein Dual zu finden ist und wo es gesucht werden soll. Man empfindet es als eine besondere Gnade, wenn es vergönnt ist, seine gute Ergänzung zu finden. Der Fortschritt ist damit ein anderer und doppelte Kraft - möchte ich sagen - beschwingt die Seelen, die damit den richtigen Weg gemeinsam gehen dürfen. Deshalb will ich nicht sagen, daß es das im irdischen Leben nicht gibt, es ist der Unterschied nur darin zu sehen, daß das irdische Leben die Zeitspanne der Prüfung und - wenn man will - der Besserung und des Fortschritts mit materiellen Hindernissen ist.

Darin liegt der Wert des irdischen Daseins, daß der Mensch aus freiem Willen und eigener Gedankenkraft erkennen lernen soll, wo der rechte Weg beginnt und wie er ihn gehen muß. Im Jenseits sind alle Hindernisse beseitigt und nur guter Wille und Vertrauen zu der göttlichen Allmacht, die jedem offenbar wird, der eben guten Willens ist sind erforderlich, um aufwärts zu kommen und reicher zu werden an Wissen und Weisheit.

Sein Dual finden zu dürfen ist eine große Gnade und wohl bei fortgeschrittenen Geistern eine Grundlage zu ungeahntem Aufstieg. Auch weniger hochentwickelte Seelen und Geistwesen können mit ihrem Dual vereinigt werden. Sie werden aber wieder getrennt, wenn sie sich dieser Gnade nicht würdig erweisen und den Sinn, den hohen Wert dieser Verbindung nicht erkennen.

So im Jenseits, wo das Erkennen gegeben ist im geistigen Sehen und im irdischen Leben, wenn der gute Wille zu einem harmonischen Gleichklang der Seelen eben noch fehlt oder die Sucht nach materiellen Gütern es verhindert. Damit möchte ich dieses Kapitel vorläufig abschließen, wir werden an anderer Stelle und in anderem Zusammenhang noch darauf zurückkommen.

18. KAPITEL
Vergleich des irdischen Daseins mit dem jenseitigen.
Der Kreis der Gelehrten.

Heute will ich damit beginnen zu erklären, welche Unterschiede bestehen zwischen der irdischen Auffassung vom Leben nach dem Tode und den tatsächlichen Verhältnissen, soweit sie für das irdische Leben und die Höherentwicklung des Menschengeschlechtes von Bedeutung sind.

Die Menschen können sich von den Verhältnissen im Jenseits nur Vorstellungen machen, die ihrer irdischen Vorstellungsgabe, den Erscheinungen und dem Erleben im Diesseits in der materiellen Welt entsprechen. Es ist deshalb ganz verkehrt, Vergleiche anstellen zu wollen, wo die Voraussetzungen fast in jeder Hinsicht verschieden sind.
Wir wissen ja schon einiges darüber, vor allem, daß es im Jenseits keiner Materie im irdischen Sinn bedarf. Ich sage im irdischen Sinn, weil schließlich auch ein Lichtstrahl - ich möchte sagen - eine Substanz darstellt, allerdings eine, die im irdischen Bereich nicht festgehalten werden kann und nicht an den Raum gebunden ist.
Hier fängt der Unterschied bereits an. Für das Leben auf der Erde ist aber diese Substanz Licht unbedingt notwendig, nicht nur in bezug auf Helligkeit, Tageslicht und Sehen überhaupt. Es gibt auch Strahlen, die der Mensch nicht als Lichtstrahlen empfindet, weil er sie nicht sehen kann, die aber doch in ihrem Bestand, in ihrer Zusammensetzung, nach jenseitigen Gesetzen in dieselbe Gruppe - möchte ich sagen - fallen. Ihre Auswirkung ist oft für das menschliche Dasein unentbehrlich, und doch wissen die Menschen noch nicht von ihrer Existenz. Warum wollen aber die Menschen schon so viel über das Leben nach dem Verlassen der irdischen Welt wissen, wenn sie doch noch so viel in ihr selbst zu erforschen haben?
Wir müssen uns darüber im klaren sein und immer wieder überlegen, daß die Sehkraft und das Fassungsvermögen des materiellen Menschen ein so begrenztes ist, daß es über die Vorstellung von Raum und Zeit, von Licht und Dunkel, wie es da herrscht, nicht hinauskommen kann.
Was in der materiellen Welt zum Leben, zur Entwicklung und zum irdischen Fortschritt vorhanden und erforderlich ist, formt die Vorstellungsgabe des Menschen in ganz streng begrenztem Rahmen. Er kann nicht Begriffe formen und Lehrsätze aufstellen für Erscheinungen und Lebensformen, die es in der irdischen Welt nicht gibt.
Wir hier im Jenseits brauchen zu unserem Bestand, zu unserer Entwicklung nicht eine Nahrung und Pflege, wie es der materielle Körper erfordert und trotzdem werden auch wir einer Steigerung unserer Kräfte teilhaftig in einer Form und Art, wie es nicht ins Irdische übertragen werden kann. Es sind auch darüber schon mannigfache Mitteilungen und Erklärungen versucht worden. Sie alle aber sind eine Übersetzung, eine ganz vage Bestrebung, jenseitige Vorgänge verständlich zu machen, und solche Mitteilungen sind

deshalb auch vom irdischen Menschen ins Reich des Märchenhaften verwiesen worden. Das ernsthafte Verstehen oder der Glaube an außerirdische Lebensformen geht damit aber verloren und alle ernsthaften Mitteilungen, die dem Wohl der Menschheit und ihrem Fortschritt dienen sollen, werden damit aus dem Bereich ernster Forschung ausgestoßen und ins Reich der Märchen verwiesen. Das ist aber der Entwicklung und dem Fortschritt der Menschheit auch nicht von Nutzen, denn die Einstellung, alles, was nicht greifbar und sichtbar für den Menschen ist wäre unwirklich und gehöre ins Reich der Phantasie, ist auch ungesund und hemmend.

Der Mensch muß den Mut haben und dazu erzogen werden, auch den Dingen, die nicht so leicht erfaßt werden können ins Auge zu sehen - ich meine - sich ernsthaft damit zu beschäftigen.

Freilich ist es nicht Aufgabe jedes Einzelnen, sich mit diesen fernliegenden Dingen auseinanderzusetzen, sondern Aufgabe der Wissenschaft, auf diese Weise die gesunden und natürlichen Grundsätze einer guten Lebensauffassung zu erforschen und der Allgemeinheit in geeigneter Form verständlich zu machen.

Es ist nicht möglich und auch nach den geltenden Naturgesetzen sicher nicht gefordert, daß jeder Mensch sich mit den großen Zusammenhängen befaßt. So wie die Masse in der religiösen Erziehung sich keine Gedanken darüber macht, ob das, was ihr gelehrt und befohlen wird, im christlichen oder irgendeinem anderen Glauben unumstößlich richtig ist oder nicht und sich den Aufträgen der Kirche widerspruchslos fügt und unterwirft, sich sogar bestrafen läßt und auch das als gerecht und richtig empfindet ohne sich Gedanken zu machen, so müßte es möglich sein, einen neuen Weg einzuschlagen und die Menschen zu überzeugen und ihnen glaubhaft zu machen, daß das, was über die jenseitigen Verhältnisse im Zusammenhang mit dem irdischen Leben von Bedeutung ist, die Grundlage für ihre Entwicklung und ihr Leben bildet.

Lassen wir uns nicht davon abbringen, daß doch in jedem Menschen ein guter Kern vorhanden ist und daß es möglich sein muß, jedem eine gesunde Lebensauffassung verständlich und zweckmäßig erscheinen zu lassen.

Ich will damit nicht sagen, daß von heute auf morgen eine neue Religion entstehen müßte. Die Kirche mit ihren schon bestehenden Organisationen und geschulten Männern müßte nur umlernen, die Irrtümer beheben und ausmerzen und sich den neuen Erkenntnissen öffnen. Es ist ja schon eine große Bewegung im Gange, nicht nur in der christlichen Religion oder besser gesagt in den christlichen Konfessionen, sondern in allen Glaubensbekenntnissen der materiellen Welt.

Was soll aber konkret gelehrt und in den Religionsunterricht aufgenommen werden? Soweit es das Leben im Rahmen der irdischen Zivilisation betrifft, ist es ja bekannt und muß nicht mehr erklärt werden. Nur davon will ich sprechen, was die Menschen wissen sollen von dem, was für jeden zu erwarten ist, was als Fortsetzung des irdischen Daseins bevorsteht und welches Ziel wir alle vor Augen haben müssen.

Freilich ist es auch für viele noch nicht sehr hochentwickelte Geister genug zu wissen, daß nur dann ein glückliches Dasein erreicht werden kann, wenn die Aufgaben im Diesseits erfüllt werden mit gutem Willen und nach besten Kräften. Aber der strebsame Geist soll durch die Kenntnis der Zusammenhänge vor Irrtümern bewahrt werden, die seinen Fortschritt hemmen und verzögern können.

Ich will deshalb sagen, daß es notwendig ist, das Leben auf der materiellen Welt richtig in seinem Wert zu erkennen, nicht die Materie zu überschätzen und den allein als lebenstüchtig zu betrachten, der materielle Güter anzuhäufen in der Lage ist und dazu allein die größten Fähigkeiten aufweist.

Wichtig für den Fortschritt der Menschheit im Geistigen ist es, alles das und vor allem das zu pflegen und zu fördern, was seine Fortsetzung im jenseitigen Leben findet. Die Erkenntnis, daß man ja materielle Güter nicht mitnehmen und für ein anderes Leben aufbewahren kann, hat schon immer mehr ihren Unwert unter Beweis gestellt, und großer Reichtum kennzeichnet oft den reinen Materialisten, weil für geistige Betätigung und Pflege von Seele und Geist kaum Zeit und Möglichkeit sich findet, weil der Besitz dazu keinen Raum läßt.

Darum bedeutet es oft eine viel größere Prüfung für den irdischen Menschen, mit Hab und Gut mehr als erforderlich gesegnet zu sein, als der Durchschnitt der Menschheit in Anspruch nehmen darf.

Ich will aber mehr davon sprechen, was als Richtlinie im irdischen Leben dienen soll und was gleichermaßen im Jenseits gültig ist und seine Fortsetzung findet, wenn im Irdischen eine gute Grundlage oder auch nur ein bescheidener Anfang geschaffen wurde.

Nur Seele und Geistwesen sind es, die die Errungenschaften des materiellen Lebens ins Jenseits mitbringen. Die Seele als Sitz des Gefühlslebens soll lernen, in jeder Lebenslage das Rechte und Gute zu erfühlen und so im

Leben mit der Gemeinschaft den Fortschritt zum Guten, zu Liebe und Güte, zu Hilfsbereitschaft und verstehender Freundschaft suchen und finden. Im Geistigen ist es der freie Wille, der nach Schulung und Erziehung zu Recht und Gerechtigkeit, zu Wissen und höherer Leistung im Interesse und zum Nutzen der Gemeinschaft seiner Aufgabe gerecht werden muß und im Bestreben auf irgendeiner Ebene sich einer Berufung würdig zu erweisen bestrebt sein muß, sein hochgestecktes Ziel zu erreichen oder ihm doch auch nur näher zu kommen.

Und wenn man nun fragt, wie werden solche Kenntnisse und im Irdischen erworbene Fähigkeiten im Jenseits verwertet, dann kann ich es gut verständlich auch für materielle Vorstellung erklären.

Die Lebensschule ist mit dem Abschied von der Erde nicht zu Ende. Sie setzt sich genau dort fort, wo wir im Irdischen geendet haben.

Ich will es erklären auf Grund meiner eigenen Erfahrung. Ich kam herüber und ein - oder besser gesagt - mein guter Führer nahm mich in Empfang nachdem ich eingesehen hatte, daß ich nicht mehr auf der materiellen Welt lebe. Ich muß vorausschicken, daß wir auch hier, wenn auch ohne materiellen Körper in unserem strahlenförmigen Zustand, dank unserer geistigen Sehkraft eine menschliche Gestalt vorstellen, jedoch nicht so wie wir zuletzt im irdischen Leben ausgesehen haben, sondern jung und ohne Mängel in voller Lebenskraft - möchte ich sagen -, da ja alle Leiden, die mit dem Körper in Zusammenhang standen verschwunden sind. Ich war mit voller Lebenskraft herübergekommen und bedurfte kaum einer Ruhepause, um meine Lebenskraft auf ein normales und gesundes Maß zu steigern. Hindernd waren mir nur meine Zweifel über den Bestand der jenseitigen Welt und solange ich immer noch in dem Glauben war, es sei alles nur ein Traum, konnte ich ins jenseitige Reich nicht eingeführt werden. Dann aber kam ich in den Kreis der Gelehrten und da wiederum in die Gesellschaft der Geister, die die medizinische Wissenschaft vertreten und bestrebt sind, der hohen Berufung gerecht zu werden. Zum Unterschied von der materiellen Welt fand ich hier, - ich möchte sagen - liebevollste Aufnahme. In der ersten Zeit stand ich noch abseits, sah und hörte wohl, was meine vor mir herübergegangenen Kollegen sprachen, konnte aber selbst nicht daran teilnehmen.

Was ich von Sehen und Hören schrieb, ist nach jenseitigen Gesetzen nicht wörtlich zu nehmen. Wir sprechen ja nicht, weil uns der Apparat dazu fehlt, wir lesen die Gedanken wann immer wir wollen, ohne daß wir es unserem Gegenüber merken lassen müssen.

Eine Sitzung in unserem Kreis ist nach irdischen Vorstellungen kaum zu erfassen, aber in ihrer Auswirkung sind unsere gelehrten Zusammenkünfte von weit höherem Wert, weil jeder Irrtum des gesprochenen Wortes ausscheidet. Bald aber konnte ich auch in den Kreis aufgenommen werden und meine Gedanken kundgeben und - ich möchte sagen - zur Diskussion stellen.
Die Erkenntnis von den Zusammenhängen mit dem Jenseits haben einen starken Eindruck auf mich gemacht und ich habe begonnen, meine im irdischen Leben vertretenen Lehren auf ihre Richtigkeit zu prüfen. Manches habe ich schon in den vorhergehenden Kapiteln berichtigt und vieles bedarf noch der Klarstellung und Untersuchung.
Der Unterschied in der gemeinsamen Betätigung hier und dort liegt aber darin, daß hier eine wahre selbstlose Zusammenarbeit herrscht, wogegen im Irdischen der Drang nach hoher Stellung und Vorrang vor anderen der Leitgedanke auch in der wissenschaftlichen Laufbahn ist. Das schadet dem Fortschritt und hindert manches große Talent und manche Begabung, zum Wohle der Menschheit Großes zu leisten.
Hier ist alles im Sinne der Gemeinschaft auf ein gemeinsames Ziel gerichtet und alle fördern sich gegenseitig nach besten Kräften. Freilich muß auch da berücksichtigt werden, daß wir zur wissenschaftlichen Tätigkeit keine materielle Basis nötig haben. Und wo die Materie die Voraussetzung bildet ist der Kampf ums Dasein, um Rang und Stellung nicht zu vermeiden.
Trotzdem müßte auch auf diesem Gebiet die Pflege der Berufung, ihre Förderung im Vordergrund stehen und gerecht und richtig demjenigen der Weg geebnet werden, der die größten Fähigkeiten und besten Anlagen erkennen läßt. Die Schule ist also mit Erreichung des Doktorgrades keineswegs zu Ende. Ich möchte sagen, sie beginnt erst richtig, wenn man erkennt, welch unendlicher Weg noch vor uns liegt. Die Begrenztheit des irdischen Horizontes in dieser Hinsicht ist für die Menschen ein Segen, denn jeder ernsthafte Mann müßte verzagen, wenn er erkennen muß, daß die Wissenschaft noch ganz in den kleinen Anfängen steht und noch viel weiter von einem einigermaßen befriedigenden Niveau entfernt ist, als sie bisher schon erreicht hat.
Wir hier sehen wohl manches, was wir gerne den Menschen mitteilen und vermitteln möchten, was wir aber noch nicht dürfen, weil auch im irdischen Denken der notwendige Standard noch nicht erreicht ist. Wie gesagt, ist alles nach genauen Gesetzen geregelt und nichts darf vermittelt werden, wenn die Zeit dazu nicht reif ist. Das bestimmen aber nicht wir, sondern die unendlichen Gesetze des Weltalls, die wir hier wohl in ihrer Strenge und

unumstößlichen Folgerichtigkeit erkennen, die aber für den irdischen Menschen nicht erfaßbar sein können.

Je weiter der Mensch daher im irdischen Dasein in der Entwicklung fortschreitet, um so höher ist der Kreis, in den er hier Eingang finden wird. Es gehört aber dazu nicht zur Wissen und Gelehrsamkeit, das ist nur der Kreis, dem eben zufällig ich angehöre. Maßgebend für die Höhe des Kreises ist die Entwicklung der Persönlichkeit, des Charakters und die dafür erbrachten Beweise. In allen Sparten des menschlichen Lebens müssen Erfolge und gute Taten geleistet und bewiesen werden und es ist ganz gleichgültig, wo der Mensch seinen Dienst im materiellen Leben tut. Die Aufgaben, die ihm gestellt sind und die seinem geistigen Fortschritt dienen sollen, werden ihm zugebracht. Wüßte der Mensch in jedem Fall davon, so wäre der Erfolg in Frage gestellt, weil dann der Wille darauf mit Bewußtsein und Absicht gerichtet werden könnte; gewissermaßen erzwungen durch ein Bewußtsein und die Kenntnis der zu erwartenden Folgen.

Aus freiem Willen, ohne Einfluß von außen, muß eine Aufgabe gelöst und ausgeführt, eine Prüfung auf sich genommen werden, sonst ist das Ergebnis wertlos. Das allgemeine Bestreben, vorwärts zu kommen und durch gute Taten eine höhere Stufe zu erreichen darf die Triebfeder alles Tuns sein.

Wir wollen noch andere Gebiete im Zusammenhang mit dem Jenseits und die Folgen einer guten oder schlechten Bewältigung der Lebensaufgaben betrachten. Für heute genug.

19. KAPITEL
Die Berufung zum Lehrer und Erzieher und ihre Weiterentwicklung im Jenseits.

Ich sprach gestern vom Kreis der Gelehrten und ihren Aufgaben, ihrer Einstellung zueinander und ihrem Streben nach Fortschritt. Es soll aber nicht die Vorstellung aufkommen, daß ein Gelehrter nur auf wissenschaftlichem Gebiet den Fortschritt suchen müsse. Nein, er muß in gleichem Maße seinen Charakter bilden, seine Lebensauffassung korrigieren und vervollkommnen, will er wahren Erfolg und Nutzen für die Gemeinschaft bringen.

Es ist nicht gleichgültig, was der Mensch neben seiner Berufung auf wissenschaftlichem Gebiet tut und wie er sich persönlich zur Gemeinschaft stellt. Es ist der große Fehler, den viele oder die meisten Wissenschaftler und

Gelehrten begehen, daß sie sich wegen ihres größeren Wissens über die Umwelt erheben oder auf sie herabsehen mit mehr oder weniger Wohlwollen. Die Beurteilung des Menschen geht noch von sehr unrichtigen Kriterien aus und kann selten den Kern - ich will sagen - das wahre Bild erreichen. Auch dies hängt mit der Abhängigkeit von der Materie in erster Linie zusammen und muß eine Änderung erfahren, will man in der menschlichen Gesellschaft ein richtiges Werturteil über seine Mitmenschen fällen können.

Nun aber zu einem anderen Kreis, der, wie im irdischen Leben seine Fortsetzung im Jenseits findet und den Menschen damit die Möglichkeit gibt, nachzuholen, was auf der materiellen Welt oft - verschuldet oder unverschuldet - versäumt wurde. Es ist das Amt der Erzieher und Lehrer. Nicht jeder, der im irdischen Leben den Beruf als Erzieher ausgeübt hat, ist dazu berufen gewesen. Er erkennt oft, wenn er ins Jenseits herüberkommt, daß er unrichtig gewählt hatte und daß seine Voraussetzungen auf einem anderen Gebiet lagen. Das ist aber nicht schlimm, denn auch in diesem Beruf können vorhandene Grundlagen verwertet werden, die an und für sich nicht mit dem Beruf des Lehrers vereinbar sind. Es kann eine rein technische oder manuelle Begabung sein, die auf dem Gebiet der Technik größeren Fortschritt gebracht hätte, aber in Verbindung mit der Erziehung junger Menschen zu deren Fortschritt dienen konnte. Vielfach aber bleibt die Fähigkeit, die im Interesse der Gemeinschaft hätte genützt werden sollen ungenutzt und zur Betätigung im Lehrberuf fehlen die nötigen Voraussetzungen. Das führt für den Erzieher zu großen Konflikten in seinem Inneren, denn er erkennt, daß ihm das Talent zu dem Beruf fehlt und die Zöglinge erkennen ebenso, daß sie einen ungeeigneten Führer vor sich haben.

Es müßte daher eine Möglichkeit gegeben sein, den Beruf ohne großen materiellen Schaden zu ändern. Das wird dort sicher der Fall sein, wo die äußeren Einflüsse nicht so hemmend und hindernd im Wege stehen. Selten aber finden die Menschen, die erkennen, daß sie das Ziel verfehlt haben einen geeigneten Ausweg. Ist aber ein Mensch, wie man sagt, zum Lehrer und Erzieher geboren, dann wird er, wie der Mann der Wissenschaft seinem Amt getreu und seiner Berufung auf dem in einem früheren Leben begonnenen Weg Fortschritte machen.

Wie die Anhänger oder Vertreter der medizinischen Wissenschaft nach ihrem Abschied von der materiellen Welt erkennen können, in welchen Fragen sie geirrt, wo sie unrichtige Lehrsätze ihrer Tätigkeit zugrunde gelegt

haben, so erkennt auch der Erzieher, wo seine Einstellung den ihm anvertraut gewesenen Menschen gegenüber unrichtig, wo sie gottgewollt und zum Segen und Fortschritt für seine Schützlinge war.
In jeder Sparte kommt es aber darauf an, daß der gute Wille vorhanden ist, selbst zu erkennen und Belehrungen anzunehmen. Wie ein Gelehrter, verbohrt in die irdische Wissenschaft - ich meine - in die noch unentwickelte Wissenschaft, nicht sehen will, daß er in seinem ganzen irdischen Dasein nichts erreicht, sondern nur geirrt hat, so ist es auch in allen anderen Berufen. Der Erzieher vor allem muß zur Grundlage für seine Tätigkeit sich eine gute und gesunde Lebensauffassung angeeignet haben, wenn er ein guter, kluger und gerechter Führer für die Jugend sein will. Auch hier ist das Erkennen der Irrtümer Voraussetzung für den Fortschritt, sowohl für den Eigenen als auch den der davon Betroffenen. Wie anders ist heute schon die Auffassung in den Schulen vom Wert und Sinn einer guten Erziehung. Ein Lehrer, der dazu berufen ist, und das sind viele, ohne es zu wissen, wird nach seinem Abschied von der materiellen Welt weiter an sich arbeiten. Er wird bemüht sein, sich zu einem guten Vorbild zu entwickeln und nach gründlichem Unterricht durch seine guten Führer zurückkehren, um den armen Menschlein zu dienen und ihnen zu helfen auf dem schweren Weg der Entwicklung.
Er gerät aber selbst oft in die Bahnen der Materialisten und alle guten Vorsätze werden verdunkelt und zurückgedrängt, weil schlechte Vorbilder seine guten Anlagen und sein mitgebrachtes Programm nicht zur Entfaltung kommen lassen. Gerade in diesem Kreis ist es sehr schwer, den richtigen Weg zu finden, weil dazu sehr hochentwickelte Geister erforderlich wären. Wir müssen also auch in dieser Hinsicht noch viel Geduld beweisen, bis da ein Idealzustand erreicht sein wird.
Wollen wir in gleicher Weise die Berufung der Mutter und des Vaters betrachten, so müssen wir erkennen, daß das Problem genau das gleiche ist. Eine Frau im Glauben, die beste Mutter gewesen zu sein und ihre Berufung erfüllt zu haben, erkennt sehr oft, daß sie noch weit entfernt ist von der Vollendung. Mutter sein heißt nicht nur angetraute Gattin und Mutter, sondern jede Frau ist damit gemeint, die ein eigenes Kind zu erziehen und zu pflegen hat. Sehr wenige Mütter sind wahrhaft berufen und werden ihrer hohen Aufgabe in vollem Umfang gerecht. Auch hier sind die störenden Einflüsse der materiellen Welt die Ursache manchen Versagens, aber auch auf

diesem Gebiet ist ein großer Fortschritt zu verzeichnen und wir werden an anderer Stelle noch viel von den Aufgaben der Mutter zu sprechen haben. Auch für die Mutter gibt es im Jenseits eine Schule, eine Förderung und Aufklärung. Mütter setzen ihre Tätigkeit hier fort, wenn auch nicht im Kreis eigener Kinder wie auf der materiellen Welt. Hier bedarf es ja keiner Geburt. Geistwesen, die ihr Erdendasein in früher Kindheit beenden mußten und ihren Übergang ins Jenseits noch nicht erfaßt haben, bedürfen der mütterlichen Betreuung und werden der Führung guter Müttergeister anvertraut.
Man wird sagen, daß doch schon in einem kleinen Kind ein fertiger Geist wohnt, der sich nur in materieller Hinsicht entwickeln muß, um sein mitgebrachtes Programm erfüllen zu können. Das ist wohl richtig, aber doch im Sinne der ewigen Gesetze nicht ganz in Übereinstimmung mit der Entwicklung im Weltall. Ein Geist, der aus einem unfertigen Menschen schon wieder ins Jenseits zurückkehrt, muß seine früher schon erreichte Reife auch im Jenseits wieder entwickeln. Er tut es hier leichter als auf der materiellen Welt, weil alle körperlichen Hindernisse wegfallen. Er muß aber genauso eine Entwicklung durchmachen, wie das Kind im materiellen Bereich.
An diesen Kindergeistern werden nun Mütter unterrichtet und lernen den jungen Geist zu lenken. Freilich auch unter Aufsicht und guter Führung, und ich will wieder betonen, daß es Mütter sind auf Grund einer Berufung. In ihrem Inneren verborgen ist in ihrem nächsten Erdendasein das, was sie im Jenseits gelernt und um was ihre Erkenntnis gereift ist.
Wenn man vergleicht, welche Einstellung vor einigen hundert Jahren herrschte von den Aufgaben und der Art der Erziehung und wie es in der Gegenwart betrachtet wird, darf man getrost in die Zukunft blicken. Es sind auf diesem Gebiet gute Fortschritte zu verzeichnen.
Ein Beruf ist noch zu erwähnen, der hier von besonderem Interesse ist; es ist der Beruf des Seelsorgers oder Priesters. Wir haben schon an anderer Stelle davon gesprochen, wie hart es für einen guten Priester ist, erkennen zu müssen, in wie vielen Fragen im Irrtum erzogen wurde. Ein Irrtum, der aus eigener Überlegung stammt, ist leichter abzulegen als die Irrtümer, die man im Vertrauen auf eine gute, große Lehre mit voller Überzeugung in sich aufgenommen hat. Viele verharren daher mit voller, aufrichtiger Überzeugung im Irrtum und wollen um keinen Preis davon lassen. Wir haben schon an anderer Stelle davon gesprochen, daß daher manche Mitteilungen aus dem Jenseits nicht als unumstößlich richtig aufgenommen werden dürfen, weil sie auf Glauben basieren und nicht auf Wissen. Große Kirchenfürsten, die vor

vielen hundert Jahren auf der materiellen Welt lebten, wollen noch immer nicht dahin zurückkehren, weil sie ihre Priester um sich geschart haben und fest daran glauben, in gleichem Sinne wie auf der Erde weiterwirken zu müssen.

Auch hier ist es nicht einmal so wichtig, daß sie einem unrichtigen oder doch in vielen Fragen unrichtigen Glauben anhängen. Das sind verzeihliche Irrtümer, die mit Sicherheit eines Tages behoben werden.

Viel wichtiger ist die Entwicklung des Charakters, die Ausgeglichenheit von Seele und Geist und das ehrliche Streben nach Fortschritt auf dem Weg zur Wahrheit.

Darum steht - wie ich schon sagte - hier mancher kleine Geistliche über einem großen Priester oder auch heiliggesprochenen Kirchenfürsten. Worin ihre Irrtümer bestehen, darüber zu sprechen bin ich nicht berufen. Es soll durch meine Schilderung klargemacht werden, wie sich das Leben im Jenseits fortsetzt und gesetzmäßig weiterentwickelt, immer aber aufwärts in gutem Sinn mit dem Zweck, das Leben auf der materiellen Welt der Höherentwicklung geeigneter zu machen. Wenn auch nur Schritt um Schritt, so darf doch zugegeben werden, daß es einen Fortschritt in dieser Richtung gibt. Damit genug für heute.

20. KAPITEL
Der Begriff des Fortschritts im geistigen Leben.

Heute will ich davon sprechen, wie die Menschen sich den Fortschritt im geistigen Leben vorzustellen, was sie darunter zu verstehen haben. Wir haben schon so viel vom Fortschritt gesprochen, aber genau festgehalten, wie er zu erkennen ist, das fehlt noch zum genauen Verständnis.

Das Leben ist voll von Irrtümern. Aber nicht nur deshalb machen wir Fortschritte und erreichen wir höhere Entwicklungsstufen, weil wir unsere Irrtümer einsehen und erkennen, daß wir auf falschen Wegen gewandelt waren. Wir sind - im Großen gesehen - eben noch kleine, unbedeutende und unwissende Wesen, die weniger zu leben verstehen als sich ausdenken läßt.

Abhängig von der Materie haben wir - ich spreche in der Vorstellung, als ob ich auch noch auf der materiellen Welt lebte, da ich ja immer wieder und zu wiederholten Malen im materiellen Leben Irrwege begangen oder beschritten habe - den wahren Sinn des Lebens noch nicht erfaßt, und es ist eine der größten Aufgaben, die wahren Zusammenhänge im Weltall zu erkennen und demgemäß sich einzustellen.

Um aber diese Fähigkeit, diese Hell- und Wahrsichtigkeit zu erreichen, müssen wir mannigfache Prüfungen bestehen und Lebensschulen absolvieren. Es ist nicht ein Hellsehen, wie es die Menschen im Irdischen verstehen, als die Fähigkeit, in die Zukunft zu schauen, Ereignisse im voraus zu erkennen, die mit Sicherheit und ohne einen Zusammenhang mit der Gegenwart eintreten müssen. Das Hellsehen, das ich meine, ist das klare Erkennen der bestehenden Zusammenhänge, das richtige Erfassen vom Sinn und Zweck des irdischen Daseins. Nicht nur mit dem Verstand und Glauben darf diese Aufgabe als notwendige Grundlage des Fortschritts erfaßt werden, das ganze Wesen, Seele und Geist, müssen davon erfüllt sein. Dann wird erst die rechte Einstellung zu allem irdischen und außerirdischen Geschehen gefunden und der Aufstieg gesichert sein.

Wir müssen also immer daran denken, daß alles, was im irdischen Dasein auf uns zukommt, sinnvoll und gesetzmäßig gelenkt ist und niemals annehmen, daß wir irgendwelchen Zufällen ausgesetzt sind. Ausgehend von dieser Grundwahrheit werden wir bewußt und in guter Absicht unseren Willen auf eine vernünftige, kluge oder gütige und wohlwollende Bewältigung aller Aufgaben lenken und uns gar nicht erst den Kopf darüber zerbrechen, ob es so oder so sinnvoller oder in materiellem Sinn erfolgreicher wäre.

Alle Aufgaben mit der Überzeugung ausgeführt, daß sie ein kleines Steinchen im Aufbau unseres eigenen Ich, unserer Persönlichkeit sind oder daß sie zum Wohle unserer Mitmenschen erfolgen oder bestanden werden ist die Erfüllung für den Menschen, weil nur eine solche Einstellung froh, frei und zufrieden machen kann. Frei deshalb, weil durch unvollkommene und unrichtige Erfüllung oder Leistung einer Aufgabe eine innere Abhängigkeit entsteht, eine Belastung für Seele und Geist bewirkend, die weiterhin hemmend auf die Lebensäußerungen wirkt, die gerade dadurch getroffen werden. Man kann sich das leicht vorstellen. Jeder von uns hat es schon so oft erlebt. Als Kind schon haben wir erfahren müssen, daß ein kleiner Fehltritt, ein zerschlagenes Fenster, eine mißlungene Schularbeit, ein Streit mit dem Kameraden uns die Freude und Lust, oft die nötige Spannkraft zu Leistungen genommen hat, die wir sonst spielend gemeistert hätten. Der Appetit schwindet, wenn uns ein Fehler bedrückt, den wir uns selbst eingestehen müssen und so weiter. In diesen kleinen Dingen, denn von hier aus gesehen sind es winzig kleine Ursachen und Wirkungen, müssen wir aber beginnen, die rechte Einstellung zu finden, die Bedeutung allen Geschehens beurteilen lernen und im ehrlichen Erkennen unserer Irrtümer nicht ein vernichtendes Urteil fällen und resignieren in der Meinung, wir könnten es nicht besser leisten.

Nur den einzig richtigen Schluß müssen wir daraus ziehen: Der Irrtum ist zu unserem Fortschritt geschaffen, zu dem bewußten Erkennen, daß wir unsere Leistungen, unsere Ziele höher spannen sollen, daß wir besser machen müssen, was einmal oder auch zu wiederholten Malen mißlang. Immer wieder sich selbst wie von außen her zu betrachten, sich zu beobachten und ehrlich zu kritisieren ist die richtige Art, den Weg zum Fortschritt einzuschlagen.

Dazu gehört aber auch die richtige Beurteilung der zur Verfügung stehenden Kräfte, ob geistig oder körperlich. Es gehört zu der unbedingt erforderlichen Voraussetzung für eine vollkommene Leistung, daß man sich der Grenzen bewußt ist, die einem von vornherein gesteckt sind. Nicht jeder, der sich der Beschäftigung mit der Wissenschaft auf irgendeinem Gebiet widmet, kann deshalb ein großer Gelehrter werden. Oder ein Komponist, der wohl einige Fähigkeiten besitzt, darf nicht den Rang eines Mozart oder Bach beanspruchen. Er fühlt es wohl selbst sehr genau, aber entweder ist er zu bescheiden, um seinen Rang zu behaupten, der ihm zukommt oder er ist überheblich und fordert mehr als er sich ehrlichermaßen zuschreiben darf.

Darin aber liegt die große Aufgabe für jeden einzelnen. Wieweit sind meine Fähigkeiten geeignet, dieses oder jenes Ziel zu erreichen, oder habe ich mein Ziel hoch genug gesteckt und alle vorhandenen Kräfte richtig eingesetzt?

Erst nach dem Ende des irdischen Daseins erkennt man oft, daß man nicht die richtige Lebenslinie eingehalten hat und erkennt, daß man zuwenig oder unrichtig geleistet hat. Die Lebenslinie, die vorgezeichnete Lebensbahn zu erkennen, das muß in der Erziehung der Jugend angestrebt werden, immer im Hinblick und im Rückblick auf die Existenz im Jenseits.

Aus früherem Leben Mitgebrachtes manifestiert sich in der Einstellung zum augenblicklichen materiellen Leben, zu den Mitmenschen und zu dem Streben nach Fortschritt.

Ich will ein ganz konkretes Beispiel bringen: Ein junger Mann, der schon in der Schule unter den Kameraden Hilfsbereitschaft und Güte beweist, hat sicher in vergangenen Leben eine Berufung zu einer Lebensform gezeigt, die diese Eigenschaften zur Grundlage hat. Die Erzieher müßten nun im Laufe der Jahre, in denen der Junge ihnen anvertraut ist, feststellen können, zu wel-

chem Beruf diese Eigenschaften hinneigen und ob die geistigen Fähigkeiten auch vorhanden sind, die dazu erforderlich wären. Es ist nicht immer leicht, das festzustellen, weil - wie wir wissen - mannigfache äußere Einflüsse das wahre Bild verdunkeln können.
Es wird in dieser Richtung schon viel Ernsthaftes unternommen und manche Erfolge sind den psychologischen Untersuchungen in dieser Richtung schon zuzuschreiben. Die Gesichtspunkte aber, unter denen diese Beurteilungen erfolgen, sind nicht immer vollkommen und richtig. Manches hat der junge Mensch in der Jugend durch Vorbilder und Erziehung sich angeeignet und damit seine wahre Veranlagung und vielleicht Berufung zurückgedrängt. Vielfach entsteht dann in späteren Jahren ein Zwiespalt im Inneren und Unzufriedenheit mit dem erwählten Beruf, weil, wie man dann erkennen muß, die Entwicklung stehenbleibt und geradezu verkümmert, da die grundlegenden Voraussetzungen fehlen. Dann entsteht die sogenannte Nebenbeschäftigung, die für den Fortschritt des Menschen beziehungsweise des Geistwesens die weit wichtigere ist als der Beruf.
Ich habe darüber schon an anderer Stelle gesprochen, will aber in diesem Zusammenhang nochmals betonen, daß die Menschen bestrebt sein müssen, Mittel und Wege zu finden, um die für jeden Menschen vorausbestimmte und geforderte Leistung im Leben der irdischen Gemeinschaft richtig zu erkennen und angemessen zu fördern.
Wie schon so oft festgehalten, bedarf es dazu der richtigen Bewertung der Materie, die nicht das Ziel und der Hauptzweck in der Wahl der Betätigung oder des Berufes sein darf. Materie ist vorläufig noch das stärkste Hindernis auf dem Weg nach oben und der Sieg über sie wird die freie Bahn für jeden bedeuten, der ehrlich den Fortschritt sucht.
Wann kann die Materie als besiegt betrachtet werden? Man wird mir antworten: Wenn wir genug davon haben werden. Diese Antwort ist nicht unrichtig, sie bedarf aber einer kleinen Korrektur, und zwar so: Genug haben wir dann, wenn die Güter der Erde so verteilt und verwertet sein werden, daß alle Erdenbürger genug zu ihrer Existenz erhalten und keiner mehr für sich in Anspruch nimmt als er zur gesunden Erhaltung seines Lebens nötig hat.
Die Menschen von heute werden sich oder würden sich wundern, wenn sie nach einigen hundert Jahren in der Lage wären zu vergleichen, wie vernünftig die Menschheit in bezug auf den Genuß der irdischen Güter ist im Vergleich zur heute herrschenden Verschwendungssucht.

Es wird die Einstellung zur Materie mit der Weiterverbreitung der ewigen Wahrheit und Erkenntnis der Zusammenhänge mit dem unendlichen Weltall ganz von selbst eine Gesundung herbeiführen, an die ihr heute noch kaum werdet glauben können. Damit genug für heute.

21. KAPITEL
Die Ausstrahlung der Mitmenschen und die richtige Einstellung zu ihnen.

Heute will ich davon schreiben, wie die Menschen ihre Gedanken auf die Mitmenschen einstellen sollen, um einen guten Kontakt und ein richtiges Urteil, eine gute Einstellung und so weiter zu erreichen.
Ich sprach schon davon, daß jeder Mensch eine Ausstrahlung besitzt. Es ist ein wertvoller Besitz und für das materielle Leben wichtiger und von höherer Bedeutung als man schlechthin annehmen möchte.
Alles, was das tägliche Leben und den geistigen Fortschritt beeinflußt ist von Bedeutung und Wichtigkeit, ob in positivem oder negativem Sinn. Es kommt, wie ich schon erklärt habe darauf an, die Ausstrahlung der Umgebung zu fühlen oder geistig mit Verstand zu erkennen oder zu erforschen. Nicht immer gelingt das beim ersten Zusammentreffen, weil neben der Ausstrahlung eines Menschen auch andere Kräfte wirken, die man nicht sehen und unmittelbar erfassen kann.
Wärme und Kälte haben Einfluß auf unser Nervensystem und erzeugen je nach Intensität der Einwirkung ein Wohlgefühl oder Mißbehagen.
Will man also die Ausstrahlung eines Menschen erforschen, so soll es nicht bei einer einzigen Begegnung sein Bewenden haben und das Urteil dann schon gefällt werden. Nur wenige Menschen sind so aufnahmefähig für die Wellen, die, durch die Ausstrahlung verursacht, seine Seele treffen. Es gehört auch dazu eine gewisse gute Passivität und Ruhe, eine wohlwollende Einstellung zu seinem Gegenüber.
Sind die Gedanken schon negativ geleitet, bevor man den Menschen kennenlernt, weil man schon Böses über ihn gehört oder gelesen hat, dann wird es einer besonderen Selbständigkeit im Urteil bedürfen, um sich von diesem Einfluß nicht berühren zu lassen.
Will man die Ausstrahlung eines Menschen erkennen oder besser gesagt Harmonie oder Antipathie fühlen, muß man vor allem den Menschen in

ruhigem Zustand ohne eigenes Hinzutun sich zur Geltung bringen lassen. Es ist nicht leicht, diesen Zustand zu erklären, ich möchte sagen, man muß Abstand suchen von dem Objekt, das man beobachtet und selbst seine Gedanken nicht intensiv auf ihn lenken, sondern durch Ruhe und Zurückhaltung das Wesen des anderen zum Ausdruck kommen lassen.

Wie der Arzt neben seinem Patienten am besten wegsieht, wenn er will, daß dieser aus sich herausgeht, ihm den Raum - möchte ich sagen - frei gibt zur Entfaltung seiner Gedanken, so ist es im täglichen Leben in jedem Einzelfall. Wie viele Mißverständnisse würden dadurch erspart bleiben.

Die Menschen machen meist den Fehler, daß sie mitdenken in dem Augenblick, in dem ihr Gegenüber zu sprechen beginnt, daß sie oft vorausdenken und so zu einem unrichtigen Urteil gelangen.

Genauso ist es mit dem Fühlen der Ausstrahlung. Unbewußt trifft sie die Seele und diese leitet je nach ihrer Verfassung die Empfindung weiter. Ist die empfangende Seele aber gestört, so leitet sie nur schwach oder gar nicht weiter, fühlt sich durch die empfangene Strahlung beschwert und bewirkt eine Ablehnung oder doch nur mangelnden Kontakt.

Deshalb werden seelisch gesunde Menschen leicht Kontakt und Anklang finden, während seelisch Kranke oder Gehemmte auf Abneigung stoßen werden. Die Wechselwirkung der Ausstrahlung wird unterbleiben und so eine harmonische Vereinigung der Strahlen verhindern.

In depressivem Zustand und mangelhafter geistiger und seelischer Verfassung soll man daher auch nicht Menschenkenntnis betreiben oder zumindest nicht ein abschließendes Urteil über seinen Mitmenschen fällen. Eigene Minderwertigkeit in irgendeiner Richtung trübt die klare, ehrliche und objektive Denkweise. Der Wunsch verleitet oft zu einem unrichtigen Urteil und die Enttäuschung ist dann bitter, wenn die Erkenntnis reift, daß man geirrt hat.

Nehmen wir aber an, der Mensch sei nun ganz geeignet und prädestiniert, um die Ausstrahlung seiner Umgebung aufzunehmen und richtig zu beurteilen. Er wird in völlig passivem Verhalten die Umgebung auf sich wirken lassen, bewußt ausschalten, was sein Urteil trüben oder beeinflussen könnte und in sich versenkt, wenn auch nur für einen kurzen Augenblick, die Wirkung prüfen, die er fühlt. Jeder kann die Wirkung empfinden, wenn er mit einem Menschen zusammentrifft und feststellen, ob es eine freudige oder unbehagliche Stimmung hervorruft.

Wir erfahren es im täglichen Leben immer wieder, daß wir sagen müssen, ein Mensch sei uns unsympathisch oder unangenehm. Wir freuen uns über das Erscheinen des einen, wenn wir noch sowenig Zeit und Muße zu einem Gespräch haben und sind ungeduldig und voll Unbehagen, wenn ein anderer kommt, obwohl uns Zeit und Ruhe genug zur Verfügung steht.
Nur wenige untersuchen mit Bewußtsein die Ursachen solchen divergenten Verhaltens und doch sind es die sichersten Zeichen für das Konvenieren oder Nichtzusagen der empfangenen Ausstrahlung.
So wie man selbst zur Pflege seiner Seele Passivität anstrebt und sich in sich selbst versenkt, um nur den guten Kräften aus dem All Einfluß zu gewähren, so muß man auch, um die reine, ungetrübte Erkenntnis vom Wesen der Mitmenschen, von ihrem Charakter und ihrer geistigen Reife zu erhalten, sich auf eine einwandfreie und aufnahmebereite Basis stellen. Wie ein Kind die Arme öffnet und sich den Ball zuwerfen läßt um ihn zu fangen, durch nichts gehemmt und nur bereit, ihn aufzunehmen, so muß auch der Mensch sich den Strahlen öffnen, die auf ihn zukommen. Aber wie das Kind zugreifen und die Arme schließen muß, um den Ball auch festzuhalten, so muß der Mensch im richtigen Augenblick den Eindruck festhalten, die Wirkung auf die Seele nicht zurückprallen lassen, sondern im Innersten verschließen und seinem Geist die Entscheidung überlassen, ob gut oder böse war, was ihn oder - besser gesagt - sie, die Seele, getroffen hat.
Wenn eine Ausstrahlung als gut erkannt und empfunden ist, dann ist noch nicht gesagt, daß wir mit diesem Menschen in allen Dingen einverstanden sind und sein können.
Wer darf sich aber ein Urteil darüber anmaßen, ob der andere besser oder schlechter - ich möchte sagen - minderwertiger ist als er selbst? Das ist ein schwerwiegendes Kapitel, über das wir im Zusammenhang mit der Charaktererziehung und Beurteilung noch zu schreiben haben werden. Unser Urteil, und ich sage bewußt unser, weil diese Grundregeln auch im Jenseits in gleicher Weise gelten, kann immer nur auf dem Niveau unserer eigenen geistigen Reife basieren und wird deshalb sicher nicht in allen Fällen und Belangen unumstößlich richtig sein. Wir werden wohl mit Sicherheit erkennen können, daß ein Mensch in seiner seelischen und geistigen Reife über uns steht, wenn auch da wohl ein Irrtum im irdischen Bereich möglich und verständlich ist, weil wir nur mit geistiger Sehkraft die Intensität der Ausstrahlung erkennen können.

Das ist die Schule, in die der irdische Mensch geschickt ist, daß er die Entwicklung seines Geistes auch auf diesem Gebiet fördern muß durch selbstloses eigenes Urteil, durch Erkennen der Möglichkeiten und Erarbeiten der Fähigkeit, den rechten Weg zu finden.

Wir haben ja schon davon gesprochen, daß der Mensch allein seinen Fortschritt nicht finden kann, ich meine im Geistigen, auf Grund der ewigen Naturgesetze. Denn - wie wir schon wissen - es kommt nicht darauf an, nur sein Leben in der materiellen Welt schlecht und recht zur Zufriedenheit oder wenigstens ohne große Irrtümer und Fehler hinter sich zu bringen nach rein materieller Auffassung.

Es bedarf zum Fortschritt des Lebens in der Gemeinschaft und für die Gemeinschaft. Und diesen Weg richtig zu gehen erfordert ein hohes Maß von Menschenkenntnis. Ich will noch erklären, was man darunter versteht, obwohl wir auch davon schon gesprochen haben. Ich möchte sagen, es ist das Bestreben, sich in die Psyche der Menschen einzufühlen, um den richtigen Umgang, die rechte Art zu finden, mit der Gemeinschaft zu leben, ihr ein guter, ehrlicher und wohlwollender Diener zu sein.

Nur wenn wir bestrebt sind, unseren Mitmenschen zu dienen aus reinem Herzen, aus reiner Freude an der Hilfeleistung, dann ist praktische Menschenkenntnis von Wert. Nur feststellen, daß ein Mensch unbequem und uns im Wege oder ohne Nutzen ist, ist nicht gewollt und fördernd.

Freilich muß man die Möglichkeit haben oder bestrebt sein, einen Umgang mit Unterentwickelten zu meiden, aber nur in dem Sinn, daß wir uns nicht mit ihnen auf eine Stufe stellen. Ihren Fortschritt begründen, ihre Irrtümer zu bekämpfen suchen, das ist die Aufgabe, von der ich schon viel gesprochen habe.

Aus den Fehlern und Irrtümern anderer können wir vielerlei lernen, und manches bekommt für den Höherstehenden erst die Prägung oder genaue Abgrenzung im Begriff von Gut und Böse, Recht und Unrecht, wenn man alle Kräfte kennenlernt, die von Einfluß sind auf die Entwicklung der Menschheit.

Ich habe heute erst den Anfang davon geschrieben, was ich über Menschenkenntnis noch zu sagen haben werde. Viele gute und schlechte Eigenschaften müssen erkennbar sein und erkannt werden, um ein abgerundetes Bild von einem Menschen zu erhalten. Davon aber das nächste Mal.

22. KAPITEL
Menschenkenntnis und menschlicher Kontakt im Berufsleben.

Ich sprach gestern von der Notwendigkeit einer richtigen Bereitschaft zur Aufnahme der Ausstrahlung eines Menschen, wenn man den Wunsch hat, sein Wesen und seinen Einfluß auf sich selbst oder seine Umgebung kennenzulernen.

Nicht in jedem Fall ist dieses Bedürfnis gegeben und es wäre wohl müßig, jede Begegnung daraufhin zu untersuchen. Es ist aber in mancherlei Lebenslagen von großer Bedeutung und Wichtigkeit, da oft das eigene Fortkommen, manchmal sogar die Existenz davon abhängt. Hat man in seinem Beruf als Untergebener einen Vorgesetzten, zu dem man in gutem Einvernehmen steht, ganz abgesehen von der notwendigen beruflichen Eignung, dann wird man Freude zur Arbeit empfinden und seine ganze Kraft gerne ihm zuliebe einsetzen, immer bemüht, zu seiner Zufriedenheit zu arbeiten. Nicht so im umgekehrten Fall, ich meine bei fühlbarer Abneigung. Woher kommt sie aber, wenn materielle Ursachen, ich meine finanzielle Befriedigung und Einsatz an der geeigneten Position nichts zu wünschen übriglassen? Einfach aus persönlicher Abneigung, für die man meist keine Ursache anführen kann. In diesem Fall liegt eben eine Divergenz in der Ausstrahlung vor, das heißt, die beiden in Arbeit verbundenen Menschen finden keinen innerlichen Zusammenhang oder Kontakt und doch wäre er zur Erlangung wahrhafter Erfolgs für beide Teile von größter Wichtigkeit.

Darum sollte jeder, der eine Position sucht, eine berufliche Tätigkeit in abhängiger Stellung ausüben will sehr genau prüfen, ob es ihm auch Freude bereiten würde, für den oder die Vorgesetzten zu arbeiten. Nicht nur für Entlohnung, sie ist sicher am nebensächlichsten, wenn auch die Menschen heute noch die materielle Befriedigung, den Verdienst, als Gradmesser für die Güte einer Stellung betrachten. Nicht alle, denn es wäre trostlos und hoffnungslos zu nennen, wenn wirklich jeder nur auf die Brieftasche allein sehen wollte und seine Leistung und die Freude daran unbedeutend und untergeordnet wären.

Wie viele Menschen verzichten auf materiellen Vorteil und Genuß, weil ihre Arbeitsleistung, die sie über alles lieben, ihnen höher steht, obwohl sie nur ein kärgliches Leben dabei fristen können. Das nennt die Welt ungesunden Idealismus und man ist im allgemeinen der Auffassung, daß diese Art von Menschen als untüchtig und unklug zu bezeichnen ist.

Ganz im Gegenteil, sie sind die Träger, die wahren Verfechter richtiger Lebensauffassung und müßten höher geschätzt und angesehen sein als die Raffer und sogenannten Großen, die ihren materiellen Erfolg nur als Aushängeschild benützen können, um sich Ansehen zu verschaffen.

Im Kapitel Menschenkenntnis nimmt die Unterscheidung oder das Erkennen von Schein und Wahrheit einen breiten Raum ein. Es ist eben - wie gesagt - im irdischen Dasein die schwerste Aufgabe, das Gute und Echte, das Wertvolle und allein dem Fortschritt Dienende zu erkennen. Nicht jeder ist dazu von Anbeginn in der Lage. Bittere Enttäuschungen sind meist die Voraussetzung für das Bemühen, das Wahre zu suchen und den Schein zu meiden. Fast jeder Mensch kommt im Laufe seines Lebens zu dem Schluß, daß er trotz vieler sogenannter Freunde allein sei und die rechte Gesellschaft, die ihm in jeder Beziehung Befriedigung bereiten würde nicht finden könne. Kein Wunder, denn kaum einer denkt darüber nach, welche Bedingungen erfüllt sein müssen, um einen guten Kontakt zu finden.

Immer wieder komme ich dabei zu dem Ausgangspunkt zurück, von dem aus der Weg beschritten werden muß. Der materielle Hintergrund muß weggedacht, der Rahmen abgenommen werden, der den Blick hinter die Kulissen - oder besser gesagt - ins Bild selbst stört und behindert. Nicht der materielle Erfolg kennzeichnet den Wert, zumindest in den seltensten Fällen.

Will man also erkennen, ob ein Mensch höherer Stufe angehört, dann muß man ihn in seinen Lebensäußerungen, in seinem Verhältnis zur Umwelt und zu sich selbst - oder besser gesagt - in bezug auf seine Vorstellung von sich selbst betrachten.

Menschen, die von sich selbst so sehr überzeugt und eingenommen sind, daß sie meinen, über allen anderen zu stehen oder doch zu ihrem eigenen Fortschritt der Gemeinschaft, des fremden Einflusses nicht zu bedürfen, sind - wie wir sagen - egozentrisch, nur auf ihr eigenes Wohlergehen bedacht, ohne Rücksicht auf die Erfordernisse, die erfüllt werden müssen, will man mit seiner Umgebung in Harmonie und Frieden leben. Solche Menschen erkennt man im Umgang sehr bald, da sie auf Geltung der eigenen Person bedacht, die Wünsche oder die erforderliche Rücksichtnahme für die Umgebung oder Gesellschaft mißachten.

Will man einen Menschen daraufhin prüfen, so stelle man ruhig eine belanglose Frage; er wird sie beantworten lassen, wenn ihm die Antwort unbequem ist oder in einer Weise beantworten, die zeigen wird, daß er sie nur im Zusammenhang mit seiner Person betrachtet. Das Wort Ich wird im Vordergrund stehen, und sehr unumstößlich wird seine Meinung als die einzig richtige zum Ausdruck kommen. Ein Widerspruch wird von solchen Menschen nicht geduldet und ein Bestreben, sich anzupassen oder in sein Gegenüber einzufühlen wird gänzlich fehlen.

Freilich wird nicht immer gleich ein solches Urteil möglich sein. Stimmung und jeweilige Einstellung, Sinn und Zweck eines Gesprächs können täuschen und zu unrichtiger Auffassung Anlaß geben.

Ein Vorgesetzter zum Beispiel, der aus reiner Berechnung sich übertrieben freundlich zu seinen Angestellten verhält, kann auf den ersten Blick den Eindruck des Wohlwollenden und Gütigen, ja des Selbstlosen und Großzügigen erwecken. Sehr bald aber empfindet man in seinem Verhalten die Unaufrichtigkeit, weil wahre Güte und Nächstenliebe sich nicht vortäuschen, aber auch umgekehrt nicht verleugnen lassen.

Menschlicher, wahrhafter, ehrlicher Kontakt zu den Untergebenen ist die wichtigste Voraussetzung für eine vertrauensvolle und erfolgreiche Zusammenarbeit. Es ist nicht wahr, daß dieses Ziel in großen Betrieben nicht erreicht werden kann. Ist der Abstand zu den Hilfskräften noch so groß, er läßt sich sehr leicht überbrücken. Das ist das sogenannte "gute Klima" in einem Betrieb, das nur dadurch zustande kommt und begründet wird, daß die Unternehmer oder Vorgesetzten eine gute Ausstrahlung, oft bewußt und mit Wohlwollen zur Auswirkung kommen lassen. Vorgesetzte, die sich menschlich über ihre Mitarbeiter so weit hinausheben, daß sie glauben, überhaupt nicht auf die anderen herabsehen zu müssen, nur weil sie materielle Befriedigung geboten erhalten, werden sich der großen Erfolge nicht lange freuen, die sicher zu Beginn noch zu verzeichnen waren. Nur wenige von den Untergebenen sind so rein materiell eingestellt, daß ihnen ihre Arbeit nur des Verdienstes wegen Freude macht.

Nicht umsonst wundert man sich, daß trotz hoher Löhne und Gehälter die Arbeitsmoral nicht gehoben werden kann. Nicht durch Gleichschaltung der materiellen Erfolge kann eine Annäherung bewirkt werden, sondern durch menschliches Näherrücken, langsames Überbrücken des Abstandes durch Respekt und Achtung vor jedem Menschen, mit dem wir in irgendeiner Richtung zu tun haben.

Ich habe in meinem irdischen Dasein immer den Grundsatz im Verkehr mit den Menschen beachtet, daß jeder das gleiche Recht, den gleichen Anspruch auf Achtung und Beachtung hat, wie ich es für mich selbst wünsche und

fordere. Es ist mir bei weitem nicht in gleichem Maße zuteil geworden, wie ich es geboten habe, aber das ist nicht von Bedeutung.
Die Erwiderung einer Achtungsbezeigung hat mir den Charakter des Angesprochenen offenbart, oft in eindeutiger Weise. War es ein materiell hochgestellter Mann oder auch eine Frau - das Geschlecht spielt bei dieser Betrachtung keine Rolle -, so konnte ich sehr bald erkennen, ob der Mensch bescheiden war oder mit Selbstverständlichkeit meine Ergebenheit aufnahm. Solche Dinge sind Marksteine in der praktischen Menschenkenntnis. Aber auch dabei muß mit großer Aufmerksamkeit beobachtet werden, denn oft wird gegen eine ehrende Bemerkung mit geheuchelter Bescheidenheit reagiert. Dem etwas geübten Auge und Ohr entgeht aber selten die rechte Wirkung und Echtheit oder Schein wird sehr bald richtig empfunden.
Es war heute wieder ein kleines Kapitel zur praktischen Menschenkenntnis. Ich sage praktische, weil das allein theoretische Erschauen der markanten Eigenschaften wertlos wäre, wenn nicht Gegenseitigkeit und Gemeinsamkeit daraus resultierten. Die Menschenkenntnis soll ja dazu beitragen, den Verkehr zwischen den Menschen zu einem aufrichtigen und nutzbringenden zu gestalten und nicht nur dazu betrieben werden, um interessante Feststellungen zu treffen und andere zu verurteilen. Es soll der Weg gefunden werden, wie man sich bessere Eigenschaften, die man an anderen erkennt zunutze machen und wie man anderen helfen kann, durch guten Kontakt von seinen eigenen Vorzügen oder schon erreichten geistigen Eigenschaften in sich aufzunehmen. Nur auf die Weise wird eine friedliche Menschheit gemeinsam bestrebt sein, ihren Fortschritt wahrzunehmen und Schein und Trug zu meiden. Wenn auch nicht von heute auf morgen, so dürfen wir mit Zuversicht in die Zukunft unser Vertrauen setzen und eine gebesserte und auf dem rechten Weg strebende Menschheit erwarten. Damit genug für heute.

23. KAPITEL
Die Einflüsse auf das Seelenleben und ihre Erforschung.

Ich will heute damit beginnen, die Grundlagen aufzuzeigen, die notwendig erfaßt werden müssen, um eine richtige Diagnose finden zu können, wenn die Einflüsse aus dem irdischen Bereich bereits ermittelt und durch

Meßapparate und sonstige maschinelle und mechanische Untersuchungen festgestellt sind.

Wie bereits dargelegt, muß der Arzt ein Gebiet untersuchen und prüfen, für das es keine greifbaren Reaktionen und Meßwerte gibt. Es ist eben das rein psychische und geistige Gebiet. Manche Methoden erlauben schon die Feststellung von Krankheiten der Seele und des Geistes. Es genügt aber nicht, die Krankheit zu erkennen, wie vielleicht bei einem organischen Leiden, das durch unrichtige Ernährung, durch gewaltsame Einwirkung auf den Organismus etc. entstanden ist.

Die Ursachen für seelische und geistige Erkrankungen zu erforschen ist weit schwieriger und erfordert - wie schon wiederholt betont - weitgehende Kenntnis von der Psyche des Menschen im allgemeinen wie von der Psyche des Einzelindividuums im speziellen. Es genügt nicht festzustellen, daß bestimmte Regungen und Ausdrucksweisen durch bestimmte Verhaltensweisen charakterisiert sind.

Die Ursache für das Verhalten muß gefunden werden, und das ist ein großer Schritt weiter in der Erforschung der Psyche. Die Wissenschaft bleibt auf halbem Wege stehen, weil sie nicht hinwegkommt oder doch nicht hinwegzukommen glaubt. Freilich ist es eben ein Unterschied, ob man die Dinge vom Blickfeld des irdischen Menschen oder von hier aus betrachtet. Kein irdischer Arzt kann die Ursachen sehen so wie wir und kann deshalb auch nicht verantwortlich gemacht werden dafür, daß die medizinische Wissenschaft im dunkeln tappt.

Ich will deshalb einen Wegweiser geben, der geeignet sein soll, in das Geheimnis des Seelenlebens einzudringen. Manches ist darüber schon gesagt, und ich will es nur kurz zusammenfassen.

Die Einflüsse auf das Seelenleben, wie das die irdische Wissenschaft nennt, liegen in vergangenen Leben, in der Höhe der Entwicklungsstufe und dem Entwicklungsgrad des freien Willens jede Individuums.

Die Seele hat kein eigenes Leben, wie dies aus der Bezeichnung "Seelenleben" abgeleitet werden könnte. Sie ist nicht ein Faktor für sich, sondern - wie gesagt - die Lebenskraft oder der Sitz der Lebenskraft und damit auch der Sitz des Gefühlslebens. Gefühl aber nicht als reine Sensibilität gedacht, sondern als die Fähigkeit, auf jeden äußeren und inneren Einfluß zu reagieren.

Der Grad der Reaktion bestimmt die größere oder geringere Aufnahmefähigkeit in jeder Hinsicht, sei es in der funktionellen Betätigung des Organismus, sei es als Bindeglied zum geistigen Bereich und zur Betätigung der geistigen Kräfte. Die mehr oder weniger entwickelte und zu größerer oder kleinerer Wirkung ausgebildete Seele entwickelt sich wohl im Laufe des irdischen Lebens weiter, aber sie ist in einer bestimmten Grundlage bei der Geburt vorhanden und muß von der gegebenen Basis weiter aufbauen.

Wie gesagt, es ist nicht jedes Geistwesen schon so weit fortgeschritten, daß es den Wert des Aufstieges erkannt und den ganzen Willen darauf gerichtet hätte, eine höhere Entwicklung anzustreben. Es wird wohl schon aus diesen Überlegungen klar, wo die Aufgabe des Arztes liegt und beginnen muß.

Wir haben schon davon gesprochen, daß die Entwicklung von Seele und Geist trotz ihrer untrennbaren Verbundenheit nicht immer Schritt halten miteinander, daß also einer großen Lebenskraft und der ausgeprägten Fähigkeit, die Einflüsse auf Seele und Geist zu erfassen, ein weit schwächerer Geist entsprechen kann, der dann nicht imstande ist, die emotionellen Leistungen der Seele auch zu verwerten.

Ja, ich sehe wohl, daß es für den irdischen Arzt eine sehr schwere Aufgabe ist, auf diesem Gebiet richtige Diagnosen zu stellen und mit einer geeigneten Behandlung den erforderlichen Ausgleich zwischen Seele und Geist herzustellen. Das irdische Leben ist durch die materielle Lebensauffassung, durch das Hasten und Jagen nach Besitz, nach Geltung und Macht im großen wie im kleinen von den geistigen Dingen, von der Notwendigkeit einer Einstellung zum unendlichen All so weit entfernt, daß es im Augenblick unmöglich erscheinen mag, auf diesem Gebiet einen greifbaren Erfolg zu erzielen.

Notwendig ist aber dazu in erster Linie die volle Überzeugung des Arztes, daß es zwischen Diesseits und Jenseits keine festen Grenzen gibt, daß ein Zusammenhang und ein Zusammenwirken möglich und unbedingt erforderlich ist, will man in die geistigen und seelischen Bereiche eindringen und bei abnormalen Individuen und Lebensäußerungen Abhilfe schaffen. Die Erforschung des Lebensplanes oder Programms, das der Mensch schon bei der Geburt in seinem Inneren verborgen mitgebracht hat, ist die erste Aufgabe. Und - wie gesagt - ist es dazu notwendig, die Lebensweise, die konkreten Lebensäußerungen, nicht allein die mündlich geäußerten kennenzulernen. Freilich ist es eine Sache des Einfühlungsvermögens des Arztes, denn man muß auch die äußeren Einflüsse, einen eventuellen Zwang der Umgebung, die wirtschaftlichen Verhältnisse dabei berücksichtigen.

Man kann schon daraus ersehen, daß es dafür kaum ein feststehendes Schema geben kann, das um so mehr, als jedes Individuum einmalig ist und keinen Vergleich mit einem anderen zuläßt. Ich habe in meiner irdischen Praxis nicht zwei Menschen gefunden, bei denen ich hätte sagen können, sie sind so ähnlich, daß ich sie gemeinsam behandeln könnte. Jeder Mensch reagiert anders auf Wort und Ton, und niemals kann die gleiche Schlußfolgerung aus einer Reaktion gezogen werden. Zwei Menschen können auf ein unfreundliches Wort oder einen Verweis in gleicher Weise reagieren. Beide können es schweigend hinnehmen, der eine aber mit dem Gefühl eines enormen Widerstandes, einer Opposition und Widerwillens, der andere in Ergebenheit und Einsicht oder sogar Dankbarkeit. Daraus ist also zu ersehen, daß jedes Individuum für sich betrachtet werden muß, wenn auch die grundlegenden Regeln der Erforschung dieselben oder doch ähnlich sind.
Wir wollen nun einen Schritt weiter gehen und annehmen, daß wir schon erkannt haben, in welcher Richtung die Lebenslinie - möchte ich sagen - läuft. Ein Künstler hat zum Beispiel schon in früher Kindheit ausgeprägte Neigungen zu höheren Dingen, die über den Alltag hinausragen. Seine Umgebung hat kein Verständnis dafür, da die materiellen Erfolge weit höher geschätzt werden und hindern den heranwachsenden Menschen an seiner vorgenommenen Entwicklung. Sehr bald wird das durch eine geeignete Beobachtung, durch Lehrer und Erzieher oder - wenn nötig - durch den Arzt erkannt werden.
Ein wahrer Künstler steht mit seinem Streben im Irdischen nicht allein. Alle Hilfen aus dem Jenseits sind um ihn und bemühen sich, die Schranken zu sprengen. Wird ein Mensch, der solcherart irregeleitet wird, zu einem guten Arzt gebracht, so darf man sicher sein, daß eine hilfreiche Lenkung von guten Kräften gewährt wurde, und der Arzt sollte die hohe Aufgabe erkennen oder der Erzieher, dem das Menschenkind anvertraut ist. Auch der Arzt wird in einem solchen Fall die rechte Erkenntnis finden, ohne zu ahnen, daß helfende Geister um ihn sind und sich bemühen, Irrtümer auszuschalten.
Und damit bin ich bei dem Kernpunkt dieses Problems. Ich will ja mit meinen aufklärenden Worten nicht nur sagen, wo es fehlt, sondern auch den Weg weisen, der zu beschreiten ist, um für die leidende Menschheit hilfreich wirken zu können.
So wie der einzelne Patient seine guten Helfer aus dem Jenseits rufen und sich ihnen anvertrauen kann, so kann jeder gute Arzt seine Tätigkeit zum

Segen der Menschheit ausüben, wenn er erkennt, daß ihm die Hilfe aus dem Jenseits zur Verfügung steht.

Habt doch den Mut zuzugreifen und schämt euch nicht, an Unsichtbare Fragen zu stellen, macht endlich den Versuch und ihr werdet Meister sein in eurem Beruf und aufsteigen zu höchster Berufung! Voraussetzung ist natürlich eine einzigartige Berufsauffassung und der unbedingte Wille und Vorsatz, nur Gutes zu wollen, die Wahrheit zu ergründen suchen, ohne eigenen Vorteil und materiellen Erfolg. Der kommt ganz von selbst, wenn selbstloses Aufgehen in der Berufung die Grundlage bildet.

Die Einwirkungen auf Seele und Geist aus dem jenseitigen Bereich sind so mannigfaltig wie die Einflüsse im irdischen Dasein, nur daß diese sichtbar und bewertbar, gepflegt oder bekämpft werden können, während die unsichtbaren eben auf eine ganz andere Weise erforscht und erkannt werden müssen, um mit ihnen fertig werden zu können.

Warum soll man zur Bekämpfung unsichtbarer Feinde nicht unsichtbare Freunde suchen und sich mit ihnen verbinden, nur um Gutes zu tun und Böses aus der Welt zu schaffen?

Ich will durch mein Medium Grete noch manchen Beweis für die Richtigkeit des Gesagten erbringen, wenn ich von ernsthaften Forschern darum gebeten werde.

Dieses war der erste Fingerzeig und ich will noch mehr darüber sagen in meiner nächsten Fortsetzung.

24. KAPITEL
Positive und negative Besessenheit und deren Behandlung.

Ich habe in meiner letzten Mitteilung davon gesprochen, daß es möglich sein muß, zur Bekämpfung unsichtbarer Feinde uns, eure unsichtbaren Freunde zu Hilfe zu rufen.

Es ist nun notwendig, genau zu untersuchen, was alles unter unsichtbaren Feinden in diesem Sinn zu verstehen ist und wenn man diese festgestellt hat, genau zu prüfen, welcher Freunde man sich zur Bekämpfung bedienen darf und wer dazu berufen ist. Mannigfache Fehlerquellen und Irrtümer sind da möglich, wenn nicht einwandfrei und korrekt vorgegangen wird oder Versuche unternommen werden von Personen, die nicht dazu berufen sind.

Wollen wir also eine Frage nach der anderen untersuchen und zu klären unternehmen. Es ist die Frage: Was versteht man unter unsichtbaren Feinden? Nicht jede Krankheit ist auf einen fremden Einfluß zurückzuführen, zumindest nicht in direkter Form; somit scheiden bei unserer Betrachtung alle diejenigen körperlichen Leiden aus, die durch eine unrichtige Lebensführung, durch körperliche Vererbung oder durch mechanische Einwirkung, also sichtbare Ursachen entstanden sind.

In unsere Betrachtung fallen nur solche psychischen Leiden, die ohne Erkennen von Einflüssen, ich möchte sagen, nach Ausschaltung oder Ausscheiden aller Einflüsse, die aus Milieu und Lebenslage, aus persönlichem Verhalten mit Willen und Absicht verursacht sind. Präzise ausgedrückt also nur solche Leiden, die die Seele bedrücken und gegen die der Patient mit dem besten Willen nicht in der Lage ist anzukämpfen. Leiden, die mit dem Wesen des Menschen, wie es sich im übrigen Verhalten zeigt, unvereinbar sind und keine Erklärung dafür gefunden werden kann.

So zum Beispiel Depressionen, die ohne sichtbaren Grund vorliegen, womit nicht gesagt ist, daß jede Depression im landläufigen Sinn einen konkreten Grund haben muß. Das Fehlen von positiven Einflüssen, erfolgloses Mühen, wenn auch ohne schwerwiegende Fehlschläge, kann zu einer Depression führen, entstanden allein im Denken und Fühlen des Menschen, der sich mit seiner Lage und Leistung unter dem angestrebten Niveau findet; fehlgeleitete Gedanken durch unrichtige Vorbilder oder das Bemühen, gegen Minderwertigkeit anzukämpfen, die für andere unsichtbar nur in der Vorstellung des Patienten wirkt. Alle diese Krankheitsbilder scheiden aus in der oben angegebenen Methode.

In diesen Fällen genügt es meist, den Lebenswillen und die Energie zu wecken, das Selbstvertrauen zu erzeugen und alle Kräfte aus dem Patienten selbst zu holen, die zu seiner Heilung erforderlich sind. Über solche Behandlungsmethoden werden wir noch im einzelnen zu sprechen kommen und viele Beispiele durchprüfen, bis alles klar erfaßt und die guten Grundlagen für eine erfolgreiche Behandlung geschaffen sind.

Es bleiben also nur noch die psychischen Erkrankungen, die nicht aus dem Individuum selbst entstanden, sondern in es hineingetragen wurden. Erkrankungen sind es also wohl im wahrsten Sinn des Wortes nicht, es sind Belastungen durch andere kranke Seelen und wird nach ihrer Entfernung völlige Heilung erreicht. Wie man sieht, ist es sogar leichter, solche psychisch leidende Menschen zu heilen als diejenigen, die gegen ihre eigenen

Fehlhaltungen und Irrtümer kämpfen müssen. Lassen wir uns aber nicht verleiten, die Dinge zu bagatellisieren, denn es ist wohl leicht, die Wirkung zu erkennen, wenn man richtige Wege eingeschlagen hat. Die Schwierigkeit liegt aber für den irdischen Arzt darin, daß er nicht wie wir die fremden Geistwesen sehen kann, die sich eines irdischen Menschen bedienen, um ihren Süchten zu frönen.

Wollen wir die Dinge aber auch von der positiven Seite betrachten. Wie viele große Künstler gibt es auf dem Gebiet der Musik, der Malerei und wenn wir wollen auch in der Technik, die kaum nach menschlichem Maß imstande wären, ihre überragenden Leistungen zu vollbringen, wenn nicht hilfreiche Geister sie dazu benützen würden, ihre eigene Schaffenslust zu verwirklichen.

Auch mein Medium Grete ist in solcher Weise von mir besessen, nur mit dem Unterschied, daß ich sehr genau prüfe, wieweit ich ihre Kräfte für mein Werk in Anspruch nehmen darf ohne sie zu belasten und zu hohe Anforderungen an sie zu stellen.

Genauso aber wie gute, vernünftige Geistwesen und zur Vermittlung an die Menschen Berufene sich der irdischen Hilfskräfte - möchte ich sagen - bedienen, so haben auch unterentwickelte Geistwesen den Wunsch, noch auf der materiellen Welt Geltung zu erreichen und suchen Mittel und Wege, sich durchzusetzen.

Nicht selten werden Menschen von mehreren solchen belastet, natürlich ohne es zu wissen. Es sind aber nur Menschen, die, selbst labil, mit ihrem Lebensstil nicht im Einklang stehen und sich nach Ablenkung, nach Sensationen und übertriebenen Beruhigungs- oder auch Reizmitteln sehnen. Ganz entsprechend der Entwicklungsstufe des Individuums finden sich solche Wesen zusammen, die eben geistige Reife noch nicht erreicht und daher auch die nötige Abwehr auf der einen Seite und die Einsicht und Erkenntnis auf der anderen Seite noch nicht gefunden haben. Diese Art von Wesen sind die schlimmsten und gefährlichsten für den irdischen Schwächling.

Anders ist es schon bei sehr medial veranlagten Menschen reifer Entwicklungsstufe. Bei ihnen suchen Geistwesen Hilfe, die sie glauben nötig zu haben, weil sie sich einfach nicht mehr zurechtfinden. Nach ihrem Abschied von der materiellen Welt irren sie umher, finden nicht in den jenseitigen Bereich und sind unglücklich, weil sie sich im Irdischen auch nicht bemerkbar machen können und unbeachtet bleiben.

Ich weiß aus eigener Erfahrung, wie schmerzlich das ist. Ich selbst hatte allerdings nur eine sehr kurze Übergangszeit - möchte ich sagen - benötigt. Ich wurde aufgenommen in den Glanz des jenseitigen Bereichs und - obwohl ich es nicht sogleich als wahrhaft erkennen wollte - konnte ich doch aus eigener Kraft den richtigen Weg finden. Ich sagte aus eigener Kraft, wohl aber mit Hilfe guter Geistwesen, denen ich bereit war, Glauben zu schenken und mich nicht zu widersetzen.

Geistwesen, die aus eigener Kraft nicht den Weg zu finden wissen und ihren guten Führern nicht glauben wollen, hängen sich mit aller Macht an irdische Menschen, flehen sie an, ihnen doch Rede und Antwort zu stehen und ihnen aus ihrer Not zu helfen. Solche Wehklagen belasten den Menschen genauso wie die Klagen und der Jammer irdischer Menschen, die in engster Beziehung zu ihm stehen.

Dem irdischen Partner gegenüber gibt es aber Worte und Taten, die den Kummer beheben können, es ist ein - ich möchte sagen - sichtbarer Schmerz. Anders der Kummer eines abgeschiedenen Geistes. Solche mediale Menschen müssen lernen, die verirrten oder noch irrenden Geistwesen Abgeschiedener auf den rechten Weg zu lenken, ihnen durch gute Worte und liebevolles Zureden klarzumachen versuchen, daß sie nun in einem anderen Reich leben und daß sie nichts erreichen können, wenn sie sich weiterhin an sie klammern. Anders ist es mit süchtigen Seelen. Für sie braucht es schon ein energisches Eingreifen, um sie abzuweisen - und nicht selten kehren sie wieder, wenn sie auch schon zum Verlassen des fremden materiellen Körpers gezwungen wurden.

Ich habe schon an verschiedenen Stellen darauf hingewiesen, daß es Mittel gibt, um besessen machende Geister auszutreiben und daß neben der Stärkung des eigenen Willens, ich meine den Willen des Besessenen, auch mechanische Einflüsse, wie Elektrizität - Erfolg bringen können.

Notwendig ist aber vor allem das Erkennen der Besessenen und der genauen Auswirkungen, die von dem fremden Wesen herkommen und nicht im irdischen Menschen begründet sein können. Es wird wohl bald möglich sein, auf diesem Boden einige Beweise zu erbringen. Dies ist die Voraussetzung dafür, daß man meinen Worten Glauben schenkt. Wenn ein Patient den besten Willen zeigt, auf eine Sucht zu verzichten und unbeeinflußt von irdischen Mitteln keine Gefahr und kein Mittel scheut, um weiter ganz gegen seinen innersten Wunsch sich Verfehlungen und Übertreibungen hinzugeben, die - wie gesagt - zu seinem sonstigen Wesen in krassem Widerspruch

stehen, dann ist es sicherlich richtig, die Methoden anzuwenden, die nicht in den Lehrbüchern der Neurologie und Psychiatrie stehen, die aber dorthin gehören, genau wie die Abhandlung über Nervenreflexe und Neurosen.
Ein Widerspruch scheint noch der Aufklärung zu bedürfen. Ich sprach von labilen Menschen und daß unterentwickelte Geistwesen sich nur gleichartiger Irdischer bedienen, anderseits aber von dem Entgegengesetzten im Wesen eines Besessenen, dessen Süchte mit dem sonstigen Charakterbild unvereinbar sind. Wie schon öfter hervorgehoben ist es auch hier notwendig, zu unterscheiden zwischen der gesellschaftlichen Stellung, dem Ansehen im materiellen Sinn und der Entwicklung im Geistigen, die für den materiellen Menschen oft nicht oder nur selten zu erkennen ist.
Das Bild, das der irdische Arzt von einem Menschen erhält, ist geformt und beeinflußt von Milieu und Sitte, von Erziehung und geistiger Bildung im materiellen Sinn. Oft steht das schönste Charakterbild in krassem Gegensatz zur seelischen und geistigen Entwicklungsstufe, fehlt die Harmonie zwischen Seele und Geistwesen und geben damit Einflüssen störender und zerstörender Art den Weg frei ins Innerste.
Wie vieles muß der Arzt wissen und vom Wesen und der Art des Individuums erkennen lernen, will er Gutes tun und zum Fortschritt helfen. Er wird bald einsehen, daß seine Erfolgsmöglichkeiten eng begrenzt sind, wenn er sich nur auf eigenes Wissen und Denken verläßt. Genug für heute.

25. KAPITEL
Der Einfluß des Außerirdischen auf die materielle Welt und die Entwicklung der Menschheit.

Wir haben gestern festgehalten, daß es verschiedene psychische Fehlhaltungen, Krankheiten und Belastungen gibt, die den Menschen in seiner irdischen Laufbahn hemmen und stören können. Die Betrachtung im allgemeinen oder in Aufzählung der häufigsten Erscheinungen behalte ich mir für ein späteres Kapitel vor.
In dem begonnenen Zusammenhang will ich von den Belastungen sprechen, die durch fremde Geistwesen verursacht werden, die ohne Wissen des Betroffenen von seinem Körper Besitz ergreifen, das rechtmäßig darin wohnende Geistwesen verdrängen oder in bestimmten Lebensäußerungen zu Hand-

lungen zwingen, die den Wünschen und Absichten des Betroffenen widersprechen oder ohne sein Zutun erfüllt werden müssen.
Wie ist das konkret vorzustellen, wird man mich fragen. Das ist im Grunde genommen sehr einfach.
Der Wille des Menschen ist frei, haben wir schon gelernt, aber er ist beeinflußbar und lenkbar. In allen Graden bis zum Zwang von Außen, in der Erziehung durch Gesetz und Recht etc. kommt dies zum Ausdruck. Immer aber feststellbar nach der Ursache und Notwendigkeit.
Im Falle der Besessenheit kommt der eigene Wille auch nicht zu seinem Recht und kann sich nicht durchsetzen, aber in diesem Fall erkennen wir nicht die Ursache oder Triebfeder, die Behinderung oder den Antrieb.
Kein Mensch kann seinen freien Willen aus eigenem ausschalten, er kann unterlassen, was er ursprünglich wollte, aber er kann nicht umgekehrt ohne seinen Willen eine Tätigkeit forcieren, übertreiben oder Dinge tun, die ihm fremd sind.
Häufiger als man bisher angenommen hat, sind Menschen von fremden Kräften geleitet und verleitet, und deshalb wagt auch der Betroffene kaum, daran zu denken, daß das, was er tut, nicht in seinem Gehirn aus freien Stücken veranlaßt ist.
Es ist ein schwieriges Kapitel, das - wie ich schon einmal angedeutet habe - in das Rechtsleben eingreift, auf die Beurteilung von Untat und Zwang einen bedeutenden Einfluß hat. Trotzdem muß dieses heiße Eisen einmal mit aller Kraft angefaßt und Klarheit geschaffen werden darüber, wo die Grenzen liegen und wie man sie finden kann. Nur ernsthafte Psychologen können sich in Verbindung mit der Gerichtsbarkeit und medizinischen Fachkreisen darüber wagen und im Verein mit jenseitigen Führern die Wege ebnen.
Der Mensch, der von einem fremden Geistwesen in zerstörender rücksichtsloser Weise besessen ist zeigt Lebensäußerungen, die dem normalen, gesunden Menschen fremd sind oder über das normale Maß hinausgehen. Im allgemeinen kennt der gesunde Mensch, ich möchte sagen jeder Mensch, die Grenzen einer normalen Lebensführung und ist von Natur aus bestrebt, die Grenzen zu wahren und seinen Fortschritt zu fördern. Ganz unbewußt und im Innersten verborgen liegt dieses Streben und ist jedem Individuum angeboren.
Das Milieu, in das er hineinwächst, bringt oft andere Grenzen zum Bewußtsein und trotzdem ist eine Übertretung der normalen Grenzen nicht unbedingt daraus abzuleiten. Meist erregt sogar eine Übertreibung in irgendeiner

Richtung einen inneren Widerstand, der früher oder später sein Ziel zu erreichen sucht und sich frei entfalten und entwickeln will in dem Rahmen, den eben das Individuum für sich in Anspruch nimmt auf Grund seines mitgebrachten Programms.
Wir wollen stets dabei bedenken, daß wir nicht von völlig unterentwickelten und rückständigen Geistwesen sprechen, sondern von solchen, die mit besten Absichten und dem Wunsch nach Aufstieg und Höherentwicklung auf die materielle Welt kommen. Nicht alle aber haben - wie ich schon hingewiesen habe - die Kraft, sich gegen alle bösen und hemmenden Einflüsse durchzusetzen. Die materielle Lebensauffassung behindert in erster Linie ihren Aufstieg und reißt sie oft von der vorgenommenen Bahn.
Es ist nicht richtig, diese Seelen zu bedauern und anzunehmen, daß es ein großes Verbrechen darstellt, wenn sie in diesem Erdendasein nicht erfüllen, was sie sich vorgenommen haben. Die Erkenntnis ist wohl bitter, wenn sie nach dem irdischen Dasein von hier aus feststellen müssen, wie wenige Schritte sie vorwärts gekommen sind.
Wir wollen aber eben von diesen schwachen Seelen sprechen, die unserer Hilfe bedürfen, bei denen es lohnt, die Mühe auf sich zu nehmen und alle Anstrengungen zu machen, damit ihr vorgenommener Fortschritt und Lebensweg auch vollendet wird. Ich weiß aus Erfahrung, wie viele Menschen darunter leiden und wie viele Ärzte bemüht sind zu helfen.
Ich habe auch in meiner Praxis oft erkannt, daß das, was ein Mensch sagt oder tut seinem Wesen und seiner Art nicht entspricht. Ich war aber gezwungen, es als seine Lebensäußerung anzunehmen und ihn manchmal recht hart deshalb zur Rede zu stellen und zu tadeln. Wie sehr ich oft im Unrecht war, ist mir heute völlig klar und deshalb will ich versuchen, meine Nachfolger auf diesem Gebiet zu unterweisen, ihnen behilflich zu sein, die wahren Täter zu ermitteln, das heißt festzustellen, daß andere die Übeltäter sind und nicht die in Behandlung stehenden oder der Justiz ausgelieferten Personen.
In krassen Fällen wird es möglich sein, ohne Zuhilfenahme jenseitiger Führer die Lösung zu finden. Nur der Mut muß gefunden werden, den Tatsachen offen ins Antlitz zu sehen und mit geeigneten Mitteln zu begegnen. Nicht mit Medikamenten, Kuren und psychischer Behandlung wird da ein Erfolg zu erwarten sein, sondern nur auf dem Weg der Austreibung. Bevor der Arzt zu diesem Schritt entschlossen sein darf, soll alles versucht werden, was in der Behandlung von Fehlhaltungen zu Gebote steht, wenn diese aus dem Individuum selbst herrühren. Aber nur in Güte und großem Einfühlungsver-

mögen, immer geleitet von dem Gedanken, daß harte Worte zu Unrecht treffen können, wenn fremde Einflüsse vorliegen sollten. Haben alle Mittel nicht zum Ziel geführt oder ist Rückfälligkeit eingetreten, ohne daß der Mensch sich erklären kann, wie solches geschehen konnte, dann bleibt nur noch der Weg zum jenseitigen Bereich und seinen helfenden Geistern.

Kein Arzt muß befürchten, daß er vielleicht selbst in den Bann solcher Störenfriede gezogen wird, wenn er gegen sie zu kämpfen beginnt. Befassung mit Spiritismus ist es, was die Menschen in Gefahr bringt, das heißt Beschwörung von Geistwesen, Verbindung mit solchen in unerlaubter Weise aus Sensationsgier oder flachem Interesse, nicht aber die ehrliche Zwiesprache, die mit Geistwesen angestrebt wird, die ihre Lage verkennen und sich und andere unglücklich machen.

Jede Betätigung, die nur in der Absicht, Gutes zu tun, unternommen wird, kann nur segenbringend für alle Teile enden. Der ausgetriebene Geist wird genauso zum Guten geleitet wie der Besessene, der von ihm befreit wird.

Vor allem ist es aber notwendig, daß endlich die Einsicht reift und festen Boden begründet, daß die irdische Welt mit der jenseitigen so innig verbunden ist, daß beide ineinander fließen und nicht voneinander getrennt betrachtet werden können - ich meine in ihrer Existenz -, denn eine ist von der anderen abhängig.

Die Weiterentwicklung im Irdischen kann ohne den Einfluß und die Hilfe des Außerirdischen nicht gedacht werden und umgekehrt ist die irdische Welt der Prüfstein für die Entwicklung der Geistwesen, die im Jenseits ihren Fortschritt gesucht haben und ihn nun unter Beweis stellen wollen, wozu sie wieder im irdischen Bereich dienen, leiden und streben müssen. Diese Wahrheit ist so klar und eindeutig, daß sie kaum einer nachdrücklichen Erwähnung bedürfte.

Es zeigt aber in erstaunlichem Maße die Unreife der irdischen Welt, die sich über alle Naturgesetze hinwegzuheben trachtet und mißachtet, was aus ihr noch unbekannten Regionen kommt. Ich bin nicht berufen, Naturwissenschaft zu vermitteln und neue Lehren auf diesem Gebiet aufzustellen, wenngleich ich heute wohl in der Lage wäre, manches, was ich in der Schule über unsere Welt und das Weltall gelernt habe zu widerlegen und durch richtige Auffassung zu ersetzen. Freilich ist das für mich nicht schwierig, da ich, auf hoher Warte stehend weiter sehe und erkenne, wo wir irren und korrigieren müssen.

Viele Irrtümer sind verzeihlich und bedürfen keiner Sühne, sondern sind ehrlich gemeinte Auffassungen, die - verursacht durch den engen Horizont - nun einmal entstanden sind und von denen sich zu distanzieren sicher nicht leicht ist. Sobald aber die Auffassungen so weit gehen, daß die Menschen sich als göttliche Geschöpfe ersten Ranges sehen, dann ist es wohl sträfliche Überheblichkeit und daraus allein fließt die Abneigung gegen die Wahrheit, ich will sagen der Widerstand gegen das, was die Wahrheit bedeutet und dem sich die kleinen irdischen Individuen bereitwilligst und in reinster Absicht und gutem Willen unterstellen sollen.

Der Machttraum ist ausgeträumt, sobald die Menschen ehrlich überzeugt sein werden, daß sie ganz kleine, unbedeutende Wesen im unendlichen Weltall sind. Ihr Streben wird und muß sich anderen Zielen zuwenden als nach Macht, Hab und Gut und persönlicher Geltung.

Das Bewußtsein, daß nicht der Mensch, der materielle Erdenbürger die Geschicke der irdischen Welt lenkt, muß zum Durchbruch kommen und das Erkennen, daß die Verbindung mit der die Geschicke der Welt lenkenden Allmacht möglich und notwendig ist für den geistigen Fortschritt, muß das Denken der Menschen mehr und mehr umformen und zu einem ganz neuen, geänderten Lebensstil führen. Das ist die Voraussetzung, die eine Ordnung im geistigen Bereich bedeuten wird.

Die Menschen werden die Fähigkeit erlangen, abgeschiedene Geister entsprechend aufzuklären und Störungen zu beseitigen, die bisher noch in verheerendem Maße ihr Unwesen treiben dürfen, in und um die Menschheit. Alle Anzeichen weisen aber schon in diese Richtung, und bald, wenn auch nicht nach irdischer Zeitrechnung, wird eine Wandlung in diesem Sinne erwartet werden dürfen. Soviel für heute.

26. KAPITEL
Dozent Nowotny bietet seine Hilfe an.
Das rechte Maß der Lebensaufgaben.

Wir wollen heute davon sprechen, wie wir es bewerkstelligen können, daß das, was ich in meinen letzten Abschnitten sagte bewiesen und verwirklicht wird. Ich werde den Weg weisen, ohne vorher darüber im einzelnen zu diskutieren. Es wird uns ein Fall zugebracht werden von einem ernsthaften Forscher, und er wird mit meiner Hilfe eine regelrechte Austreibung vornehmen und danach feststellen können, daß der Patient geheilt ist.

Ich betone aber nochmals, daß es nicht ausgeschlossen ist, daß ein auf diese Weise geheilter Mensch abermals von störenden Geistwesen belastet wird. Es sei denn, daß er längere Zeit hindurch auch nach seiner Heilung unter der Aufsicht seines Arztes, der ihn befreit hat, bleibt und seine eigenen Kräfte, seine Seele so gestärkt werden, daß er selbst genügend Abwehr in sich fühlt und gegen unerwünschte Eindringlinge aufbringt.

Damit wird der erste große Schritt getan sein. Nicht der erste seit Bestehen der Welt, nein, viele große Geister vergangener Zeiten haben dasselbe erkannt und mit ihren medialen Fähigkeiten den Kontakt mit den Geistern in guter Absicht und zum Heil der Menschheit aufgenommen.

Es gibt darüber auch gute Literatur von Ärzten eines fernen Kontinents, die regelrecht mit Hilfe guter Medien solche - ich möchte sagen - psychische und geistige Behandlungen vorgenommen haben. Ihre Tätigkeit war, wenn auch im kleinen Rahmen eine sehr segensreiche und sollte mehr als alle Lehrbücher den Psychiatern zur Aufklärung dienen und Wegweiser sein.

Ich will damit sagen, daß ich wahrlich nichts Neues bringe mit meinen Feststellungen und Lehrsätzen. Ich will nur in gleicher Weise Helfer sein und im Unterschied zu den Vorkämpfern auf diesem Gebiet aus dem jenseitigen Bereich Lenker und Führer sein, wie diese großen Männer es im irdischen Bereich gewesen sind.

Wie schon erwähnt ist es für mich ein leichtes, die Diagnose in solchen Fällen zu stellen, da ich die belastenden Geistwesen sehen kann. Ein Irrtum meinerseits ist damit ausgeschlossen und der Erfolg im konkreten Fall unumstößlich sicher.

Ich will in Kürze auf das Thema zurückkommen und mich jetzt einem neuen Abschnitt zuwenden, der bisher noch zuwenig Beachtung gefunden hat: seelische Leiden, die auf Unkenntnis vom wirklichen Sinn des Lebens zurückzuführen sind und die den größten Teil aller seelisch Kranken ausmachen.

Wir haben schon angedeutet, wie wichtig es ist, eine gute, gesunde Lebensauffassung zu haben und sich eine Einstellung zu den Pflichten und Aufgaben des irdischen Lebens zurechtzulegen, die für jeden Menschen, ob hoch, ob niedrig, in irgendeiner Richtung gleich schwierig sind und deren Meisterung alle Kräfte erfordert ohne Unterschied der Klasse und des materiellen Ranges. Wie viele Menschen leiden darunter, daß sie in schlechteren materiellen Verhältnissen leben müssen als andere, ohne zu erkennen, daß

ihre Aufgaben ganz dem angepaßt und so zugemessen sind, wie es eben in ihrer eigenen Kraft liegt und begründet sein kann.
Die Betrachtungsweise ist es, auf die es ankommt und die zu vermitteln ist Aufgabe des Arztes. Ich will eine kleine Unterrichtsstunde geben, damit es klar wird, was ich meine. Die Menschen sind der Auffassung, daß sie alles zu tun hätten, um ihr Glück auf dieser Welt, ihr Wohlergehen zu steigern und sehen darin die Bestätigung für ein richtiges Verhalten, für ein Streben nach Ehre, Ruhm und Ansehen, nach Gut und Geld.
Wenn nun ein Patient sieht, daß ihm keine Möglichkeit geboten ist, sich in diesen erstrebenswerten, ich meine seiner Ansicht nach erstrebenswerten Eigenschaften und Attributen zu bewähren, seine geistige Reife, seine Schulbildung und Erziehung aber darauf hinzuweisen scheinen, daß er zu sogenanntem "Höherem" befähigt wäre, dann gerät er in einen Zwiespalt mit sich selbst und verliert die rechte Einstellung zu seiner Lebenslinie. Da muß eingegriffen werden.
Es muß zum Allgemeingut werden, daß der Mensch nicht auf dieser Welt ist, um nur seinem Milieu gerecht zu werden, sondern, abgesehen von der erforderlichen Anpassung und der Einfügung und Vereinigung mit der Umgebung, seine Aufgaben zu erfüllen hat, die ihm programmgemäß - möchte ich sagen - in den Schoß gelegt werden.
Hat der Mensch die Überzeugung gewonnen, daß es keinen Zufall gibt, daß Fügung und selbstgewähltes Schicksal den Lebensweg vorzeichnen, dann wird er mit Gleichmut und Ruhe an die schwersten Aufgaben herangehen und mit der Zuversicht zu meistern wissen, was innerer Widerstand und Zweifel an der Gerechtigkeit ihn niemals bewältigen ließen.
Keinem Menschen werden schwerere Aufgaben zugewiesen oder aufgetragen, als er zu vollbringen in der Lage ist. Die feste Überzeugung von dieser grundlegenden Wahrheit mag manchem ein Hinweis dafür sein, daß große Aufgaben, ich meine natürlich nicht solche, die rein aus der Materie geboren und nur zu materiellem Erfolg führend das Lebensbild beherrschen, sondern solche Aufgaben, die einen geistigen Fortschritt bedeuten, die zum Wohle der gesamten Menschheit oder auch nur eines Einzigen geleistet werden.
Die Höhe seiner Entwicklungsstufe mag jeder für sich daraus ableiten und Glück und Freude darüber empfinden, daß er zu großen, schweren Leistungen befähigt und - ich will sagen - berufen ist. Solche Einstellung, solches Wissen, müssen gute Führer und Helfer der Menschheit den an ihrem Lebenszweck und Ziel verzweifelnden Schützlingen vermitteln.

Das Selbstvertrauen wächst nicht mit der Bewältigung von Aufgaben, die unter der Leistungskraft des Individuums liegen, sondern nur mit Leistungen, die alle Kräfte beanspruchen und den Einsatz der ganzen Persönlichkeit erfordern. Das ist eine weitere grundlegende Lebenswahrheit, die sehr der Beachtung bedarf.

Es ist nicht von großer Bedeutung, ob der Mensch sich gewachsen sieht oder nicht; er muß nur den Mut haben, anzufassen und mehr erreichen wollen, als er seinen Kräften zutraut. Ich bin etwas vom Thema abgewichen. Es ist aber im Zusammenhang mit einer richtigen Lebensauffassung von großer Wichtigkeit, die Mittel dort anzusetzen, wo sie gebraucht werden und wo sich Lücken zeigen, die geschlossen werden müssen.

Jeder Mensch hat seine ihm allein adäquate Lebensauffassung, das habe ich schon an anderer Stelle ausgeführt und demgemäß muß die Grundwahrheit dieser Auffassung angepaßt werden und die Forderung nach Leistung und Streben auf dem irdischen Lebensweg genau abgewogen werden. Zu hoch gespannte Forderungen werden Entmutigung nach sich ziehen, zu geringe eine Unsicherheit in bezug auf die gewollte und mit den zu Gebote stehenden Kräften nicht im Einklang stehende Aufgabe.

Immer aber muß die Grundlage für eine erfolgreiche Behandlung das richtige Erkennen der Lebenslinie und die Überzeugung vom Wert eines leidvollen schweren Lebens sein.

Kaum ein Patient, der einer höheren Entwicklungsstufe angehört, wird diesen Argumenten ablehnend gegenüberstehen. Wir wissen aus Erfahrung, daß Depressionen, ich meine solche, die im Individuum selbst begründet sind, bei geistig höher stehenden Menschen in höherer Zahl zu finden sind als bei Primitiven und Unterentwickelten. Solche machen sich keine schweren Gedanken über ihr Ziel im irdischen Leben. Anders die geistig Reiferen, die den Drang nach oben in sich fühlen, den Weg aber nicht finden können. Bisher war - wie schon an anderer Stelle gesagt - der materielle Erfolg im Leben der Maßstab für den Wert des Menschen, für die Beurteilung, wieweit das Lebensziel erreicht wurde. Tüchtigkeit ist ein Begriff, der nur in Zusammenhang mit Materie existiert, obwohl man sehr vorsichtig mit diesem Werturteil verfahren sollte. Ja, man darf von tüchtigen Menschen sprechen, wenn sie neben ihrer geistigen und seelischen Entwicklung auch materiellen Erfolg zu erzielen wissen.

Es muß aber grundsätzlich geänderte Auffassung Platz greifen, will man ein richtiges Werturteil erreichen und leidenden Menschen aus ihrer Sackgasse heraushelfen.

Ich habe oft in meiner irdischen Praxis feststellen müssen, daß Menschen, die in größtem Wohlstand lebten und in materieller Beziehung nichts zu wünschen übrig hatten, in kläglicher seelischer Verfassung waren. Man schalt sie undankbar, da sie doch so reich gesegnet waren, keine Sorgen um ihr tägliches Brot kannten und es wollte uns so recht anmuten, als sei es eine abwegige Forderung an das Schicksal, darüber hinaus noch mehr zu begehren.

Es ist nicht so, denn alle materiellen Güter dieser Welt können nicht ersetzen, was dem Menschen fehlt, um die Lebensaufgaben zu erfüllen, die er sich gestellt hat. Ich betone also nochmals, der Mensch muß erkennen lernen, daß alle Aufgaben, die er zu leisten hat seinen Kräften entsprechen, daß er mit dieser Überzeugung auch fähig ist, sie zu meistern und daß Unzufriedenheit mit materiellem Besitz seine Ursache darin hat, daß der Mensch seine Kräfte, die zu höheren Aufgaben befähigen nicht nutzen kann.

Der Arzt muß also einerseits Zuversicht und Selbstvertrauen, im anderen Fall Energie und Schaffensfreude, Verbundenheit mit der Gemeinschaft und Abkehr vom materiellen Wunschtraum vermitteln. In jedem Fall aber muß das Individuum eingehend studiert und der Grad seiner geistigen und seelischen Reife, seine Einstellung zur Gemeinschaft klar ermittelt werden, damit das rechte Maß gefunden wird im Wegweisen und in der Bewertung seiner Kräfte und Leistungen.

Wir wollen heute schließen und morgen damit beginnen, die Ursachen von seelischen Leiden im einzelnen genauer zu betrachten

27. KAPITEL
Erkennen der Ursachen psychischer Leiden und ihre Bekämpfung.

Gestern sprach ich von der Behandlung oder besser gesagt Erforschung seelischer Erkrankungen bezogen auf ihre Ursache.
So wie es überhaupt stets notwendig ist, das Übel bei der Wurzel zu fassen, so ist es besonders bei psychischen Leiden, die nur dadurch geheilt werden können, daß die Ursachen aus der Welt geschafft werden. Ja, aus der Welt schaffen muß man sie, aus der Welt, die für jeden Menschen ein genau

umgrenzter Raum, ein abgegrenztes Gebiet ist, in dem er lebt, in dem er sich bewähren will und muß und der den Inhalt seines Lebens ausmacht und bestimmt.

So mannigfaltig wie diese Welten sind, so mannigfaltig sind die Ursachen für die Fehlhaltungen und Irrtümer, die - wie wir schon wissen - die Seele beeinträchtigen, ihre Kraft vermindern und so Störungen im Zusammenklang von Seele und Geist, ungleichmäßige Entwicklung und Disharmonie verursachen. Aus der Welt schaffen heißt also hier, aus dem Gesichtskreis rücken, die Bedeutung, ich will sagen, die Schwere der Einflüsse vermindern durch Aufklärung und Ablenkung, je nach dem, ob es sich um Störungen handelt, die beseitigt werden können, oder um solche, die ertragen werden müssen und deren Wirkung herabgemindert, ja bagatellisiert werden kann.

Ein Mensch, der sich einer Aufgabe gegenübersieht, die er nicht zu meistern in der Lage zu sein glaubt, wird stets nur an den Mißerfolg denken, der ihm bevorsteht, oft hervorgerufen durch Mißtrauen, das ihm von einem Vorgesetzten, von Eltern und Erziehern und so weiter entgegengebracht wird.

Solche Ursachen findet man sehr leicht und sie zu beseitigen kann nicht sehr schwierig sein, wenn man zu der Überzeugung kommt, daß es an den Fähigkeiten des Menschen nicht mangelt.

Anders, wenn es den Tatsachen entspricht und anzunehmen ist, daß der Mißerfolg eintreten muß, wenn der Mensch es unternimmt, um jeden Preis die gewünschte Leistung vollbringen zu wollen. Dann ist es Aufgabe des Arztes oder Erziehers, je nachdem in welcher Lage der Mensch sich befindet, ihn von dem Vorhaben abzubringen, denn eine Enttäuschung in der eigenen Leistungsfähigkeit bringt Entmutigung und Verzicht auf Vorwärtsstreben und das muß vermieden werden.

Wie man sieht, ist es in erster Linie notwendig, die Menschen daraufhin zu prüfen, wo die Grenzen ihrer Leistungsfähigkeit liegen. Leistungsfähigkeit bezieht sich aber auf alle Bereiche des menschlichen Daseins. Körperlich, seelisch und geistig müssen Leistungen vollbracht werden und dazu sind sehr verschiedene Kräfte erforderlich. Will man also einem seelisch kranken oder - besser gesagt - leidenden Menschen auf den rechten Weg helfen, dann muß man sehr vorsichtig und gewissenhaft ans Werk gehen. Erst ist der körperliche Zustand zu prüfen und Mängel an Organen oder schwere Schädigungen durch unrichtige Lebensweise zu beheben, soweit dies der Zustand des Patienten überhaupt zuläßt.

Organische Mängel lassen schon von vornherein oft auf bestimmte psychische Fehlhaltungen schließen, die sich leicht feststellen lassen ohne besondere und eingehende Diagnosen zu erstellen. Ein Mensch, der an einem Gallenleiden erkrankt ist, hat sich lange Zeit hindurch mit Gedanken gequält und bedrückt, die eine starke Sekretion verursachen und damit eine Überbeanspruchung der Galle oder auch der Leber zur Folge haben.

Ich sagte schon zu Beginn meiner Arbeit, daß jede Krankheit ihren Sitz in der Seele hat und gerade die Auswirkung auf Galle und Leber ist ein eindeutiger Beweis dafür. Eine bereits überbelastete Galle reagiert bei der geringsten Erregung und verursacht oft fast unerträgliche Schmerzen. Will man solche Leiden behandeln, so muß man vor allem das Seelenleben, das psychische Verhalten des Menschen kennen. Bevor man mit Medikamenten - und wären es noch so wirksame - beginnt, müssen die seelischen Belastungen beseitigt werden.

Ich will damit wieder und immer wieder erklären, daß Symptome beseitigen soviel bedeutet, als das Pferd beim Schwanz aufzuzäumen. Betäubt man aber die Schmerzen, so gerät man in den Irrtum, daß der Mensch geheilt sei und das birgt eine große Gefahr in sich.

Warum findet man so viele Menschen, die nach Heilung eines organischen Leidens kurz darauf in ein Neues und mindestens ebenso Schweres fallen? Einzig und allein deshalb, weil die Seele krank ist und sich sofort auf ein anderes Organ in störender oder zerstörender Weise auswirkt, wenn das erste beseitigt oder ausgeschaltet ist. Es ist also keine endgültige Heilung möglich, wenn nicht gleichzeitig mit dem kranken Organ auch die schwache oder kranke oder behinderte Seele in Betracht gezogen wird.

Ein Organ behandeln oder heilen ist medizinisches Handwerk, sicher notwendig und nicht zu unterschätzen in seinem stets zunehmenden Fortschritt, aber es ist Stückwerk und oft nur zum Schein von Erfolg, da die Ursachen geblieben sind und anderweitig ihre Zerstörung oder doch Schädigung fortsetzen.

Jeder Arzt, der ein Organ behandelt, muß daher auch Seelenarzt sein, will er wahrhaft Erfolg bringen und über den reinen Handwerker hinauswachsen.

Die medizinische Wissenschaft ist in Sparten geteilt und ihre Vertreter sind mehr oder weniger gute und ernsthafte Spezialisten. Das ist ein Unding. Es kann kein Arzt einen Menschen richtig behandeln, wenn er ihn nicht in seinem ganzen Wesen, in seiner ganzen Persönlichkeit erfassen kann. Es wäre deshalb von größter Wichtigkeit, daß die großen Spezialisten sich zusammentun und gemeinsam Forschungen anstellen, ihre Erfahrungen austauschen, statt sich jeder allein auf ein Podest zu stellen und über alle anderen hinweg zu versuchen und zu operieren usw.

Ein Individuum ist ein Ganzes und läßt sich nicht in seine Organe zerlegen. Alle wirken sinnvoll und gesetzmäßig zusammen und keines kann ohne Schaden für ein anderes ausgeschaltet werden. Lassen wir die Ärzte aber vorläufig ruhig so weiter machen, jeden für sich und - ich möchte sagen - mehr oder weniger unabhängig voneinander; aber trachten wir deshalb doch, mehr als bisher die Seele zu betrachten und die Ärzte oder Führer, Psychologen oder wie sie sich nennen wollen, mehr zu beachten als alle anderen. Keine organische Behandlung sollte durchgeführt werden, ohne daß eine psychische Behandlung eingeschlossen wird durch den Spezialisten selbst oder doch durch einen besonders dafür zugezogenen Psychologen, womit ich alle Neurologen, Psychiater und psychologisch gebildeten Ärzte verstehe.

Nicht genug kann ich von diesen Dingen sprechen, da die Medizin auf falschen Wegen wandelt oder, besser gesagt, weil sie die Urgrundlagen des menschlichen Organismus, die Triebfeder allen Lebens geringschätzt und beiseite schiebt.

Ja und da sind wir wieder bei dem Punkt angelangt, über den ich schon so viel gesprochen habe. Es ist die ewige Scheu, den Dingen offen ins Gesicht zu sehen, das, was nur in Ahnung und Vermutung vorhanden ist, unter die Lupe zu nehmen und ehrlich zuzugeben, daß es eben Dinge gibt, die der Mensch nicht aus eigener Kraft erkennen und erklären kann und die doch da sein müssen, weil sonst die ganze Weltordnung nicht ausgedrückt und anerkannt werden könnte.

Und wieder muß ich darauf zu sprechen kommen, daß nicht früher Klarheit auf diesem Gebiet herrschen wird, als bis große Wissenschaftler den Mut aufbringen werden, die Verbindungen in Anspruch zu nehmen, die ihnen angeboten werden, um Beweise für die Richtigkeit des hier Niedergelegten zu erhalten. Es gibt keine Gefahr dabei, sobald gute Absichten den zu solcher Betätigung berufenen Arzt veranlassen, Versuche anzustellen.

Warum begnügt sich die Wissenschaft mit Beweisen, daß eine Verbindung mit dem Jenseits tatsächlich gegeben und möglich ist? Nichts ist im Leben, im Weltall eingerichtet und begründet ohne einen ganz bestimmten Sinn und Zweck: Eine Verbindung mit jenseitigen Geistern muß deshalb auch immer einen Zweck erfüllen und davon hört man wohl nur sehr selten. Es ist die reine Sensationslust, die dazu treibt und ich behaupte sogar, daß Wissenschaftler, die sich damit befassen und in der Erkenntnis noch nicht weiter gekommen sind, als daß der Mensch weiter im geistigen Bereich existiert, nicht ernstzunehmen sind. Keiner muß den Glauben daran bestreiten oder leugnen, denn es ist eine unleugbare Tatsache.

Die Berufung zum Verkehr in wertvoller, segenbringender Weise darf jeder anstreben und für sich erbitten, ich will sagen, in stillem Gebet, im Vertrauen auf seinen geistigen Führer. Ist er dazu berufen und seine geistige Reife seinen Wünschen entsprechend, dann wird er bald ein Eingeweihter sein und die Kräfte zu heilendem und segensreichem Wirken empfinden.

Viele, sehr viele sind in dieser Weise begnadet - möchte ich sagen - ohne es zu wissen. Kommen sie aber zu der Überzeugung, daß das, was ich hier niederlege zutrifft und erstrebenswert ist, dann werden ihre Leistungen und Erfolge ein ungeahntes Maß erreichen.

Ich bin für heute wieder am Ende und stelle fest, daß ich wieder etwas vom Thema abgewichen bin. Es kann ja nicht anders sein, wenn man bei Betrachtung der irdischen Methoden in der Medizin die jenseitigen Gesichtspunkte - oder besser gesagt - die Blickrichtung einstellt, die sich zum Unterschied von der irdischen Auffassung von meinem doch etwas höheren Standpunkt ergibt. Gleichgültig über welche Krankheit wir zu sprechen unternehmen werden, es wird immer darauf hinauslaufen, daß die Ursache in der kranken Seele zu suchen ist. Darüber hinaus gibt es natürlich organische Leiden, die, wenn auch durch eine kranke Seele verursacht, noch sehr wenig erforscht und erkannt sind in Wirkung und Zusammenhang mit dem gesamten Organismus. Es wird also noch mancherlei zu besprechen geben, worüber ich in einem dritten Teil meine Erfahrungen und neuen Erkenntnisse festlegen werde, soweit es mir im Rahmen meines Auftrags erlaubt ist.

Unterlagenanforderung

Ich interessiere mich für folgende Produkte oder Dienstleistungen aus Ihrem Programm: (Gewünschtes bitte ankreuzen)

- ○ Katalysatoren für die Seele – Self-Heal Creme für die Erste Hilfe, Kräuterblütenöle zur Körpermassage
  - ○ Kalifornische (FES)-Blütenessenzen
  - ○ Australische Bush-Blütenessenzen
  - ○ Englische Healing Herbs-Blütenessenzen
  - ○ Hawaiische Aloha Tropen-Blütenessenzen
- ○ Umweltschonende und körperfreundliche Mittel zum Waschen, Reinigen und zur Körperpflege
- ○ Der Weg zur gesünderen Ernährung – Nahrungsergänzung, Vitamine, Minerale, Spurenelemente
- ○ Körperpflegeprodukte aus naturbelassener ALOE VERA
- ○ Körperöle und Salben mit feinstofflicher Wirkung – Chakraöle, Sternzeichenöle, Yin-Yang-Öl, AphroditE-ROSenöl, Metamorphosesalbe für die Fußreflexzonenmassage, Duftcremes, Planetenöle, Erzengelöle
- ○ Haarmineralienanalyse – um den Mineralhaushalt im Körper festzustellen
- ○ Ayurvedische Kräuterzahnpaste
- ○ Literatur aus dem LAREDO VERLAG für Gesundheit und ein positives Leben

Bitte einsenden an:

LAREDO VERLAG
Lebensfreundliche Produkte
Sonnenstraße 1
D-83339 Chieming

Tel. 0(049)8664-10 01
Fax 0(049)8664-10 65

Nov. I/II

Dozent Dr. Karl Nowotny
Mediale Schriften
Mitteilungen eines Arztes aus dem Jenseits

Dr. Karl Nowotny war Facharzt für Psychiatrie, Neurologie und Individualpsychologie an der Universitätsklinik in Wien. Zahlreiche wissenschaftliche Arbeiten wurden von ihm veröffentlicht. Nach seinem Tode meldete er sich über sein Medium Grete Schröder, die seine Vorträge niederschrieb. Die „*Medialen Schriften*" wenden sich an jeden Menschen. In einfacher und klarer Sprache stellen sie die Zusammenhänge mit dem Jenseits dar und weisen Wege zu einer guten Lebensauffassung im Diesseits.

Themenschwerpunkte in Band I
Geistwesen und geistige Tätigkeit.
Die kranke Seele als Ursache jeder Krankheit.
Zusammenwirken von Seele, Geist und Körper.
Von den äußeren Einflüssen auf die Seele.
Besessenheit und ihre Heilungsmethoden.
Grundlagen für die Entfaltung der Lebenskraft.
Beschäftigung mit Spiritismus und ihre Gefahren.
Verkehr mit der Geisterwelt und ihre Gefahren.
Die mediale Betätigung und die Berufung dazu.

Themenschwerpunkte in Band II
Vom Schicksal und vom Schicksalhaften.
Suggestion und Autosuggestion.
Menschenkenntnis und ihre praktische Anwendung.
Vom Einfluß vorangegangener Leben auf die Entwicklung im Irdischen.
Der Einfluß des Außerirdischen auf die materielle Welt und die Entwicklung der Menschheit.
Erkennen der Ursachen psychischer Leiden und ihre Bekämpfung.

Doppelband I/II ISBN 3-927518-19-8

Themenschwerpunkte in Band III
Unrichtige Auffassung vom Wert der triebhaften Liebe, ihre Gefahren und notwendige Aufklärung.
Über die Entartung durch Vererbung. Epilepsie und Multiple Sklerose und ihre Ursachen.
Hellsehen, eine mediale Fähigkeit.
Die Seele als Bindeglied zum geistigen Bereich.
Mut zur Wahrheit und seine Behinderung durch Milieu und Erziehung.
Armut und Reichtum als Basis für die Erfüllung der Lebensaufgaben.
Die Lüge, ein Attribut der Zivilisation.
Über die Irrwege abgeschiedener Geistwesen.
Über den Vorgang der Inkarnation.
Hysterie, ihre richtige Beurteilung und Behandlung.

Themenschwerpunkte in Band IV
Grundlegende Gedanken zum Einfluß geistiger Kräfte im materiellen Bereich.
Gedankenübertragung und ihre Wirkung auf jenseitige Geistwesen.
Über das Zustandekommen guter medialer Verbindungen.
Sinn und Zweck einer medialen Verbindung.
Richtige Auswahl der Themen, über die medial berichtet werden soll.
Über verschiedene Arten, wie sich Geistwesen bemerkbar machen können.
Mit Hilfe von »Geistärzten« durchgeführte Operationen.
Bewußtes Verlassen des materiellen Körpers.
Sinnlosigkeit und Gefahren solcher Experimente.
Erkennen eines fremden geistigen Einflusses.
Hindernisse in der Bekämpfung negativer Einflüsse.
Mediales Heilen und richtige Wahl der geistigen Kräfte.
Besessenheit und Wege zur Befreiung.
Notwendige Umstellung in der medizinischen Wissenschaft, vor allem auf dem Gebiet der psychischen und geistigen Krankheiten.

Doppelband III/IV ISBN 3-917518-20-4

Themenschwerpunkte in Band V
Beurteilung und richtige Auswahl geistiger Einflüsse.
Grundlagen und Erfordernisse für den geistigen Fortschritt der Menschheit.
Selbstbefreiung von geistiger Störung; religiöser Wahn; Auswirkung auf die Umgebung.
Spontanheilung.
Fremder Einfluß von „Stimmenhören" und Fehllenkung der Gedanken.
Depressionen und ihre Ursachen.
Einfluß geistiger Störungen auf den Organismus.
Unterscheidung zwischen geistiger Störung und Geisteskrankheit.
Spuk als Ursache von Angstneurosen. Zwang durch fremde Stimmen.
Vom irdischen Tod und den Folgen mangelnden Wissens.
Sexualität und ihre Bewertung.
Selbstmord und seine Folgen.
Umdenken in Kirche und Wissenschaft.

Themenschwerpunkte in Band VI
Grundlegende Gedanken über den Zusammenhang zwischen Geist und Materie. Der herrschende Zeitgeist.
Bewußte und unbewußte Kommunikation mit dem geistigen Bereich. Bewältigung des mitgebrachten Programms.
Ursachen geistiger Störungen im materiellen und geistigen Bereich.
Irrtum und Täuschung in der Beurteilung geistiger Phänomene.
Transzendentale Meditation und Voraussetzung zur Befreiung von dadurch verursachten Störungen.
Körperliche Leiden im Zusammenhang mit geistigen Störungen.
Die Aufgabe der Helfer, Abgrenzung zur Psychosomatik, Erziehung der Betreuer und des Milieus.
Verschiedene Arten unrichtiger Befassung mit Spiritismus.
Die zukünftigen Aufgaben der Wissenschaft.

Doppelband V/VI ISBN 3-927518-21-2

Sammelnummer für alle 3 Doppelbände ISBN 3-927518-22-0

NOSTRADAMUS
Seine Prophezeiungen
Die Urtexte – Neu übersetzt und kommentiert von Jean-Claude Pfändler

NOSTRADAMUS, der Arzt, Astrologe und Wahrsager des 16. Jahrhunderts verfaßte mit seinen 'Zenturien' einen Bestseller der esoterischen Literatur. Seine Weissagungen beziehen sich auf Europa, den Mittelmeerraum und den Vorderen Orient. Sie reichen weit ins vierte Jahrtausend hinein. Oft genug wurde in bisherigen Publikationen diesem Rahmen nicht Rechnung getragen. So entstand ein wild wucherndes Gestrüpp von Interpretationen und Mißdeutungen, das in der vorliegenden Ausgabe stark zurückgestutzt wird.

Die Übersetzung bemüht sich, so weit wie möglich dem mittelfranzösischen Original zu folgen – 'freie Übersetzungen' sind auf die nötigsten Fälle beschränkt.

Das Ziel des vorliegenden Buches besteht darin, eine verständliche und inhaltlich zutreffende Übersetzung der Prophezeiungen zu liefern, die v.a. als Grundlage für weitere Bearbeitungen dienen kann. Es wendet sich an ein breites Publikum, sowohl an 'Einsteiger', die sich aus erster Hand über dieses bedeutsame prophetische Werk informieren und selbst nachlesen wollen, was Nostradamus gesagt hat und was nicht, als auch an interessierte Kreise, die bereits mit dem Thema vertraut sind.

Wie damals Nostradamus, befinden wir uns auch heute in einer Zeitenwende. Die Neuübersetzung der authentischen Prophezeiungen – mit einer Fülle von Kommentaren – weist uns den Weg über die Jahrtausendschwelle.

ISBN 3-927518-32-8

William P. Lambert M.I.P.T.I., M.A.P.N.T.
Die Aura — dein Farbenkleid

Die menschliche Aura kann so faszinierend und wunderschön strahlen, jenseits jeglicher Darstellungsmöglichkeit weltlicher Künstler. Das kommt daher, daß die Aura in ihrer Erscheinung lebendig ist und sich als irisierende Schwingung in regenbogenartig strahlenden Farben entfaltet, die sich bewegen und pulsieren. Die Aura offenbart die Qualität, den Fortschritt und die Entwicklung einer Seele.

Das Buch enthält viele farbige Aurabilder und ist die Geschichte eigener Erfahrungen eines natürlich-sensitiven Menschen, der im Jahr 1983 plötzlich entdeckte, daß er Aurabilder malen konnte. 1985 zeichnete er erstmals mit geschlossenen Augen ein vollständig erkennbares Gesicht in das Aurabild eines Patienten.

Seither malte der Autor mehrere Tausend Auras aus der Inspiration heraus. Diese Bilder entstehen in Verbindung mit spiritueller Psychotherapie, um Probleme aus tieferen Ebenen des Bewußtseins zu klären. Ebenso werden die kosmischen Gesetze berücksichtigt.

William P. Lambert arbeitet seit 1970 als Heiler. 1976 trat er in das College White Lodge (Ausbildungszentrum für Geistheiler in England) ein. 1985 gab er seine damalige berufliche Tätigkeit auf und arbeitet seither als Lehrer für die White Lodge in England, Deutschland und Österreich.

William P. Lambert ist Gründer von „The Triad Center" in Horsham und unterrichtet dort für den West Sussex County Council. Er ist stellvertretender Vorsitzender der Sussex Spiritual Healers Association mit über 600 Mitgliedern.

ISBN 3-927518-14-X

Herbert Thelesklaf
Blüten heilen Kinderseelen

In unserer modernen, technologisch geprägten Zivilisation, erleben die Kinder vermehrt Traumen, wenn sie in das Erdendasein eintreten, in dem die Natur zunehmend verändert und gestört ist.
Es ist unser aller Aufgabe, Kinder zu unterstützen, unbefangen und voll Selbstvertrauen durchs Leben zu gehen und die Anforderungen ihrer wechselnden Lebensstationen wie Kindheit, Kindergarten, Schule und Berufsausbildung zu bestehen. Es ist wichtig, daß ein starkes Fundament entsteht, worauf sie als Erwachsene bauen und ihr Leben erfolgreich meistern können. Es gibt viele Wege, Kindern zu helfen, ihre inneren Kräfte in der physischen Welt harmonisch zu entwickeln. Eine natürliche Therapie, die auf der 'Mutterprache' der Erde gründet, ist sicherlich eine der sanftesten und angemessensten Möglichkeiten.
Blütenessenzen sind sowohl Bindeglieder zwischen Natur und Mensch wie auch zwischen Seele und Körper. Sie können viele körperliche Beschwerden erleichtern, aber ihre besondere Wirkung erfaßt die feinstofflichen Bereiche des menschlichen Seins, sie wirken über die Seele.
Besonders in der Therapie von Kindern (und des Kindes in jedem von uns) ist es überaus wichtig, die Botschaften der Seele zu verstehen. Kinder sind ja noch sehr offen und aufnahmefähig für subtile Einflüsse; daher ist auch die Wirkung von Blütenessenzen bei Kindern so groß. Viele Therapeuten berichten, daß Kinder auf die passende Essenz sehr positiv und oft in kürzerer Zeit als Erwachsene reagieren.
„Blüten heilen Kinderseelen" richtet sich in erster Linie an die Eltern. Es soll aber auch Therapeuten praktische Hinweise geben, welche Blütenessenzen gerade für Kinder hilfreich sind. Eine Sammlung ausgewählter Fallbeispiele ergänzt das Werk.

ISBN 3-927518-02-6

Ian White
Australische Busch-Blütenessenzen
Aus dem Englischen von Dirk Albrodt

Die heilenden Eigenschaften von Blütenessenzen anzuwenden, ist in vielen Kulturen eine sehr alte Kunst. Blütenessenzen sind sichere, kraftvolle Katalysatoren, die jeder nützen kann. Sie bringen nicht nur Klarheit und bewußtes Denken, sondern entwickeln auch viele intuitive Fähigkeiten. Negative Glaubensmuster können aufgelöst werden, denn die Blütenessenzen setzen unsere positiven Eigenschaften wie Liebe, Mut und Freude frei. Sie beeinflussen uns auf einer Ebene, auf der wir Entscheidungen über unsere Gefühle, über Gesundheit, Vitalität und Beziehungen treffen.

Die Familie des Naturheilers Ian White beschäftigt sich bereits seit fünf Generationen mit Pflanzenheilkunde. Auch er selbst hat lebenslang Studien betrieben und diese auf die blühenden Pflanzen des australischen Busches angewandt. Er zeigt uns, daß die Energien und Kräfte in Australien, dem ältesten Kontinent der Erde, sich in den heilenden Eigenschaften der Pflanzen manifestiert haben.

In dem Buch *„Australische Busch-Blütenessenzen"* gibt Ian White einen ebenso informativen wie persönlichen Eindruck über 50 Busch-Blütenessenzen aus ganz Australien, wie auch detaillierte Informationen über deren Herstellung und Gebrauch in allen Bereichen des menschlichen Lebens.

„Australische Busch-Blütenessenzen" ist ein umfangreiches und weitreichendes Werk, das den Leser in die Lage versetzt, durch die bewußte und kompetente Anwendung von Blütenessenzen Gesundheit, seelische Harmonie und Wohlbefinden zu erreichen.

ISBN 3-927518-24-7

Richard Katz/Patricia Kaminski
Blütenessenzen
Repertorium ihrer Wirkungsweisen

Sanfte Therapien nehmen mehr und mehr an Bedeutung zu. Blütenessenzen sind Katalysatoren für die Seele. Sie vermögen durch direkte und ausschließliche Einwirkung auf die Seele von Mensch, Tier und Pflanze, deren physische (körperliche) Leiden zu beeinflussen. Mehrmals am Tag angewendet, können sie unsere inneren Heilkräfte aktivieren.

Die Mitglieder der Flower Essence Society (FES) in Nevada City, USA, sind Therapeuten in aller Welt, die Forschungs- und Lehrprogramme durchführen, welche das Verständnis der Blütenessenzen als Therapie vertiefen.

Das Buch „*Blütenessenzen – Repertorium ihrer Wirkungsweisen*" ist das Ergebnis jahrelanger sorgfältiger Analysen von Fallstudien, klinischer Untersuchungen und von Berichten aus der Praxis. Es ist ein ausführliches Nachschlagewerk, sowohl über die 'Kalifornischen Blüten' als auch die '38 Bach-Blüten' und ist vorzüglich zur sicheren Auswahl der richtigen Blütenessenzen für den Therapeuten, wie auch für den Patienten geeignet.

Teil 1 des Repertoriums in deutscher Sprache gibt einen generellen Überblick. Er ist nach Symptomstichworten geordnet. Jeweils in kurzen Sätzen werden die 'positiven' wie auch die 'negativen' Qualitäten der Blütenessenzen beschrieben.

Teil 2 enthält in alphabetischer Reihenfolge die ausführliche Beschreibung der Wirkungen von ca. 135 Blütenessenzen sowie die Stichworte, unter denen sie in Teil 1 zu finden sind.

Das Buch „*Blütenessenzen – Repertorium ihrer Wirkungsweisen*" ist für den Umgang mit Blütenessenzen im privaten Bereich, wie auch in der Praxis, gleichermaßen gut geeignet.

ISBN 3-927518-38-7

Margriet Dudok van Heel
Bachblüten für Hunde und Pferde

Die Blütentherapie nach Dr. Edward Bach findet immer mehr Anerkennung und eine wachsende Anzahl von Menschen begeistert sich für die Verwendung der Bach-Blütenessenzen.

Es ist noch wenig bekannt, daß die Bach-Blütenessenzen außer bei Menschen auch bei Tieren hilfreich sein können.

Tiere können ebenfalls in die 38 Charaktertypen nach Dr. Bach eingeteilt werden. *„Bachblüten für Hunde und Pferde"* beleuchtet die spezifischen Probleme der 38 Charaktere und deren mögliche Behandlung. Es wird beschrieben, wie, wann und welche Bach-Blütenessenzen in den jeweiligen Fällen angewendet werden. In gesonderten Kapiteln wird die Aufmerksamkeit auf die sozialen Muster von Hunden und Pferden und die daraus resultierenden Probleme, sowie die Arbeitsweise und Zubereitung der Bach-Blütenessenzen gelenkt.

Aufgrund ihrer jahrelangen Arbeit mit Hunden und Pferden erhielt Margriet Dudok van Heel einen tiefen Einblick in die Psyche der Tiere. Basierend auf diesem Wissen und ihren Kenntnissen der Bach-Blütenessenzen, beschreibt die Autorin die passende Behandlung der Tiere ebenso wie den richtigen Umgang mit ihnen und deren Training, um diese (wieder) in ihr Gleichgewicht zu bringen.

„Bachblüten für Hunde und Pferde" wurde für einfühlsame Menschen geschrieben, die viel mit Hunden und Pferden zu tun haben. Die Erklärungen sind deutlich formuliert, so daß Hunde- und Pferdeliebhaber aller Art gerne dieses Buch lesen werden.

ISBN 3-927518-33-6

Penny Medeiros
Aloha – Hawaiische Tropenblütenessenzen

„*Aloha – Hawaiische Tropenblütenessenzen*" ist in erster Linie ein praktisches Selbsthilfebuch, das die 'seelenheilenden' und erhöhenden Energien von 70 hawaiischen Blütenessenzen beschreibt. Jede der beschriebenen Essenzen besitzt Schwingungseigenschaften, die Ausgeglichenheit und Harmonie in unser Leben bringen. Mittel für Beziehungs- und Selbstwertprobleme sowie Eigenverantwortlichkeit werden ebenso vorgestellt wie Blütenessenzen, um die innere Stärke für Inspiration, Kreativität, spirituelles Bewußtsein und vieles mehr zu erlangen.

Das Buch erschließt Möglichkeiten, den physischen Körper mit den feineren Dynamiken unserer psychologischen und spirituellen Aspekte zu vereinen. Schritt für Schritt präsentiert die Autorin Möglichkeiten, um die geeigneten Blütenessenzen für sich selbst und andere auszuwählen.

Für den esoterisch orientierten Leser eröffnet sich ein inspirierender kosmischer Überblick über das Heilsystem der Blütenessenzen auf unserem Planeten. Ungewöhnliche Informationen über das Reich der Devas (Feen) werden offenbart, die uns zeigen, wie die archetypischen Pflanzenarten kreiert und durch die Devas in die physische Existenz geboren wurden, um das Pflanzenwachstum zu stimulieren.

ISBN 3-927518-27-1

Herbert Thelesklaf
HO'OPILI-Blütenkarten mit der Kraft der ALOHA Tropenblütenessenzen

'HO'OPILI' bedeutet 'in Übereinstimmung sein' oder 'verbunden sein mit'.
'ALOHA' bedeutet 'freudiges Teilen der Lebensenergie in der Gegenwart'.
'MANA' bedeutet 'spirituelle Lebensenergie'.
Die HO'OPILI-Blütenkarten sind eine Synthese von 'HO'OPILI', 'ALOHA', 'MANA' und den Affirmationen der ALOHA Tropenblütenessenzen. Mit ihrer Unterstützung können sie Ihre momentane Lebenssituation verbessern. Sie sind auch ein Hilfsmittel zur diagnostischen Auswahl der Blütenessenzen.

Das HO'OPILI-Kartenset besteht aus 72 Karten in Luxusqualität 9 x 13 cm (70 HO'OPILI-Blütenkarten, die jeweils eine ALOHA Blütenessenz repräsentieren und zusätzlich die Karte der MANA-Essenz, einer Umweltessenz aus dem Volcano Naturpark von Big Island), mit ausführlicher Anleitung zum Legen der Karten und der Beschreibung der Qualitäten der ALOHA Tropenblütenessenzen.

Die Energien der HO'OPILI-Blütenkarten kommen uns auf vielfältige Weise zugute:
- Zur visuellen Einstimmung vor Veränderungsprozessen
- Zur Meditation und Selbstfindung
- Als Erkenntnisspiel
- Zur Transformation
- Zur Testung mittels verschiedener Verfahren
- Als Weisheitsorakel

ISBN 3-927518-52-2

Dr. C. Norman Shealy/Caroline M. Myss
Auch Du kannst Dich heilen

Aus den Wechselwirkungen zwischen Körper und Geist kann der Mensch Kräfte für sich nutzbar machen – und sich ganz bewußt ein gesundes Leben erschaffen. Zum ersten Mal zeigen Caroline Myss und Norman Shealy anhand von zahlreichen Beispielen auf, wie körperliche Heilung und geistige Veränderung zusammenhängen.

Wer krank ist, geht zum Arzt. Dort bekommt er Medikamente und – wenn er Glück hat – ein kurzes Gespräch, in dem seine Beschwerden medizinisch erklärt werden. Aber soll das schon alles sein? Sind die vielfältigen Probleme, die Menschen mit ihrem Körper, ihrem Wohlbefinden, haben können, auf diese Weise wirklich zu lösen? Ganz sicher nicht. Wer nur an sich herumdoktern läßt, vergißt die wichtigste Herausforderung im Leben: Verantwortlichkeit für sich selbst zu übernehmen und die Macht des eigenen Geistes zu nutzen – auch in Hinblick auf den Körper. Die Autoren Norman Shealy und Caroline Myss bringen diese Zusammenhänge auf eine wichtige Formel: *„Auch Du kannst Dich heilen"*, heißt ihr Buch, das erstmals Erkenntnisse moderner Medizin mit den Eigenkräften des menschlichen Energiesystems in Verbindung bringt. Ein Standardwerk der Heilkunst auf der Schwelle zum neuen Jahrtausend.

Der Neurochirurg Shealy machte sich vor allem durch seine Forschungen zu Schmerz- und Streßbekämpfung einen Namen. Dabei wurde er auf die Arbeit von Caroline Myss aufmerksam, die die geistigen Grundlagen der Gesundheit untersucht und vor allem Störungen im energetischen Bereich, dem Kraftfeld des Menschen, erforscht. In ihrem Buch vernetzen die beiden Wissenschaftler diese Ebenen, um maximale Erfolge zu erzielen. So entstand ein ausführlicher Leitfaden der psychologischen Medizin mit der Möglichkeit zu Erkenntnissen und Selbsterkenntnissen. Eine Vielzahl beschriebener Schicksalsfälle von Patienten, die durch geistig-energetische Entwicklung geheilt werden konnten, macht dabei Mut, die Verantwortung für das eigene Leben und die eigene Gesundheit zu übernehmen.

ISBN 3-927518-23-9

Gisela Haehnel/Josef Werner
Als Rotkäppchen den Wolf fraß
Probleme lösen durch Konfrontation

Probleme sind grundsätzlich lösbar – auch die scheinbar unlösbaren. Entscheidend für die Problemlösung ist die Betrachtungsweise. Der eine sieht in jeder Gelegenheit eine Schwierigkeit, der andere in jeder Schwierigkeit eine Gelegenheit ... Zwischen diesen beiden Polen liegt die Spannbreite der Möglichkeiten.

Das Leben hält Hürden und Hindernisse für uns bereit. Erfolg und Zufriedenheit oder Mißerfolg und Unzufriedenheit hängen davon ab, wie wir an Hindernisse herantreten. Ob wir das Spiel des *ewigen Verlierers* weiter spielen wollen, oder ob wir zur Abwechslung auch einmal Erfolgserlebnisse auf dem Konto unserer Lebensenergien verbuchen wollen; ob wir weiter den *anderen die Schuld geben* an den sich häufenden Zerwürfnissen in unseren persönlichen Beziehungen, oder ob wir vor unserer eigenen Tür zu kehren beginnen; ob wir immer nur mit zusammengebissenen Zähnen eine Arbeit tun, die uns zuwider ist, oder ob wir nicht doch den Entschluß fassen, uns endlich eine Arbeit zu suchen, die uns wirklich befriedigen würde: immer läßt sich durch das Verändern der Betrachtungsweise bereits der erste Schritt zur Veränderung unserer Probleme tun.

Dieser Schritt wird dem Leser zunächst einmal dadurch erleichtert, daß die Autoren an einer Vielzahl von Beispielen aufzeigen, welches die gedanklichen und emotionalen Fallstricke sind, in denen wir uns so gerne verfangen. Anschließend befähigen präzise Anleitungen den Leser dazu, seine eigene Fähigkeit zur Problemlösung zu entwickeln und aus dem Elefanten eine Mücke zu machen.

Und es lohnt sich gewiß: es ist ein Chance, endlich von den Belehrungen anderer unabhängig zu werden. Denn die beste Lösung findet jeder in sich selbst!

ISBN 3-927518-26-3

C. Norman Shealy / Caroline M. Myss
Auch Du kannst Dich heilen

Aus den Wechselwirkungen zwischen Körper und Geist kann der Mensch Kräfte für sich nutzbar machen – und sich ganz bewußt ein gesundes Leben erschaffen. Zum ersten Mal zeigen Caroline Myss und Norman Shealy anhand von zahlreichen Beispielen auf, wie körperliche Heilung und geistige Veränderung zusammenhängen.

Wer krank ist, geht zum Arzt. Dort bekommt er Medikamente und – wenn er Glück hat – ein kurzes Gespräch, in dem seine Beschwerden medizinisch erklärt werden. Aber soll das schon alles sein? Sind die vielfältigen Probleme, die Menschen mit ihrem Körper, ihrem Wohlbefinden, haben können, auf diese Weise wirklich zu lösen? Ganz sicher nicht. Wer nur an sich herumdoktern läßt, vergißt die wichtigste Herausforderung im Leben: Verantwortlichkeit für sich selbst zu übernehmen und die Macht des eigenen Geistes zu nutzen – auch in Hinblick auf den Körper. Die Autoren Norman Shealy und Caroline Myss bringen diese Zusammenhänge auf eine wichtige Formel: *„Auch Du kannst Dich heilen"*, heißt ihr Buch, das erstmals Erkenntnisse moderner Medizin mit den Eigenkräften des menschlichen Energiesystems in Verbindung bringt. Ein Standardwerk der Heilkunst auf der Schwelle zum neuen Jahrtausend.

Der Neurochirurg Shealy machte sich vor allem durch seine Forschungen zu Schmerz- und Streßbekämpfung einen Namen. Dabei wurde er auf die Arbeit von Caroline Myss aufmerksam, die die geistigen Grundlagen der Gesundheit untersucht und vor allem Störungen im energetischen Bereich, dem Kraftfeld des Menschen, erforscht. In ihrem Buch vernetzen die beiden Wissenschaftler diese Ebenen, um maximale Erfolge zu erzielen. So entstand ein ausführlicher Leitfaden der psychologischen Medizin mit der Möglichkeit zu Erkenntnissen und Selbsterkenntnissen. Eine Vielzahl beschriebener Schicksalsfälle von Patienten, die durch geistig-energetische Entwicklung geheilt werden konnten, macht dabei Mut, die Verantwortung für das eigene Leben und die eigene Gesundheit zu übernehmen.

ISBN 3-927518-23-9

Maruschi Adamah Magyarosy
»Surya Namaskar«
das andere Fitneß-Rezept
Wie Sie die Energie der Sonne in Ihren Körper holen

Solange es Menschen gibt, sehnten sie sich nach Licht und nach der Wärme der Sonne. Die Sonne symbolisiert das Gesetz des Lebens — Verjüngung, Energie, Lebenskraft.
Die Weisen des alten Indien und anderer früher Kulturen verehrten die Sonne als Lebensspenderin. Am frühen Morgen bei Sonnenaufgang verbeugten sie sich vor ihr, um ihren Dank und ihre Verehrung auszudrücken. Aus den entsprechenden Haltungen und aus der Bewegung in Verbindung mit dem Atem entstand ein kompletter Yoga-Zyklus — *»Surya Namaskar«* — der sich aus zwölf ineinander übergehenden Stellungen aufbaut.
»Surya Namaskar« kräftigt die Organe, stärkt die Muskeln, Bänder und Sehnen, stimuliert das Nervensystem, aktiviert und harmonisiert den Hormonhaushalt. Besonders intensiv ist die Wirkung auf die Wirbelsäule. Ihre wiedergewonnene Elastizität und Belastbarkeit sind bei regelmäßigem Üben bald spürbar.
Den Sonnengruß (*»Surya Namaskar«*) können wir das ganze Leben hindurch bis ins hohe Alter, überall und jederzeit praktizieren. Bewußt als Körpermeditation durchgeführt, schenkt er uns neben den oben erwähnten Wirkungen ein Gefühl von Geborgenheit, von Einssein mit dem Universum. Regelmäßig und mit entsprechender geistiger Einstellung geübt, verbessert der Sonnengruß unser körperlich-seelisch-geistiges Wohlbefinden, verbindet, harmonisiert und aktiviert Körper, Seele und Geist. Wir erleben unseren Körper als Mikrokosmos im Makrokosmos, im Universum.
»Surya Namaskar« — *das andere Fitneß-Rezept* ist ein praktisches Übungsbuch mit einem großen Poster und vielen Illustrationen.

ISBN 3-927518-36-6

VHS - Video

Maruscha Magyarosy/Frank Lischka
SURYA NAMASKAR
DER SONNENGRUSS

Aus der Verehrung der Sonne heraus entwickelten die Weisen des alten Indien einen Übungszyklus, der uns die Urkraft allen Lebens – die Sonnenenergie – als *Lebenselixier* für Gesundheit und Langlebigkeit nutzbar macht. Heute, in einer Zeit großer Wandlungen und Erneuerungen, haben wir wieder Zugang zu wertvollen Juwelen aus einem jahrtausendealten Geheimwissen. Dessen Veröffentlichung, sowie die Anwendung der dort aufgeführten Praktiken sind besonders für den modernen, steßgeplagten Menschen von großem Nutzen.

„*Surya Namaskar – der Sonnengruß*" ist eine spezielle Methode, die Energie und Heilkraft der Sonne gezielt in unseren Körper strömen zu lassen. Das unterstützt uns darin, unsere Zellen zu nähren und aufzuladen, und darüber hinaus Seele und Geist zu erheben.

Der Sonnengruß ist ein einfacher, ganz besonders wirkungsvoller Übungszyklus aus dem Yoga, den jedermann erfolgreich üben kann, von der Kindheit bis ins hohe Alter, überall und jederzeit.

Maruscha Magyarosy, die aus Fernsehauftritten und Buchveröffentlichungen bekannte Yoga-, Körper- und Atemtherapeutin, führt Sie in dieses besondere Geheimnis ein. Sie vermittelt Ihnen, wie Sie mit nur zehn Minuten Aufwand das wunderbare *Lebenselixier* der Sonne täglich neu 'tanken' können – für die Lebendigkeit und Gesundheit Ihres Körpers, für das Gleichgewicht Ihrer Seele, für die Klarheit Ihres Geistes und die Entfaltung Ihres Bewußtseins.

VHS - Video (HiFi-Ton)

ISBN 3-927518-50-6